Gerhard Tötschinger

Die Donau

Gerhard Tötschinger

Die Donau

Geschichte und Geschichten
vom großen Strom

Mit 166 Abbildungen

AMALTHEA

Gefördert von der Kulturabteilung der Stadt Wien, Wissenschafts- und Forschungsförderung

Besuchen Sie uns im Internet unter
www.amalthea.at

ISBN 978-3-85002-824-0

Inhalt

Krems, Aquarell von Klaus Seitz

Die Anker lichten

Mitten in Wiens Innenstadt steht man vor der Donau, am Kai trifft man sie in Person, aber auch am Neuen Markt. Hier wird im Providentia-Brunnen die weise Voraussicht der Regierung auf dem Gebiet der Wasserversorgung dargestellt, mit Hilfe von vier Nebenflüssen der Donau – Traun, Enns, Ybbs und March.

Dieser »Brunnen der Voraussicht« wird von den Wienern aber seit jeher Donnerbrunnen genannt, nach seinem Schöpfer, dem Künstler Georg Raphael Donner. Von da zur Albertina ist es nicht weit – und schon wieder steht man vor einer allegorischen Donau. Der Albrechtsbrunnen heißt auch Danubiusbrunnen. Ein athletischer, vollbärtiger Flussgott hält eine zarte, liebliche Vindobona im Arm, flankiert von weiblichen Gestalten, allesamt Flussgöttinnen, die gemeinsam das Land Österreich symbolisieren: Inn, Save, Drau, Theiß, Mur, Salzach, March, Raab, Enns und Traun. Der Inn musste einer modernen Rolltreppe weichen und er wanderte in den nahen Burggarten. Der Symmetrie zuliebe ist ihm die Drau gefolgt.

Weshalb ist »die« Donau hier immer wieder ein vollbärtiger Athlet? Ja, im Italienischen, in Latein, in Französisch »Il Danubio«, Danubius, Le Danube ist sie männlich – aber da, wo sie zuhause ist – da heißt sie eben DIE Donau, merkwürdig. Wer von der Donau zu erzählen beginnt, wird nicht so schnell wieder aufhören. Das Thema hat kein Ende.

Ich sitze im Schiffmeisterhaus von Rossatz in der Wachau. Das ist kein Haus, das ist ein Schlösschen. Einige Wochen lang erlebe ich hier auf denkbar authentische Weise eine der schönsten Landschaften der Welt. Ein Schiffmeister an der Donau war jahrhundertelang der Inbegriff von Macht. Der Beruf entspricht dem Reeder – es ging um Besitz der Schiffe, Bau der Schiffe, um die Fahrt donauaufwärts auf den Treppelwegen und donauabwärts. Die Schiffe, die Rösser, die Reiter, die Schiffsleute – alles war dem Schiffmeister untertan.

Ich sitze also in Rossatz, in der Herzoggasse. Sie ist benannt nach dem Schiffmeister, der um 1780 herum aus zwei einfacheren Winzerhäusern diesen Miniaturpalast gestaltet hat. Und so heißt die Familie auch noch

heute, längst schon lebt sie nicht mehr von der Donau, doch immer noch in Rossatz an der Donau und in diesem prachtvollen Haus. Schiffmeisterhäuser gibt es am großen Strom in vielen der wichtigeren Orte – in Waldkirchen und St. Lorenz, in St. Nikola und Spitz, in Weißenkirchen und in Ybbs. Manche dieser Häuser sind, nein, die Mehrzahl ist so prunkvoll, dass sie nicht mehr als Häuser, dass sie als kleine Schlösser zu bezeichnen sind, in Weitenegg und in Melk, Klosterneuburg, Linz-Urfahr, in Deggendorf …

Der berühmteste Schiffmeister der Geschichte war Matthias Feldmüller aus Persenbeug. Er war der größte, der mächtigste. Und er war ein kluger, aufrechter Herr, dem wir auf diesen Seiten mehrmals begegnen werden. Am Höhepunkt seiner wirtschaftlichen, ja auch politischen Macht, kommandierte er 1.225 Schiffe auf der Donau und übernahm gerade auch den Wiener Neustädter Kanal.

Auch, wo man die Begegnung mit dem europäischen Strom noch weniger erwartet – man kann ihn plötzlich antreffen. Ich besuche meinen Freund, den Rektor von Santa Maria dell'Anima in Rom. Das bringt mich zur Piazza

Navona. Wir gehen rund um den herrlichen Platz, sprechen über – tatsächlich Gott und die Welt, und ich erzähle, welchem Buchthema gerade meine Aufmerksamkeit gilt. Franz Xaver bleibt stehen und zeigt auf den berühmten Bernini-Brunnen.

Rund um den Obelisken sieht man die Symbole der damals bekannten vier Erdteile – Afrika, Amerika, Asien, Europa. Jeder ist durch einen Fluss symbolisiert – Nil, Rio de la Plata, Ganges, und für Europa sitzt hier der Flussgott Danubius inmitten des Trubels von Passanten und Wasser. Noch ein Wasserathlet wie in Wien, wie auch in Budapest, die weibliche Donau ist schließlich auf Latein und im Italienischen ein Mann.

Man kann die Donau hinunter- oder hinauffahren, per Linienkurs oder im eigenen Motorboot, theoretisch auch mit einem Motorsegler. Man kann auf weiter Strecke neben ihr hertreten auf einem Rad. Der europäische Radwanderweg beginnt in Donaueschingen und führt bis Ulm durch Baden-Württemberg, weiter von Neu-Ulm über zahllose Sehenswürdigkeiten wie Kloster Beuron oder Schloss Sigmaringen bis Passau, dann geht es nach Österreich. Dieser Teil des Donauradweges ist der zweitmeistbefahrene Europas, rund 300.000 Radler pro Jahr kommen hierher, rund 70.000 durchtreten die komplette österreichische Strecke von 326 Kilometer. Der gesamte Radweg führt abwechselnd zu beiden Seiten der Donau bis ans Schwarze Meer und das Besondere daran ist – also, da gibt es vieles. Am erfreulichsten ist, dass man ohne Pass unterwegs sein kann, alle diese Donauländer gehören zur EU. HALT! Ruft da jemand mit Recht, was ist mit Serbien? Sommers hebt die Regierung für die Radwanderer aus der EU die Reisepasspflicht auf, man kommt also auch hier ohne Pass über die 665 Kilometer. Ja, man kann auch zu Fuß diese fast 3.000 Kilometer bis zum Donaudelta zurücklegen, auch das ist schon geschehen.

Die Streitlust der beiden Quellen ergibt unterschiedliche Angaben zur Stromlänge, die Differenz beträgt 48,5 Kilometer. Ich bin von den Quellen bis Passau mehrere Tage lang mit dem Auto hinauf, hinunter gefahren, nach einer längeren Station ging es weiter nach Linz. Von der oberösterreichischen Hauptstadt bis Wien war ich in Jahrzehnten immer wieder zu Schiff unterwegs, ebenso von Wien über Preßburg nach Budapest, im klassisch langsamen Tempo ebenso wie im modernen, superschnellen Cityliner. Und von Wien bis ans Schwarze Meer habe ich eine wunderbare Schiffsreise erlebt, mehrmals, bei deren Ende ich mich zu diesem Buch entschlossen habe.

Verlässt man das Herzoghaus von Rossatz und geht in Richtung Donauufer, dann ist man bald an der Donau, inmitten der Weingärten, und sollte sich setzen. Denn gegenüber liegt Dürnstein. Schöner geht es nicht. Und jetzt wird erzählt.

Rossatzbach Schiffmeisterhaus

VON
DER QUELLE BIS
PASSAU

»Donau, die. Die Königin aller Ströme Europas hat ihre Mutterquelle im Schlosshofe zu Donaueschingen, unter 47° 57' nördlicher Breite und 26° 10' östlicher Länge. Der Fürst von Fürstenberg hat diesen merkwürdigen Born in neuester Zeit durch den Bildhauer Reich mit einer schönen Gruppe aus Sandstein zieren lassen.«

In neuester Zeit – das ist für die Realenzyklopädie für das katholische Deutschland, dritter Band, Regensburg, ungefähr das Jahr 1847, ihr Erscheinungsjahr. Reichs Werk wurde wenige Jahrzehnte später umgestaltet. Fürst Karl Egon III. hat die Quelle 1875 von Baurat Adolf Weinbrenner mit neuer Einfassung umgeben lassen. 1895 schuf Adolf Heer eine Figurengruppe, in der die Donau als kleines Mädchen dargestellt ist, mütterlich behütet von der Baar, der Landschaft, zu der Donaueschingen gehört.

Hier entspringt der Donaubach, der sich nach wenigen hundert Metern mit der Brigach vereint.

Doch auch eine zweite Quelle erhebt den Anspruch, der Ursprung der Donau zu sein. Die Breg entspringt bei Furtwangen im Schwarzwald – und das Wasser aus dieser Quelle legt den weitesten Weg bis zum Donaudelta am Schwarzen Meer zurück. Die Entfernung der Quelle der Brigach bis zur Donau-Mündung ist die größte, und so gibt es die Auffassung, hier sei der wahre Donau-Ursprung. Selbst die Lexika sind verschiedener Meinung. Der zitierten Realenzyklopädie widerspricht das Universallexikon für das Großherzogtum Baden, auch dieses Lexikon ist 1847 erschienen: »Donau, der größte Fluß Deutschlands, entspringt bei der Martinskapelle in einer wilden und einsamen Gegend des Schwarzwaldes, heißt am Anfang Breg … und wird erst mit der Brigach gemeinsam zur Donau.«

Die Geografie unserer Tage diskutiert nicht mehr, sie hat entschieden. Die Donau nimmt ihren Anfang beim Zusammenfluss von Brigach und Breg, unterhalb der Schlossanlage des Hauses Fürstenberg in Donaueschingen.

Vor langer Zeit gab es im Schulunterricht Lernhilfen, »Eselsbrücken« oder korrekt mnemotechnische Hilfen in Gedichtform, ein Beispiel – das

Jahr der Gründung Roms: »Sieben-fünf-drei kroch Rom aus dem Ei.« Der Donau-Merkvers der Schüler lautete einst: »Die Brigach und die Brege, die bringen die Donau zuwege.«

Nun ist der Fluss zwar noch jung und nicht so beeindruckend wie später – doch seine Umgebung macht das wett. Zwischen Donaueschingen und Sigmaringen sieht man Burgen, Schlösser, romantische Siedlungen. Da sind die Burgen Werenwag und Wildenstein, die Ruinen Hausen, Schaufels und Falkenstein, Dietfurt und Gutenstein.

Jules Verne »Der Donaulotse«,
Illustration von Georges Roux

»Eines Sonnabends, am 5. August 1876, füllte eine große, lärmende Menge das Gasthaus ›Zum Treffpunkt der Fischer‹.« So beginnt der Roman »Le Pilote du Danube«, zu deutsch »Der Pilot von der Donau«, auch »Der Donaulotse«, von Jules Verne, 1903 verfasst.

»Die Fenster des Gastraums boten einen Ausblick auf die Donau, am Ende der reizenden kleinen Stadt Sigmaringen, der Hauptstadt der preußischen Enklave Hohenzollern-Sigmaringen, die fast unmittelbar am Ursprung dieses großen mitteleuropäischen Stromes liegt. Der Einladung der Tafel über dem Haustor folgend, deren Inschrift in schönen gotischen Buchstaben ausgeführt war, hatten sich hier die Mitglieder des Donaubundes versammelt, einer internationalen Vereinigung von Fischern, die den verschiedensten Völkerschaften an den Stromufern angehörten.«

Das Buch führt die Leserschaft den Fluss entlang bis Bulgarien und Rumänien, und beginnt mit einem Trinkgelage, einer Siegerehrung. Der Held, ein äußerst erfolgreicher Fischer, wird bis zur letzten Seite einiges mitzumachen haben.

Hoch über dem Fluss thront auf einem steilen Felsen Schloss Sigmaringen. Der Vorgängerbau aus dem 11. Jahrhundert ist im Jahr 1893
in einem Flammenmeer untergegangen, da half auch die nahe Donau
nicht. Der Schlossherr, Fürst von Hohenzollern, beauftragte den prominenten Architekten Emanuel von Seidl mit dem Neubau, der vor
uns steht. Wenn auch das Gebäude nicht von allererster künstlerischer
Bedeutung ist, sein Innenleben hat hohen Wert. Neben einer Waffen-
sammlung, die mit rund 3.000 Exponaten europaweiten Ruf besitzt, gibt
es hier eine umfangreiche Kunstsammlung, alte deutsche Meister, nie-
derländische Gobelins und ein Marstallmuseum, mit Kutschen, Sänften,
Löschpumpen.

Will man mehr über den Zusammenhang Haus Hohenzollern – Brandenburg, Hohenzollern – Hechingen und so fort wissen – kein Problem in
der umfangreichen Bibliothek des Schlosses. 1944 hat das Schloss einen
exotischen Gast beherbergt – den hitlerfreundlichen Marschall Philippe
Pétain, Präsident der Vichy-Regierung, Herr eines Teils von Frankreich.
Ernst Trost hat sich bei seinem Besuch von Sigmaringen in den Sechzigerjahren des vorigen Jahrhunderts diese Fußnote der Weltgeschichte

Schloss Sigmaringen, im Vordergrund das Städtchen

vom ehemaligen Schlossverwalter, früheren Hohenzollerschen Leibjäger, schildern lassen:

»Es war im Spätsommer 1944. Plötzlich kam ein Anruf aus Stuttgart. Die fürstliche Familie habe das Schloß binnen 24 Stunden zu räumen, weil hier Marschall Pétain (der alte Herr sagte ›Peteng‹) eingewiesen würde. Der Fürst war empört. Er protestierte beim Gauleiter. Vergeblich. Der fürstlichen Familie wurde ein Stauffenberg-Schloß zugesprochen – die Stauffenberg hatte man vertrieben, weil sie mit dem 20.-Juli-Attentäter verwandt waren. Dann kam eine Wagenkolonne an; begleitet von SS-Offizieren, mehrere Herren in Zivil – Marschall Pétain und Laval (Pierre Laval war Pétains Stellvertreter. Anm. d. Verf.) mit ihren Frauen, ein General des französischen Heeres, ein Luftwaffengeneral, ein Admiral, der deutsche Botschafter in Vichy, ein Arzt. Alle waren wirkliche Herren. Pétain erhielt die Gemächer der Fürstin, sie dienen heute als Gästezimmer. Laval wurde einen Stock tiefer in den Josephinenräumen untergebracht. Ich hatte mit den Herren nicht viel Kontakt, aber sie waren immer freundlich und zuvorkommend.

Laval ging viel spazieren, seine Frau kaufte in der Stadt ein. Pétain hielt sich zurück. Er wollte damit dokumentieren, daß er nicht frei sei. Als mir der Fürst sagte, ich sollte Pétain das Gästebuch vorlegen, da blätterte der Marschall lange darin, las viele Namen, auch den Wilhelms II., schüttelte dann aber den Kopf: ›Nein, ich kann nicht unterschreiben. Ich bin hier kein Gast, ich bin Internierter.‹

Kurz vor Kriegsende mußten die Franzosen dann plötzlich weg. Am Abend kam die Weisung, sie hätten um vier Uhr früh zum Aufbruch fertig zu sein. Ich blieb die ganze Nacht auf. Schließlich war allerhand Begleitpersonal dabei, und ich mußte aufpassen, daß nichts gestohlen wurde. Wir haben ja so viele wertvolle Stücke im Schloß stehen. Der Marschall verabschiedete sich recht herzlich von mir und bedankte sich für alles. Dann fuhren sie ab ...«

Was kann Jules Vernes Meisterfischer damals gefangen haben? Der Strom ist Lebensraum für 59 verschiedene Fischarten! Zu den Donaufischen gehören vor allem die Hechte. Die Weibchen können bis zu 150 Zentimeter lang sein, die Männchen sind wesentlich kleiner. Durch die Kraftwerke und die Stauseen an der Donau hat sich seit einigen Jahrzehnten die Familie der Karpfenfische stark vermehrt. Zu ihr zählen Brachsen, Zobel – oder Halb-

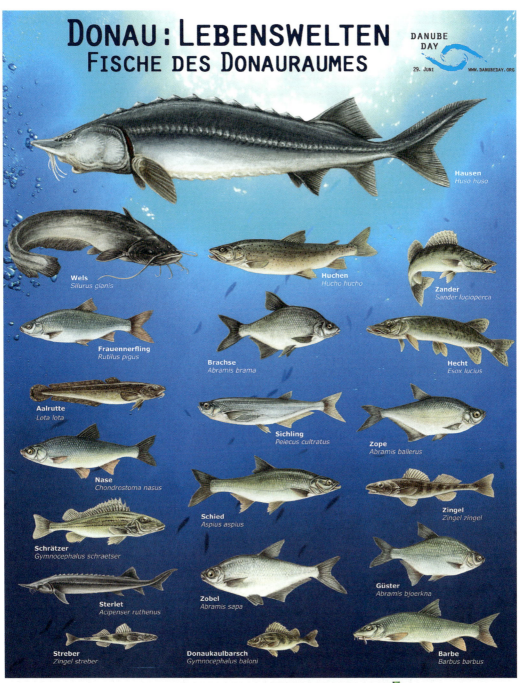

DONAU: LEBENSWELTEN
FISCHE DES DONAURAUMES

DANUBE DAY
29. JUNI   WWW.DANUBEDAY.ORG

Hausen
Huso huso

Wels
Silurus glanis

Huchen
Hucho hucho

Zander
Sander lucioperca

Frauennerfling
Rutilus pigus

Brachse
Abramis brama

Hecht
Esox lucius

Aalrutte
Lota lota

Sichling
Pelecus cultratus

Zope
Abramis ballerus

Nase
Chondrostoma nasus

Schied
Aspius aspius

Zingel
Zingel zingel

Schrätzer
Gymnocephalus schraetser

Sterlet
Acipenser ruthenus

Zobel
Abramis sapa

Güster
Abramis bjoerkna

Streber
Zingel streber

Donaukaulbarsch
Gymnocephalus baloni

Barbe
Barbus barbus

17

brachsen, Lauben, Näslinge, Rapfen, Karauschen, Barben, Seider, Hasel, Frauennervling, Bitterling, Rotauge, Aitel, Schlei, Blaunase – also, der Autor gesteht offen und beschämt, dass er von diesen Fischen fast nichts gehört oder gelesen hat. Wahrscheinlich, wenn man selbst Fischer ist, von Beruf oder in der Freizeit, dann ja – sonst ist es schwer.

Was also gibt es noch in der Donau? Steinbeißer und Bartgrundel. Wieder vertrauter werden die Namen in der Gruppe der Welse: Waller, oft mehr als 100 Kilogramm schwer! Dann die Aale, die Dorsche, Barsche, der Zander, und schließlich die Grundeln. Sie waren nahe dem Schwarzen Meer zuhause, mutige Exemplare wagten sich bis an die Marchmündung, aber nun werden sie auch schon in der Nähe von Linz gefangen.

Die Fischerei an der Donau hat längst nicht mehr die wirtschaftliche Bedeutung wie früher. Man kauft den Meeresfisch aus der Tiefkühltruhe, und selbst wenn man die Donau zu Schiff bereist, sieht man kaum die traditionellen Netze, die Daubeln.

Ulm verbindet zwei Bundesländer, Bayern und Baden-Württemberg. Das Rathaus der zweigeteilten Stadt, seit 1810 Neu-Ulm und Ulm, gebaut im 14. Jahrhundert, ist reich geschmückt und verweist auch auf die Herkunft dieses Reichtums – den Handel.

Da sieht man die Wappen von vielen Städten und Ländern, mit denen die Ulmer ihre Geschäftsbeziehungen zum beiderseitigen Vorteil gepflogen haben. Und man sieht auch ein Schiff, das neben dem berühmten hohen Münsterturm ein zweites Wahrzeichen ist – die Ulmer Schachtel. In der Stadt mochte man diese Bezeichnung nie, man zog es vor, von einer Wiener Zille zu sprechen.

An der Donau reiht sich ein Superlativ an den nächsten. Regensburg hat die schönste Altstadt Deutschlands. In Passau kann man die größte

Das Ulmer Münster – unvollendet

Kirchenorgel der Welt hören. Und Ulm hat den höchsten Kirchturm der Welt!

Das Münster hat eine lange, wechselvolle Geschichte. 1377 wurde sein Grundstein gelegt – vollendet wurde es 1890. Manche dieser gotischen Kirchen haben erleben müssen, dass sie noch während des Baus aus der Mode kamen. Lang genug wurde ja an ihnen gebaut. So stand also der Kölner Dom ebenso unfertig im frühen 19. Jahrhundert da wie das Straßburger Münster, die Westtürme des Regensburger Münsters waren unvollendet, und so war es auch in Ulm.

Doch in einer Zeit, in der viele Länder ihre eigene Geschichte wieder entdeckten, die sich gegen die »welschen« Sitten der Französischen Revolution, gegen die napoleonischen Katastrophenfolgen richtete, fand man beziehungsweise erfand man die altdeutschen Tugenden. Da war nun die Gotik plötzlich wieder gefragt, Lortzing schrieb seinen Waffenschmied, Wagner zog mit seinen Meistersingern durch das alte Nürnberg auf die Festwiese, Aristokraten tauschten für Stunden den Frack gegen eine Ritterrüstung und ritten auf Turnierplätze. Und die halbfertigen Dombauten wurden vollendet. Nun hatte der Ulmer Turm die unerreichte Höhe von 161,6 Meter!

Das Ulmer Münster – fertig gebaut

Der imposante Bau steht einem Gemeinwesen wie Ulm auch zu – schon 1274 war die Stadt reichsfrei. Somit verfügten die Ulmer über eigenes Münzrecht, aber auch über Steuer-, Zoll- und Braurechte und über ihre eigene Gerichtsbarkeit. »Ulmer Geld regiert die Welt«, galt einst als Sprichwort.

Hier wird die Donau schiffbar, dementsprechend wichtig waren also die Handelsstraßen, die zum Strom führten – hier wurde von Wagen auf Schiffe umgeladen, vom Wasser aufs feste Land, von der Wasserstraße auf die Straße. Auch, wer wenig weiß von Ulm, hat wohl schon vom Kirchturm gehört, die Donaubewohner vielleicht auch von der Ulmer Schachtel – und ein Ulmer Bürger muss unbedingt auch noch der Erinnerung empfohlen werden. Mehr Zukunftsvertrauen und Pioniersmut kann man nicht beweisen, und mehr am Ende recht bekommen auch nicht, leider tatsächlich erst nach dem Ende.

Am 24. April 1811 meldete der Schneider Albrecht Ludwig Berblinger etwas Sensationelles. Im »Ulmer Intelligenzblatt« liest man seine Ankündigung:

> »Nach einer unsäglichen Mühe in der Zeit mehrerer Monate mit Aufopferung einer sehr beträchtlichen Geldsumme und mit Anwendung eines rastlosen Studiums der Mechanik hat der Unterzeichnete es dahin gebracht, eine Flugmaschine zu erfinden, mit der er in einigen Tagen hier in Ulm seinen ersten Versuch machen wird, an dessen Gelingen er, bestärkt durch die Stimmen mehrerer Kunstverständiger, nicht zweifeln zu dürfen glaubt. Von heute an ist die Maschine bis an den Tag des Versuches, der nebst der Stunde in diesen Blättern vorher genau angezeigt werden wird, hier im Gasthof ›Zum goldenen Kreuz‹ jedem zur Ansicht und zur Prüfung ausgestellt. Berblinger.«

Zum Flugversuch hatte sich auch der König von Württemberg angesagt, als einer in einem vieltausendköpfigen Publikum. Von der Bastei aus wollte der mutige Schneidermeister 40 Meter weit fliegen, ans andere Ufer der Donau. Doch, wie spätere Untersuchungen gezeigt haben, von dieser Adler-Bastei hatte er keine Chance, da gibt es keinen Aufwind. Und so kam es also nicht zu einem Flug, sondern auf der Stelle zu einem Absturz. Aber diese Untersuchungen haben auch bewiesen, dass Herr Berblinger an sich richtig gedacht und geplant hatte. Heute gilt seine Geschichte als Meilenstein der

Luftfahrtentwicklung. Der Schneider starb 1829 völlig verarmt, man kennt sein Grab nicht.

Der Name der Stadt Ulm ist ebenso wie jener des kleinen Elchingen an prominentester Stelle in Paris zu finden – am Arc de Triomphe. 1805 hat Napoleon bei Elchingen mit seiner Armee die Donau überquert, Marschall Ney trug seit damals den Titel »Herzog von Elchingen«. Und die uneinnehmbare Festung Ulm, die von 25.000 Österreichern unter Feldmarschall Mack besetzt war, hielt den Franzosen nicht ganz zwei Tage lang stand. Mack war eben nicht Prinz Eugen, der hundert Jahre zuvor in der Nähe größeres Schlachtenglück, und wohl auch mehr Ahnung davon gehabt hat.

Am 13. 8. 1704 wurde die Schlacht von Höchstädt geschlagen – aber tatsächlich nicht hier, sondern bei den kleinen Dörfern Lutzingen, Oberglauheim und Sonderheim, vor allem aber bei Blindheim. Und dieser Namen hat sich außerhalb der deutschsprachigen Geschichtsschreibung auch durchgesetzt, in der englischen Version »Blenheim«.

Dem Prinzen Eugen von Savoyen begegnet man auf einer Donaureise immer wieder, hier nun zum ersten Mal. Er hatte innerhalb weniger Jahre große Karriere gemacht, war gegen die Türken siegreich, hatte den Frieden

Die Schlacht bei Höchstädt

von Karlowitz mitgestaltet, der Österreichs Macht im Südosten sicherte. Nun gab es einen neuen Gegner – den Sonnenkönig.

Die Erbansprüche der Habsburger nach dem Tod des letzten Verwandten auf dem spanischen Thron wurden von Frankreich bestritten, Ludwig XIV. machte ebenfalls Ansprüche geltend. 1701 kam es darüber zum Krieg.

Das französische Heer hatte sich ein hohes Ziel vorgenommen – Wien. Entlang der Donau marschierten Ludwigs Soldaten auf die Hauptstadt des Kaisers zu, an ihrer Seite die bayrische Armee des Kurfürsten Max Emanuel. Er konnte nicht ahnen, was ihm bevorstand. Er war noch kurz zuvor an der Seite des Kaisers gegen den Sultan ins Feld gezogen, hatte 1683 bei und um Wien gekämpft, danach gemeinsam mit Ludwig von Baden, dem »Türkenlouis«, Buda den Türken abgenommen. Die Erinnerungsstücke, das Prachtzelt des Abdi Arnaut Pascha vor allem anderen, kann man im Bayrischen Armeemuseum in Ingolstadt sehen. Er war bei Peterwardein siegreich geblieben und hatte zuletzt Belgrad zurückerobert.

Aber nun hatte er die Seiten gewechselt. Sein Marsch auf Wien hatte als ein leuchtendes, fernes Ziel die Kaiserwürde. Deshalb auch führte er selbst

das Kommando, an der Seite die Marschälle Tallard und Marsin.

Ihnen entgegen zogen im Eilmarsch die vereinten Österreicher und Engländer, Prinz Eugen und John Churchill, Duke of Marlborough. Ihr Heer war etwas kleiner als das der verbündeten Bayern und Franzosen – diese stellten 56.000 Mann, jene nur 52.000.

Man darf sich diese Truppen nicht als einheitlich vorstellen, da standen nicht zwei Völker zwei anderen Völkern gegenüber. Eugen kommandierte neben österreichischen Kontingenten auch solche aus Dänemark, Brandenburg und der Pfalz, Marlborough neben seinen britischen

Landsleuten auch Niederländer und ebenfalls Dänen. Und auf Seiten der Franzosen stand auch ein Regiment aus Irland.

Ein Glücksfall war das eminent gute Einvernehmen der beiden Feldherren. Johann Matthias von der Schulenburg war in den Tagen von Höchstädt noch in Diensten Augusts des Starken von Sachsen. Aber ab 1708 führte er ein sächsisches Truppenkontingent unter dem Kommando Marlboroughs, traf auch immer wieder den Prinzen Eugen und erinnert sich an das gute Verständnis der beiden Herren füreinander: »Die Karte lag vor ihm wie ein Schachbrett, und Eugen probierte die Züge aus. Er war ganz Feuer und Flamme. Endlich hatte er ein Wesen gefunden, das ihn verstand, seine Umsicht zu schätzen wusste und genauso dachte wie er.«

Max Emanuel und seine Marschallkollegen hatten ihren Soldaten eine kurze Erholungspause verordnet. Sie endete am 13. August um 7.00 Uhr früh, der Angriff kam überraschend. Die Schlacht – ein schreckliches Wort, dessen Ursprung und seine verbale Form man sich vorstellen muss – dauerte bis zum Nachmittag. Um 5.00 Uhr – das Glück hatte sich einmal dieser, dann wieder jener Seite zugewandt – kam es zur Entscheidung. Die Kavallerie Marlboroughs und Eugens trieb die Franzosen vor sich her, auf die noch nicht regulierte Donau zu, mit Sümpfen und Nebenarmen, Tümpeln und anderen Fallen. Des Kaisers und des englischen Königs Soldaten hatten einen hohen Blutzoll geben müssen, 12.000 Mann waren verwundet oder tot. Dem besiegten Gegner erging es noch schlechter – 18.000 tot oder verwundet, 12.000 in Gefangenschaft. Marschall Tallard gehörte zu den Gefangenen, ebenso der Damenflor – »34 Kutschen mit französischen Frauenzimmern«. Und besonders schmerzhaft für geschlagene Armeen – 200 Feldzeichen, also Standarten und Fahnen, erhielten eine neue Aufgabe, als Symbole des Ruhms im Rathaus von Höchstädt. Hundert Jahre später waren Napoleons Soldaten erfolgreicher als jene des Sonnenkönigs und haben diesen Erinnerungsschatz von Höchstädt und Blindheim nach Paris mitgenommen.

Die Schlacht war gewonnen, der Krieg noch lange nicht. Er dauerte auf deutschem Boden an bis 1713, in Spanien dauerte er noch bis zum März 1714. Auf Bayern kam nach Höchstädt eine schlimme Zeit zu. Das Land wurde von Österreich besetzt, der Kurfürst musste ins Exil in die Niederlande gehen. Bis heute sind die Erinnerungen an die Folgen von Höchstädt wach – Trenck und seine Panduren in München, die Sendlinger Mordweihnacht.

Der Kaiser sparte nicht mit Dank. Prinz Eugens Winterpalais in der Himmelpfortgasse in Wien wurde auf immerwährende Zeiten von allen Steuern befreit. Und auch die Königin von England wusste den Sieg von »Blenheim« zu schätzen und ließ für den Duke of Marlborough ein prachtvolles Schloss errichten, bewohnbare Fläche 12.000 Quadratmeter. Im Park steht eine hohe Siegessäule, von Bäumen umgeben, die in genau bestimmter Anordnung an den Schlachtplan von Höchstädt-Blindheim erinnern sollen. Das Südportal wird nicht von einem Porträt des Duke of Marlborough und nicht etwa von einem des Prinzen Eugen bekrönt. Hier steht eine Büste von Ludwig XIV., der in der Schlacht unterlegen war und nun in den prachtvollen Park zu blicken hat. Britischer Humor.

Dort ist sein Nachfahre Winston Churchill 1874 zur Welt gekommen, dort liegt sein Grab, dort erzählt ein umfangreiches Museum von ihm und seinem unglaublichen Lebensweg, dort wohnen Marlboroughs Nachfahren auch heute, im größten Privathaus Großbritanniens.

In manchen Landschaften hat man unentwegt vom Krieg zu berichten, wie in dieser zwischen Ulm und Ingolstadt. Daran muss man denken, wenn man in Höchstädt an der Donau auf den Gedenkstein trifft, der nach noch weit größeren Katastrophen 1954 aufgestellt wurde. Da ist nicht von Sieg und Niederlage, nicht von Triumph, die Rede, da wird nur gewarnt – »Überwindet den Haß, sucht den Frieden.«

Vom Krieg blieb auch das nahe Donauwörth nicht verschont, Freie Reichsstadt schon 1301. Der Dreißigjährige Krieg hat auch hier gewütet. 1632 haben des Kaisers Serben die kleine Stadt gegen die Schweden verteidigt, König Gustav Adolf selbst ist vor den Mauern gestanden, wie auch in Ingolstadt – aber bis wir dort sind, bleiben wir noch kurz in Neuburg. Da geht es endlich einmal wieder nicht nur um Macht und Krieg, sondern auch um Schönheit, architektonischer Natur.

Pfalzgraf Ottheinrich, seit 1522 Herr des kurz zuvor von Kaiser Maximilian I. neugegründeten Fürstentums Pfalz-Neuburg, wollte es der Welt zeigen. Er war ein moderner Mensch, für neue Ideen zu haben – zuerst und vor allem für jene Martin Luthers, das brachte ihm Ärger und jahrelanges Exil. Doch bevor er sein kleines Land verlassen musste, baute er. Das neue, moderne Schloss ist einer der prachtvollsten Bauten, nicht nur an der bayrischen Donau. Der Arkadenhof dieses Ottheinrichsbau genannten Schlosses könnte auch südlich der Alpen zu finden sein, woher ja auch seine Künstler kamen, aus Italien.

Nur wenige Kilometer entfernt steht einsam in den Donauauen Schloss Grünau, das »der Jagd und der Liebe« zu dienen hatte – der Bauherr hat es seiner Gemahlin Susanne gewidmet. So lutherisch war er wieder nicht, dass er auf opulente Feste verzichtet hätte, Schloss Grünau hat glänzende Festlichkeiten erlebt.

Wie so vielen Schlössern im mittlerweile vom Kommunismus befreiten Osten war auch manchen im Westen ein trauriges Schicksal beschieden. Grünau ist jahrzehntelang dem Verfall preisgegeben gewesen,

Riedertor in Donauwörth

und wo Ottheinreich seine Gäste empfangen hat, waren Trennwände aufgezogen worden, quer durch die Fresken, und die Mieter machten sich keinen Begriff der vergangenen Pracht und Herrlichkeit. Bis in die Achtzigerjahre, da hat man sich ja an vielen Orten besonnen, und dem 21. Jahrhundert manchen Schatz zurückgegeben.

Ottheinrich stand also ursprünglich gut zu und mit seinen imperialen Gönnern, aber 1542 überspannte er den Bogen in die moderne Zeit. Die Kapelle von Schloss Neuburg wurde das erste evangelische Gotteshaus Bayerns. So etwas konnte man mit Karl V. nicht machen, der doch vom ersten Tag seiner Regierung – da war er 19 Jahre alt – unendliche Schwierigkeiten mit Luther, dessen neuem Weg, mit dessen Anhängern hatte. Im Schmalkaldischen Krieg 1546/47 wurde das Ländchen eingenommen, wurde Schloss Neuburg geplündert. Da konnten die Landsknechte und Söldner der verschiedenen Nationen eventuell auf ihre Erfahrungen aus dem Sacco di Roma zurückgreifen, der ausgiebigen Plünderung, sie waren ohne Kommandeur, der Stadt des Papstes im Jahre 1527. Bilder, Tapisserien, Gold- und Silberschmiedekunst wanderten wie damals in den europäischen Handel, oder gleich nach München, in die Residenz des Hauptzweigs der Familie.

Ottheinrich durfte das Exil schließlich wieder verlassen und wurde – Ergebnis komplizierter Genealogie – 1556 Kurfürst. Nun wurde Heidelberg seine Residenz – und er baute, leider am Neckar und nicht an der Donau, das schönste Renaissanceschloss Deutschlands, dem man sogar noch in seinem Ruinenzustand das Neuburger Vorbild anmerkt.

1607 begannen Ottheinrichs Neuburger Nachfolger den Bau der Hofkirche, 1614 jedoch wechselte Fürst Wolfgang Wilhelm wieder auf die katholische Seite, ergo weihte 1618 ein katholischer Bischof die prachtvolle Neuburger Hofkirche ein.

Im selben Jahr bekam Deutschland, ja bekam ganz Europa ein noch größeres Problem als den Religionswechsel eines Provinzstaats. Der Dreißigjährige Krieg brach aus.

1619 kam, vom beginnenden Krieg angelockt, ein Mann aus Frankreich nach Neuburg, von dem auch der mit Philosophie wenig Befasste einen Satz kennen wird – »Ich denke, also bin ich«. René Descartes hat ihn als Jüngling geprägt, in der lateinischen Form »Cogito, ergo sum«.

Der Franzose mit dem Humanistennamen Cartesius hat auch unter den extremen Umständen des Winters 1619 in einer deutschen Kleinstadt selbst gelebt, was er gepredigt hat. Er war froh, keine Möglichkeit zu konventioneller Unterhaltung zu haben, er saß in einem wohlgeheizten Zimmer – »so daß ich alle Muße hatte, mich mit meinen Gedanken zu unterhalten …«

Wenn man sich auf Ingolstadt mit der Lektüre eines neueren Reiseführers vorbereitet, erfährt man, dass hier die Ölindustrie zuhause ist. Drei Pipelines leiten ihr Rohöl von den Häfen am Mittelmeer nach Norden, hier wird es in großen Raffinerien verarbeitet. Außerdem ist das die Heimatstadt des Audi-Autos, der Auto-Union-Werke. Die Amerikaner, liest man ferner, haben 1945 die historischen Befestigungsanlagen zum großen Teil gesprengt, es wird also, mag man befürchten, wenig zu sehen geben.

Andererseits – im Jahre 1972 eröffnet, hatte man das Bayrische Armeemuseum von München nach Ingolstadt verlegt. Das muss ja einen Grund haben. Es hat ihn. Die bayrischen Herrscher sollen den Spruch geprägt haben »München soll mich nähren, Ingolstadt mich wehren«.

Also sind Waffen, Rüstungen, Schlachtengemälde, Uniformen, Dioramen, Krauhs-Figurinen, Prunkhelme von München nach Ingolstadt übersiedelt. Dann steht man in diesen Sälen, im Herzogschloss von Ludwig dem Gebarteten und ist beeindruckt von der Fülle des Gebotenen. Da ist jenes Prunkzelt, das Max Emanuel den Türken abgenommen hat, da sind weitere Teile seiner Türkenbeute in großer Zahl, und da steht auch ein Pferd, 1:1, lebensgroß.

Gustav Adolf ist drauf gesessen, vor den Ingolstädter Festungsmauern, 1632. Seine Schweden haben die Festung in diesem Jahr belagert, vergeblich. Da zeigte sich, wie wichtig und sinnvoll für die eine Seite der intensive Ausbau der Befestigungsanlagen in den Jahren 1537 bis 1549 war, für die katholische, bayrische, kaiserliche. Bayern hatte erkannt, dass am Donauübergang auf dem Weg Frankfurt – Nürnberg – Augsburg – München Ingolstadt von höchster Bedeutung war. Selbst nachdem so viele der historischen Bauten geschleift worden sind, lässt sich der militärische Wert Ingolstadts in der Geschichte noch erkennen. Die imposanten erhaltenen Mauerteile, das klassizistische Festungswerk Reduit Tilly, Straßennamen – und natürlich seit Jahrzehnten auch das Museum erzählen davon.

Ja, und im Museum steht also das Pferd des schwedischen Königs, präpariert, ein Schimmel. Seine Haut hat ein Loch – das royale Ross gehörte

Ingolstadt, Stahlstich um 1850

Johann Tscherklaes Graf Tilly,
Denkmal in Altötting, Bayern

zu den vor Ingolstadt sinnlos Gefallenen. Ein Scharfschütze nahm
den markanten Reiter von der
Eselbastei aus auf Kimme und
Korn, zielte gut und traf, allerdings nur das Pferd, dem König
blieb noch ein wenig Zeit, er kam
diesmal mit Prellungen davon. Er
hatte sich zu nahe an die Mauern
herangewagt, um weitere Schritte
ins Auge zu fassen, und als er nun
erschrocken wieder aufgestanden
war, soll er auf der Stelle die Belagerung abgebrochen haben, wird berichtet.

Das kann so nicht gewesen sein, denn das Pferd fiel am 30. April. Die Schweden belagerten Ingolstadt vom 28. April bis zum 4. Mai 1632, sie wollten es
besetzen, um den Donauübergang bei Regensburg zu sichern. In den Tagen
der Belagerung ist der bayrische Generalfeldmarschall Tscherklaes Graf Tilly in
seiner belagerten Festung an den Folgen der Verwundungen gestorben, die er
kurz zuvor in Rain am Lech erlitten hatte. Er war ein glühender Verehrer der
Muttergottes, war viermal zum Marienheiligtum Altötting gepilgert und hat
sich dort auch beisetzen lassen.

Tilly schrieb seine Siege den Fürbitten der heiligen Maria zu, und so hat
man auch den Abzug der Schweden und die Rettung Ingolstadts auf das Gebet
der Ingolstädter Bürgerkongregation Maria de Victoria zurückgeführt.

Die katholische Kirche hatte freilich schon seit Jahrhunderten in Ingolstadt ein Bollwerk innegehabt. Als erster Deutscher war Petrus Canisius aus
Nimwegen in den jungen Orden der Jesuiten eingetreten, 1543 mit 22 Jahren. Er war der erste deutsche Ordensprovinzial, schließlich auch Theolo-
gieprofessor an der Universität Ingolstadt und deren Rektor. Auch an anderer Stelle an der Donau wird man ihm wieder begegnen, in Wien. Er hat
im übervollen Stephansdom aufregende Predigten gehalten, die von ungewöhnlicher Toleranz geprägt waren, er hat nie Ausdrücke gebraucht wie
»die Ketzer« oder »die Heiden«, sondern lieber gesprochen von »anders-
denkenden Brüdern«.

»Pioniere in Ingolstadt« ist ein Theatererfolgstück der Ingolstädterin
Marieluise Fleißer, eine »Komoedie in vierzehn Bildern«.

Allerdings hatte es ihr bei der Uraufführung in Berlin 1928 keinen Erfolg, und überarbeitet von Bertolt Brecht 1929 im Theater am Schiffbauerdamm unbeschreiblichen Ärger bereitet.

Mit der katholischen Tradition ihrer Heimatstadt hat es wenig im Sinn, eher mit der militärischen. Es kam zu einem der ganz großen Theaterskandale der Zwanzigerjahre. Eine Kritik nannte Frau Fleißer eine »schlimmere Josephine Baker – im dicksten sexuellen Ur- und Affenwald«.

Die Autorin konnte sich in ihrer Heimatstadt nicht mehr blicken lassen. Dort galt sie als »Nestbeschmutzerin«. Ihre Verlobung mit einem Ingolstädter Sportschwimmer ging in Brüche.

Fleißer lebte einige Jahre in Berlin, kehrte dann heim, offenbar hatte sich die Stimmung beruhigt. Nun heiratete sie den einstigen Verlobten doch noch, arbeitete in seinem Tabakgeschäft mit, und allfällige schriftstellerische Anwandlungen waren ein Problem geworden – 1935 bekam sie Schreibverbot, ihr Theaterstück und andere Werke setzten die Nationalsozialisten auf die Liste des »schädlichen und unerwünschten Schrifttums«. In den Sechzigerjahren wurde sie wiederentdeckt, hoch geschätzt von ihren jungen Kollegen F. X. Kroetz und R. W. Fassbinder. 1974 ist Marieluise Fleißer in Ingolstadt gestorben. Pioniere gibt es hier auch heute, ein Gebirgspionierbataillon und ihre Schule.

Die Fleißerschen Übeltäter, denn das sind die Hauptfiguren ihres Stücks, waren zumindest nicht aus der bayrischen Heimatstadt gekommen, sondern aus Küstrin nach Ingolstadt kommandiert, waren also Preußen, da weiß man eh schon alles.

» Wir erreichen Regensburg, das eine sehr hübsche Stadt zu sein scheint, gegen vier Uhr. Während unser Mahl bereitet wurde, machten wir den ersten Bummel durch seine sauberen, luftigen Straßen und über die Brücke, wo wir zum ersten Mal die Donau so sahen, daß wir uns einen richtigen Begriff von ihrem Range unter den Flüssen machen konnten. Sie ist ein sehr edler Strom, und als wir ihre glänzenden Fluten betrachteten, die zu dieser Stunde die malerischen Gebäude an ihren Ufern auf das schönste widerspiegeln, fühlten wir, glaube ich, keine andere Regung als die reine Freude. Wir sind im Begriffe, uns blind und bedingungslos ihrer Gnade anzuvertrauen.«

Regensburg ist nicht eine hübsche Stadt, es ist eine schöne Stadt, vor allem macht auch seine Umgebung Eindruck, siehe J. W. Goethe, »Italienische Reise«:

»Regensburg liegt gar schön. Die Gegend mußte eine Stadt herlocken, auch haben sich die geistlichen Herren wohl bedacht.«

Und er denkt an die Heimatstadt: »Die Donau erinnert mich an den alten Main.«

Die Altstadt ist eine Sensation, vom Krieg nicht zerstört und ebenso wenig vom Erneuerungswahnsinn der Nachkriegsjahre, erhalten wie Bamberg und sonst kaum eine deutsche Stadt. Zwei steinerne Zeugen der Jahrhunderte beherrschen den Gesamteindruck – der Dom St. Peter und die Steinerne Brücke. Wir wollen bald wieder zu beiden zurückkehren, jetzt bleiben wir bei dem Zitat von 12 Zeilen früher.

Dieses blinde Vertrauen in die Donau wird sich wieder legen. Die Autorin jener Donauliebeserklärung, Frances Trollope, wir werden ihr noch öfter begegnen, hat mit ihren Reisebeschreibungen kommenden Generationen einen nicht genug zu schätzenden Dienst erwiesen. 1836 und 1837 hat sie acht Monate in Wien verbracht, hat die Gesellschaft beschrieben, das kul-

Die berühmte Regensburger Brücke

turelle Leben, lässt auch Klatsch und Tratsch nicht aus, und schon 1838 ist ihr Buch »Vienna and the Austrians« in England auf den Markt gekommen. Dass sie aber eben nicht nur Vienna, sondern auch ihren Weg dahin beschrieben hat, den sie mitsamt ihrer kleinen Reisegesellschaft über die Donau genommen hat, macht sie für uns zur idealen Reisebegleiterin.

Sie mag in den Regensburger Tagen das Volkslied kennengelernt haben »Als wir jüngst in Regensburg waren«, das Liederbuch datiert es mit 1830. Aber im Text geht es so weiter – »sind wir über den Strudel gefahren«. Wo bei Regensburg dieser Strudel sein soll, weiß man auf den ersten Blick nicht. Es ist kein naturgegebener Strudel, durch eine bauliche Veränderung 1687 hat sich eine stärkere Strömung unter der Brücke ergeben, das ist alles. Gewiss, es gibt diesen Wasserwirbel unter der berühmten Brücke, aber gemessen an den übrigen Gefahren, die den Schiffsleuten und ihren Passagieren auf dem Weg zum Schwarzen Meer begegnen konnten, hatte dieser Strudel keinen Grund, anzugeben.

Allerdings stromabwärts, da lernte man ihn kennen. Das wird auch Frau Trollope noch erfahren.

Mehr Grund, aufgeregt zu sein, hat man angesichts dieser unglaublichen Brücke, einer älteren Schwester von »le pont d'Avignon«, einer älteren Schwester auch von der Karlsbrücke in Prag, erbaut um die Mitte des 12. Jahrhunderts, mit 14 Bögen. Und natürlich gibt es auch hier eine Sage aus der Epoche des Dr. Faust. Der Brückenbaumeister und der Dombaumeister haben miteinander gewettet – wer zuerst fertig ist. Und weil der Dombaumeister so schnell war, holte der Konkurrent den Teufel zu Hilfe und es war wie immer, Beelzebub wurde überlistet, hat sich schrecklich geärgert, hat ihm nichts geholfen, die Brücke war fertig und die Baumeisterseele dennoch gerettet. Das stimmt auch so, ohne Teufelspakt. Der Dombau begann 1273, da war die Brücke fast schon wieder baufällig, so längst fertig war sie.

Dieser Dom ist das zweite Wahrzeichen der Stadt. Seinen Standort hat er um 739 vom heiligen Bischof Bonifatius zugewiesen bekommen. Da wurde die Gegend um die Porta Praetoria, das Nordtor des alten Römerkastells, zum Dombezirk bestimmt. Der erste Bau brannte mehrmals nieder, zuletzt zusammen mit der halben Stadt um 1250.

1273 also kam es zum Neubau der Kathedrale Sankt Peter, des Doms eben. Der Eselsturm an der Nordseite hat den letzten Brand überstanden, er steht noch heute da. Um das Jahr 1520 herum sah man den Neubau als vollendet und beendet an – aber dann wurde natürlich dennoch weitergebaut, schließlich barockisiert und dann wieder regotisiert und endlich die tatsächliche Vollendung verkündet, 600 Jahre nach Baubeginn, um 1872.

In diesen vielen Jahren ist eine Kirche entstanden, die als Höhepunkt der süddeutschen Gotik gewertet wird. Die Glasmalereien haben die Jahrhunderte und alle Modernisierungsattacken überstanden, sogar die romanische Epoche ist hier vertreten.

Die Arbeit der Dombauhütte ist geprägt von besonderer Technik – der historischen. Hier kommen nicht die uns selbstverständlichen modernen Geräte und Maschinen zum Einsatz, sondern das Werkzeug der Handwerker von einst. Und diese Geräte werden von den Domhandwerkern von heute allesamt selbst hergestellt.

Die ganze Welt kennt den Domchor – unter dem Namen Regensburger

Domspatzen. Dieses Markenzeichen ist aber erst im frühen 20. Jahrhundert erdacht worden, der Chor ist viel älter.

Bischof Wolfgang gründete ihn 975, zusammen mit einer Schule zur musikalischen Gestaltung der Gottesdienste, ihr Nachfolger ist das bestehende Musikgymnasium. Die Legende freilich verlegt die wirkliche Gründung in das 7. Jahrhundert. In den Jahren 1964 bis 1994 stand Prälat Georg Ratzinger dem Chor vor, der Bruder von Papst Benedikt XVI.

Noch ein anderer Wahl-Regensburger ist berühmt dank der Musik. Emanuel Schikaneder, geboren 1751 an der Donau, in Straubing, hat sich durch sein Libretto für die »Zauberflöte« und den Kompositionsauftrag an Mozart in die Weltgeschichte eingetragen. Sein Vater, von Beruf Lakai, starb früh, und die Witwe stand mit vier unversorgten Kindern da. So kam der Halbwaisenknabe mit knapp fünf Jahren nach Regensburg, wo die Mutter nahe dem Dom einen »Kramladen« führte, mit »Rosenkränzen, Skapulieren, Ablasspfennigen, Hemdknöpfen usw.« und neben diesem Devotionalien- und allgemeinem Warenhandel auch eine Wollhandlung betrieb. Immerhin hat sie es auf diese Weise geschafft, ihren zwei Söhnen eine gute Ausbildung zu ermöglichen. Emanuels Musiklehrer war der Domkapellmeister und als Schüler des Jesuitengymnasiums

St. Paul wurde er in die – gedruckte – Liste der besonders guten Schüler aufgenommen.

Unter den zahlreichen Lustspielen, die Schikaneder vor allem für seine eigene Theatertruppe verfasst hat, ist auch »Das Regenspurger Schiff«, ein Lustspiel »in drey Aufzügen«, 1780. Regensburgs Geschichte führt durch 20 Jahrhunderte und so ist sie dicht und spannend.

Schon in der Steinzeit hat es an dieser Stelle eine Siedlung gegeben, auch ein keltisches Dorf hat man nachgewiesen. Spannend wird es ab 79 n. Chr., da kamen die Römer. Von ihnen künden die Reste eines Wachturms an der Naabmündung und ihre hohe Kultur bezeugt die älteste römische Brauerei in diesem relativ hohen Norden. Der heutige Römer-Pavillon am Kornweg macht dieser Institution seine Reverenz. Freilich, ganz sicher ist man sich nicht, dass da tatsächlich gebraut wurde, schön wär's schon, notabene in Bayern …

Dass hier ein gewerblicher Betrieb seinen Standort hatte, der über eine Räucherkammer, eine Feuerstelle, ein Wasserbecken und einen Brunnen verfügte, das ist immerhin sicher. Sicher ist leider auch, dass die Marko-mannen mit diesem Betrieb wie mit der ganzen jungen Siedlung nichts anzufangen wussten. Zu den »alten Germanen«, die angeblich auf Bären-fellen liegend »immer noch eins« getrunken haben, zählten auch die Mannen des Königs Marbod, die von den Römern besiegt ins Böhmische ausgewichen sind, wo sie ja auch zur cerevisia, dem altrömischen Bier, hätten finden können. Aber nein, zwischen 166 und 170 zerstörten sie die erste römische Siedlung. Das hätten sie bekanntlich lieber bleiben las-sen. Der Grundherr im fernen mächtigen Rom hatte nicht vor, sich derlei gefallen zu lassen.

Für einen mediterran denkenden und fühlenden Menschen war und ist das Land um Regensburg im Falle eines längeren Zwangsaufenthalts ein Glücksfall. Die durchschnittliche Temperatur liegt bei 8° Celsius, zwischen Mai und September lassen sich hier südliche Tage erleben, es regnet weni-ger als im übrigen Bayern, und selbst der Föhn, der einen zum Beispiel in München halb verrückt machen kann, bleibt Bewohnern und Besuchern in Regensburg weitgehend erspart. Gerade hier also ein Lager zu bauen, war schlau.

Und was für ein Lager! Marc Aurel befahl zehn Meter hohe Mauern aus Stein, Raum für 6.000 Soldaten, vier Tore, viele Türme. Castra Regina, die »Festung am Regenfluss«, einem Nebenfluss der Donau, wurde militärisches

Zentrum der Provinz Raetien. Die Inschrift aus Anlass der Inbetriebnahme, der Einweihung, im Jahre 179 ist erhalten, sie schmückte das Osttor.

Wer sich die Mühe der Übersetzung dieser Inschrift in Stein machen möchte, findet sie im Museum. Hier zitieren wir die deutsche Fassung, mit der Ernst Trost in seinem großartigen Buch »Die Donau« seine Latein-kenntnis bewiesen hat:

Kaiser Marc Aurel (121–180)

»Kaiser Marcus Aurelius, Sohn des vergöttlichten Pius, Bruder des Verus, Enkel des vergöttlichten Hadrian, Erlaucht, Germanen- und Sarmatensieger, Oberpries-ter, im sechsunddreißigsten Jahre seiner tribunizischen Gewalt, Feldherr zum neunten Male, Konsul zum dritten Male, Vater des Vaterlandes, und Kaiser Lucas Aurelius Commodus, Erlaucht, Sarmatensieger und größter Ger-mansieger, Sohn des Kaisers Antoninus, Enkel des vergött-lichten Pius, Urenkel des vergött-lichten Hadrian, Ururenkel des Trajan, des Parthersiegers, Urur-enkel des vergöttlichten Nerva, im vierten Jahre seiner tribunizi-schen Gewalt, Feldherr zum zwei-ten Male, Konsul zum zweiten Male, haben den Wall mit den Toren und Türmen errichten lassen durch die III. Italische Legion und die 2. Aquitanische Kohorte unter der Leitung des kaiserlichen Provinz-statthalters Marcus Helvius Clemens Dextrianus.«

Bis zum Jahr 400 hat das imposante Kastell seine Pflicht tun können, dann wurde es wie nach und nach das gesamte Reich von der Völkerwanderung nicht unterwandert, sondern im Sturm überrannt.

Danach aber wurde Regensburg eine neue Ehre zuteil – das erste bayri-sche Herzogsgeschlecht erwählte die Stadt zur Residenz, die Agilolfinger. Sie behielt diese Würde, bis diesmal ein Machtkampf zu ihren Ungunsten ausging und Herzog Tassilo III. 788 von Karl dem Großen abgesetzt wurde. Der Herzog wurde ins Kloster gesteckt, das Land Bayern für aufgelöst erklärt und ab nun war alles Frankenland. Es ist begreiflich, dass selbst heute noch der eine oder andere Franke Probleme damit hat, sich als bayrischer Bürger fühlen zu sollen.

Wie Europa so vieles an politischem und verwaltungstechnischem Durcheinander Napoleon und seinem Reformeifer verdankt, so ist auch Regensburg zum Opfer der bonapartesken Besserwisserei geworden. 1810 musste Regensburg an Bayern abgetreten werden, auf Napoleons Initiative. Im Jahr zuvor hatte er die Stadt gestürmt und verwüstet, den österreichischen Gegner vertrieben, und er ist in dieser Schlacht von Regensburg zum einzigen Male in seinem ganzen Leben im Kampf verletzt worden, am 23. April 1809 an einem Bein.

Ein Name, den die Geschichtskenner mit der Stadt am Regen ebenso verbinden wie die Freunde von bunten Blättern und Unterhaltungs-TV, ist seit der Mitte des 18. Jahrhunderts hier zuhause – Thurn und Taxis. Die Familie stammt aus Italien, wuchs seit dem 13. Jahrhundert an Bedeutung, stieg in den Hochadel auf und übernahm unter Kaiser Maximilian I. eine eminent wichtige Funktion. Sie organisierte den zuerst nur kaiserlichen Botendienst, dann auch anderen offenen Postdienst quer durch das Reich und darüber hinaus.

1748 verlegte der kaiserliche Generalpostmeister Fürst Alexander Ferdinand von Thurn und Taxis die Familienresidenz von Frankfurt am Main nach Regensburg. Er war zum Vertreter des Kaisers am sogenannten immerwährenden Reichstag ernannt worden, der ab 1664 jährlich stattfand. Sein Amt hieß Prinzipalkommissär, er hatte nun bei den Reichstagssitzungen, die in einem ehemaligen Tanzsaal stattfanden, eine Art Ersatzthron, vier Stufen mit rotem Stoff bespannt.

Die Post hat zwar schon seit langer Zeit andere Herren, auch den Fürstentitel musste man nach 1918 aufgeben, doch der Familie hat es nicht geschadet. Sie verfügt über den umfangreichsten Waldbesitz Europas, die Haupterben führen nun zwar nicht mehr den Fürsten-, aber einen Prinzentitel und finden sich Jahr für Jahr auf der Forbes-Liste der Milliardäre.

Von ganz anderer Art war die Karriere, die der Enkel eines Regensburger Handwerkers gemacht hat. In der Kramgasse lebte der Gürtlermeister Wolfgang Plumberger mit Frau und Kindern. Seine Älteste hieß Barbara, geboren 1527. Sie war 19 Jahre alt, als sie einem älteren, verwitweten Herrn ins

Auge stach, der mit diesem Augenblick in späterer Folge dem Osmanischen Reich viel Kummer bereiten sollte. Doch das war jetzt ein zu großer Schritt in eine noch ferne Zukunft, langsam also:

Der Sommer 1546 brachte viele Mächtige nach Regensburg – zum Reichstag. Hätte dieser Reichstag wie zuletzt in Worms oder im nächsten Jahr in Augsburg stattgefunden, die Geschichte Europas hätte einen anderen Verlauf genommen. Denn dann hätte Kaiser Karl V. Fräulein Plumberger nicht kennengelernt, sie hätte ihn nicht im Hotel Goldenes Kreuz besucht und man könnte heute nicht die Inschrift an diesem Hotel lesen, die uns berichtet, wie es begann und wie es weiterging:

> In diesem haus von alter Art
> Hat offt geruet nach langer fahrt
> Herr KAYSER CARL DER FÜNFFT genandt
> In aller Welt gar wohlbekannt
> Der hat auch hie zu gueter stundt
> Geküsset einer jungfrau mundt
>
> Dann draus erwuchs dem Vatter gleich
> Der DON JUAN VON OESTERREICH
> Der bei Lepanto in der Schlacht
> Vernichtet hat der Türckhen Macht.
> Der HERR vergellts ihm alle zeyt
> So ietzt wie auch in ewigkeit.

Aus dem Namen Plumberger wurde Blomberg, und Barbara Blomberg hat nicht nur diesen Sohn mit seiner Durchschlagskraft in die Welt gesetzt, sie war auch selbst eine beachtliche Persönlichkeit. Am 24. Februar 1547 wurde der Kaisersohn geboren, nach einigen Monaten unter Aufsicht des kaiserlichen Kammerherrn Quijada heimlich aus Regensburg fort- und nach Spanien gebracht und dort – mit dem Namen Geronimo – einem Ehepaar anvertraut, dem Hofmusiker Massy und dessen Frau.

König Philipp II. anerkannte 1561 den Knaben als seinen Halbbruder, ließ ihn zusammen mit seinem Sohn Don Carlos erziehen. Juan sollte Priester werden, das hatte sein Vater bestimmt, er aber sah seine Zukunft bei den Soldaten. Nach Jahren konnte er sich durchsetzen, Philipp II. ernannte ihn 1568 zum Kommandeur der spanischen Mittelmeerflotte, stellte ihm aber erfahrene Ratgeber zur Seite.

1571 bildeten Spanien, Venedig und der Papst die Heilige Liga, die gemeinsame Flotte sollte die massiv wachsende Macht der Osmanen eindämmen. Don Juan de Austria wurde zum Generalkapitän der Meere ernannt. Am 5. Oktober 1571 besiegte er in der Seeschlacht von Lepanto

Don Juan de Austria,
Denkmal in Regensburg

eine weit stärkere türkische Flotte, nahe der Meerenge von Messina. Ihm, dem Admiral, standen Befehlshaber zur Seite, die bedeutenden militärischen Ruf hatten – wie der Doge von Venedig Sebastiano Venier oder der genuesische Flottenkommandeur Andrea Doria, Adoptivsohn des berühmten Dogen von Genua. In Venedig gilt Venier als der eigentliche Sieger, in Genua Doria, der allerdings in Wahrheit weder bei Lepanto noch sonst sich mit großem Ruhm bedeckt hat.

Don Juan de Austria aber hat ein Denkmal im Arsenal von Barcelona, wo auch der Nachbau seines Flaggschiffs »La Real« zu sehen ist, und eines in Messina, geschaffen 1572. Dessen Kopie in seiner Geburtsstadt erinnert die Regensburger an den berühmten Enkel des Gürtelerzeugers.

Barbara Blomberg heiratete kurz nach der Affäre mit dem mächtigsten Mann der Welt einen kaiserlichen Militärbeamten, den Kriegskommissar Hieronymus Kegel, und zog mit ihm nach Brüssel, das Ehepaar hatte drei Kinder. Nach Kegels Tod bekam seine Witwe vom Halbbruder ihres ersten Sohnes, er war inzwischen König geworden, von Philipp II., eine großzügige Unterstützung, dafür sollte sie in ein spanisches Kloster eintreten, doch sie dachte gar nicht daran. Sie war erst 42 Jahre alt, gewiss immer noch sehr schön und jedenfalls selbstbewusst. Einige Jahre später gab es das erste Wiedersehen von Mutter und Sohn, zu diesem Zweck reiste Frau Kegel, die diesen Namen nicht benutzte, nach Spanien. Dort blieb sie auch, lebte als Madame de Blombergh auf einem Bauernhof, den sie mit ihren Kindern und ihrem Personal bewirtschaftete, und starb mit 70 Jahren.

Zu den ferneren Folgen der libidinösen imperialen Attacke auf die Gürtlerstochter gehören zwei lokale Kalorienbomben. Was für Salzburg die Mozartkugel, das sind für Regensburg die Barbara-Blomberg-Torte und die Barbara-Küsse, eine Sorte Praliné. Der Erfinder – Besitzer der ältesten Café-

Konditorei Deutschlands, 1686 gegründet – geht mit der Zeit. Zu Ehren seiner Fürstin hat er die »Kesse Gloria« geschaffen, eine »flauschig-lockere Rumtrüffel«.

Um Berühmtheiten und ihnen zugedachte Devotionalien geht es auch rund zehn Kilometer weiter an der Donau. Die bayrischen Kurfürsten hatten zwar immer wieder schwere Probleme mit Österreich und Habsburg gehabt, zuletzt im ersten Jahrzehnt des 18. Jahrhunderts. Hundert Jahre danach wurden sie treue Verbündete Napoleons, bis ans bittere Ende im russischen Winter von 1812, bis sie zehn Tage vor der europäischen Völkerschlacht bei Leipzig im Oktober 1813 zur Besinnung kamen und die Fronten wechselten.

Die Treue hatte ihren Lohn da schon längst empfangen. Kurfürst Max IV. Joseph war am 1. Jänner 1806 zu König Max I. Joseph emporgestiegen. Sein älterer Sohn war Ludwig, später der I. Er soll schon im Jahr 1807 den

Die Walhalla, Ehrentempel für die Großen »Teutscher Zunge«

Plan gefasst haben, etwas zu errichten, das dem »teutschen Ruhm ein würdiger Tempel« sein sollte. Dass er sich nur ein Jahr, nachdem der Sohn eines Notars aus Korsika, nunmehr »Kaiser der Franzosen« aus eigener Machtvollkommenheit, kurz zuvor selbst gekrönt, den Herrn Papa zum König ernannt hatte, solch einen Tempel schon vorgestellt haben sollte, will man kaum glauben. Schließlich war des bayrischen Kronprinzen Napoleonverehrung groß genug, um ihn 1809 an der Seite der Franzosen in Wien einmarschieren zu lassen. Aber die Inschrift an diesem »Ruhmestempel der Teutschen« versichert es dem Besucher.

Die »Walhalla« wurde ab 1830 von Leo von Klenze, dem Star der bayrischen Biedermeierarchitektur, erbaut. Ihm schwebte der Parthenon in Athen vor. Man mag aus der Ferne der Jahre über den Gedanken lächeln, einen griechischen Tempel in den Bayrischen Wald zu stellen. Aus der Nähe aber muss man dem Bauherrn und seinem Baumeister zugeben, dass ihnen hier etwas gelungen ist. Über einer eindrucksvollen breiten Treppe am Donauufer erhebt sich der weiße Marmorbau, man sieht ihn schon von weitem. Die »Realenzyklopädie für das katholische Deutschland« gerät in Verzückung:

> »Den Aufgang bildet eine zweimal sich theilende und wieder vereinende Treppe von mehr als dritthalbhundert Marmorstufen, welche dem zum Pronaos (der Vorhalle eines griechischen Tempels, Anm. d. Verf.) Emporsteigenden eine Fülle der mannigfaltigsten Aussichten über das herrliche Donauthal u. der wechselnden Ansichten des Gebäudes selbst bietet.«

Und der unerwartete Tempel bereitet dem Geschmacksempfinden und dieser Landschaft keinen Schmerz, er trägt zu ihrer Schönheit bei. Das lässt sich nicht von allen neueren Bauten sagen, die Politik und Industrie irgendwie und irgendwo aufstellen lassen.

Über das Innere kann man streiten. Hier steht ein Denkmal für 114 Männer und drei Frauen, und unter den »großen Deutschen« finden sich auch böhmische Österreicher wie Radetzky, russische Generäle deutscher Abstammung, Flamen, Holländer. Fortsetzung folgt – es werden immer mehr, immer neue »rühmlich ausgezeichnete« Männer folgen, zuletzt etwa Max von Pettenkofen, Begründer der modernen Hygiene, oder Albert Einstein, an der Donau geboren, in Ulm.

König Ludwig I. (1786–1868),
Gemälde von Joseph Karl Stieler

Es ist merkwürdig, dass ausgerechnet auf bayrischem Boden die bedeutendsten Monumente gesamtdeutschen Nationalstolzes zu finden sind. Das Land, das sich ganz und gar nicht mit dem deutschen Kaiserreich zu identifizieren bereit war, in seiner Separatismuslust alle anderen Bundesländer Deutschlands übertrifft, verfügt über Weihestätten wie den Grünen Hügel von Bayreuth, das Germanische Nationalmuseum in Nürnberg und eben die Walhalla.

Als hätte König Ludwig I. Angst vor äußerer und innerer Stille nach der Fertigstellung des »Teutschen Tempels« gehabt, legte er am 18. Oktober 1842 den Grundstein für das nächste Großmonument an der Donau, am Tag nach der Walhallaweihe.

Und auch diese nun zu errichtende »Befreiungshalle« sollte an deutschen und bayrischen Widerstandsgeist erinnern, an den »Befreiungskampf« der Jahre 1813–1815. Der hatte eigentlich erst fast post festum begonnen, »Heldentum nach Ladenschluss« war ein Filmdrehbuch des einstigen Bestsellerautors Joachim Fernau. Mit diesen wenig liebenswürdigen Gedanken trifft man aber den Zeitgeist – schon Ludwigs I. Zeitgenossen konnten mit dem Bau wenig anfangen. Hoch über dem Ufer bei Kelheim, von Regensburg donauaufwärts, beim Weltenburger Donaudurchbruch, sollte der Bau nach Plänen Friedrich von Gärtners emporwachsen. Da mündet die Altmühl in die noch sehr junge Donau. An ein Werk in byzantinischem Stil war gedacht, doch nach Gärtners Tod 1847 übernahm Leo von Klenze, der zweite bedeutende Architekt des bauversessenen Ludwig, die Planung und gab ihr eine Wendung in die klassische Antike.

Ein Jahr später war erst einmal Schluss, Baustopp und überhaupt. Die beinahe europaweite Revolutionswelle hatte Bayern erreicht, der König selbst hatte es ihr durch seine Affäre mit der Tänzerin Lola Montez etwas leichter gemacht.

Zu den vielen, auch großartigen und verdienstvollen Plänen in Bauwesen und Denkmalschutz, die König Ludwig nun nicht vollenden konnte, gehörte auch jener der Befreiungshalle.

Jahre später baute man weiter, 1863 wurde eingeweiht. Der König selbst hatte 1842 den Text zu einem Weihechoral gedichtet – »Heil Euch, wack're Männer, muth'ge Krieger, die errungen ihr den Heldenkranz. Heil Euch, Tapf're Teutsche, tapf're Sieger! Ewig währet Eurer Thaten Glanz!«

Und auch der Spruch, der im Boden eingelassen die Besucher empfängt, stammt aus der Feder Ludwigs: »Moechten die Teutschen nie vergessen, was den Befreiungskampf nothwendig machte und wodurch sie gesiegt.«

Der runde Bau steht auf einem Sockel, der als achtzehneckiges Polygon errichtet wurde. Die Zahl 18 prägt das ganze Gebäude. Sowohl der letzte Tag der Leipziger Völkerschlacht war ein 18. als auch der Siegestag von Waterloo. Dreimal 18 Säulen, dreimal 18 Pfeiler, Inschriften für 18 Feldherren und zurückeroberte Festungen. Außen stehen 18 mächtige Statuen, die deutsche Volksstämme symbolisieren. Da sieht man zwischen Franken, Brandenburgern, Hessen auch Tirol und Boehmen, aber das hat man damals eben so empfunden, deutsch. Das hat natürlich nichts mit der leider bald folgenden grauenhaften Ideologie zu tun. Das Innere ist leer. Einzig eine lange Reihe von Siegesgöttinnen steht da in ewigem Reigen, Hand in Hand.

So sehr man die Walhalla aus der Ferne und auch aus der Nähe zu schätzen vermag, so schwer fällt das bei dem Kelheimer Riesenrund. Man sieht ihm an, dass irgendwas nicht stimmt, und dazu muss man noch gar nicht seine von Hindernissen begleitete Baugeschichte kennen. Schon gleich nach der Einweihung kam der Spitzname »Guglhupf« auf.

Ganz anders steht man einem mächtigen Gebäude im Kelheimer Ortsteil Weltenburg gegenüber. Wie alle Benediktinerklöster weithin sichtbar, liegt hier ein strenger Bau an einer Donauschlinge, der Fluss macht ehrfürchtig Platz. Leider nicht immer, manchmal kommt er zu Besuch. Die prominente Lage am Wasser bringt verstärkte Hochwassergefahr, der man allerdings seit 2006 mit einer besonderen Anlage den Kampf angesagt hat.

617 gegründet, ist Weltenburg das älteste Kloster von Bayern. Und wenn wir schon bei solchen Superlativen sind – die Klosterbrauerei wurde 1050

Donaudurchbruch bei Weltenburg

gegründet und soll die älteste der Welt sein. Und das »Weltenburger Kloster Barock Dunkel« hat schon dreimal den Bier-Oscar errungen, den »World Beer Award« als das beste dunkle Bier der Welt.

Zwischen 1716 und 1739 wurde die Klosterkirche erbaut. Von außen kann man nicht vermuten, wie prachtvoll sie ist.

Der Klostermaler von Benediktbeuern Hans Georg Asam hatte neun Kinder – zwei waren Cosmas Damian und Egid Quirin. Sie erlernten die Kunst ihres Vaters und bildeten sich nach dessen Tod weiter aus. Cosmas Damian (1686–1739) zog nach Rom, besuchte die Accademia di San Luca und errang 1713 den ersten Preis der Malerklasse. Zur gleichen Zeit studierte der Bruder Egid (1692–1750) in München beim Hofbildhauer

Andreas Faistenberger. Daneben befasste er sich mit Architektur und Stuckatur. In Weltenburg arbeiteten die beiden Brüder wie auch späterhin sehr oft zusammen. Ihr Gesamtkunstwerk Klosterkirche ist der Inbegriff barocker Baukunst – Fresken, Stuck, Lichtgestaltung, Architektur, die Plastiken – alles Asam. Das Sonnenlicht an einem freundlichen Morgen, wie es die Kirche zum Jubeln bringt, ist unvergesslich.

VON
PASSAU IN DEN
NIBELUNGEN-
GAU

ERSTE DONAU-DAMPFSCHIFFAHRTS GESELLSCHAFT

DDSG

Im Juli 1683 flüchtete der 19jährige Prinz Eugen von Savoyen aus seiner Heimatstadt Paris, sein Ziel war Passau, oder exakt – der Kaiser. In Paris sah er keine Möglichkeit für seine Soldatenträume, der König, Louis XIV., war zwar einer der Liebhaber der Mutter gewesen, aber er dehnte seine Sympathie nicht auf den Sohn aus. Also war ihm die geistliche Laufbahn zugedacht, und da er schon mit 15 Jahren zwei Abteien zugeteilt bekommen hatte, nannte man ihn den »kleinen Abbé«.

Eugen entfloh der ihm zugedachten Zukunft. Er wusste, dass Kaiser Leopold I. sich seit einigen Tagen in Passau aufhielt. Am 7. Juli war sein älterer Bruder Ludwig Julius in einem Gefecht bei Petronell in Niederösterreich schwer verletzt worden, sein tödlich getroffenes Pferd war auf ihn gestürzt. Nach sechs Tagen erlag er seinen Verletzungen. Ludwig Julius hatte sein eigenes Regiment kommandiert, die Savoyendragoner. Nun war die Position des Kommandeurs und des sogenannten Inhabers vakant, und Eugen hoffte, an die Stelle seines Bruders treten zu können.

In Passau angekommen, wandte Eugen sich an den spanischen Botschafter, den Marchese di Borgomanero. Er sollte ihm den Weg zum Kaiser

PASSAU

Druck: Bundesamt für Eich- u. Vermessungswesen (Landesaufnahme) in Wien

ermöglichen. Das schien zu gelingen. Aber es dauerte – Leopold I. hatte die hastige Reise von Wien über Linz bis Passau hinter sich, es ging ihm nicht gut. Und krank war er auch – Brechen, Durchfall. Erst Mitte August konnte Prinz Eugen vor Leopold I. stehen.

Er stand in einer improvisierten kaiserlichen Residenz. Denn dieses mächtige Gebäude war die alte Residenz der Passauer Fürstbischöfe. Am 17. Juli waren Kaiser und Hof angekommen, die Kaiserin hochschwanger.

»Alte bischöfliche Residenz. Urkundlich 1173. Heutiger Baubestand 14. – 17. Jahrhundert.« Eine zweite Inschrift ist ausführlich:

Dem großen Haus war Allerhöchster Besuch nicht fremd. Hier waren schon Rudolf von Habsburg und Friedrich III. abgestiegen, Karl V., Ferdinand I. und andere, die Tafel im Torbogen nennt sie alle. Und eine weitere Inschrift erinnert an den Tag, der Europas Schicksal veränderte: »1683 nahm hier Kaiser Leopold I. Prinz Eugen von Savoyen in seine Dienste.«

Das liest sich so einfach, aber das war es nun gar nicht. Der wohlorganisierte Kaiserhof mit Dienern, Kammerherren und Köchen, Wachen und Hofdamen, Ministern und Generälen, Kaplänen, Ärzten, Musikern war Hals über Kopf abgereist – und drängte sich nun um seinen Herrn zusammen. Was wird es in Passau an Rangstreitigkeiten gegeben haben, denn wie sollte die Stadt diese Unmenge an Würdenträgern entsprechend unterbringen? Dazu kamen ja auch noch Diplomaten mit ihrem Gefolge, und die hektischen Boten aus Wien, die um Hilfe riefen, die nicht minder hektischen von den diversen Höfen, von denen man diese Hilfe erhoffte.

Und dahinein kam der junge Eugen, am 9. August schrieb Graf Ferdinand Bonaventura Harrach, kaiserlicher Obersterblandstallmeister und Kämmerer, in sein Tagebuch: »Es ist gestern der Chevalier de Soissons, des verstorbenen Prinzen von Savoyen Bruder, gekommen, ...« Der Prinz hat dem Kaiser ein Gesuch in Latein überreicht, der Entwurf dazu gehört einem Archiv in Prag. Die Stunde, da sich Eugen und Leopold gegenüberstanden, das ist eine weitere »Sternstunde der Menschheit«, die man der Sammlung Stefan Zweigs anfügen könnte. Das Regiment hatte zu dem Zeitpunkt schon einen anderen Inhaber. Dennoch war der Weg nach Passau nicht vergeblich. Der Savoyer wird sich bei Wien im polnischen Lager melden und als »Volontaire« mitkämpfen. An der Donau wird er bleiben.

Die alte Residenz ist seit langem nicht mehr Bischofssitz, und auch die neue Residenz ist es bald nicht mehr – der Bischof entsagt dem Prunk seiner fürstlichen Vorgänger und übersiedelt in ein einfacheres Gebäude. Das hat immerhin den Vorteil, dass nun neben der Alten Residenz, heute Sitz von Landgericht und Amtsgericht, auch die neue besichtigt werden kann.

Die beiden Komplexe sind miteinander verbunden, und unmittelbar daneben steht der Dom, ein Wunderwerk.

Diese Kathedrale nach italienischem Vorbild ist zwischen 1668 und 1693 gewachsen. Ein großer Stadtbrand hatte 1662 gewütet und vom Vorgängerbau kaum etwas verschont. Die wenigen Erinnerungen an die Gotik wurden in den Neubau einbezogen. So konnten der größte barocke Kirchenraum nördlich der Alpen entstehen und die bedeutendste barocke Kirche italienischen Stils auf deutschem Boden. Der Architekt war Carlo Lurago, die weiß-goldene Innenausstattung hat Giovanni Battista Carlone geschaffen, mehrere Seitenaltäre sind Werke von Johann Michael Rottmayr. Die goldene, figurenreiche Kanzel mit ausladendem Baldachin kam aus Wien, vom Hoftischler Johann Georg Series gestaltet zwischen 1722 und 1726.

Das alte Passau hat der berühmte Wanderer Joseph Kyselak, der an allen nur denkbaren Stellen in Gebäuden, in der Natur seinen Schriftzug anbrachte, noch kennengelernt. Er war zwar in Wien als Hofbeamter beschäftigt, ab 1828 als k. k. Registraturaccessist, doch er wusste sich so viel Freizeit und Urlaub zu verschaffen, dass er sein Heimatland und auch noch das benachbarte Bayern kennenlernen konnte. Der Beweggrund für diese Manie, sich allenthalben zu verewigen, soll eine Wette gewesen sein. Er wollte bekannt werden – und das ist ihm ja auch tatsächlich gelungen. Auch sein Nachruhm ist bedeutend. Gerhard Rühm und Konrad Bayer, zwei der Dichter der Wiener Gruppe, haben ihm ein Sprechstück, Herbert Rosendorfer hat ihm eine Novelle gewidmet. Gerhard Dorfer, der Autor des »Scharfrichters Lang«, hat über Kyselak ein Fernsehspiel verfasst, Hermann Bahr seinen Namen als Pseudonym verwendet.

Er kam 1828 mit dem Schiff an und notierte zum Thema Herbergssuche: »… und suchte mir in Passau ein bequemes Logis. Die Wahl ist schwer zu treffen; denn jede dieser ungemein schiefen Gassen besitzt acht oder zehn Wirtshäuser, die aber meistens reinlich aussehen.«

Das war schon etwas, das »reinlich aussehende Gasthaus«, ein Glücksfall, kennt man die einschlägige Literatur. Damit endet aber schon die Kyselaksche Begeisterung – »Erstlich ist Passau an und für sich schon langweilig, und zweitens stimmen die engen, schlecht gepflasterten, meistentheils krummen Gassen gar nicht zum Frohsinn.«

Dieser Chronist freilich hat schon sehr vieles gesehen und er dürfte um einiges kritischer als andere seiner schreibenden Zeitgenossen gewesen sein. Recht schnell hat er sich auch zur Abreise entschlossen, auf der Donau geht es weiter. Die beiden anderen Flüsse, die Ilz und der Inn, sind nicht schiffbar.

Wir werden Bayern verlassen, und an einen solchen Abschied erinnert eine Gedenktafel am Rathausplatz. Prinzessin Elisabeth in Bayern war auf dem Weg nach Österreich zu ihrem Bräutigam, Kaiser Franz Joseph. Anlässlich des 50jährigen Jubiläums ihrer Abreise aus Passau hat man die Tafel enthüllt: »Dem Angedenken weiland Ihrer Majestät der Kaiserin Elisabeth, höchstwelche am 21. April 1854 auf ihrer Donaubrautfahrt nach Wien hier in Passau von den bayrischen Landen Abschied nahm.«

Das Eintreten der nun so gewachsenen Donau in österreichisches Gebiet ist der Moment, an eine österreichische Institution zu erinnern – an die Donaudampfschifffahrtsgesellschaft. Ihr wollen wir uns ausführlich etwas später widmen, wenn wir zu den großen österreichischen Schifffahrtsmuseen kommen.

Aber ein anderes Thema begleitet uns schon länger, ab Passau – der Limes.

In Passau, sein Militärlager hieß Boiodurum, beginnt der norische Teil des Grenzwalls, er führt bis Zeiselmauer, Cannabiaca, an der Grenze zur Provinz Pannonien. Der Pannonische Limes bleibt an der Donau, nur in der Provinz Dakien, heutiges Rumänien, weicht er von ihr und kehrt wieder bei Stari Kostolac, dem antiken Legionsstandort Viminacium. Aber dort sind wir noch lange nicht, jetzt geht es zuerst einmal durch Oberösterreich, ab Stromkilometer 2213.

Der erste Ort auf österreichischer Seite ist Pyrawang. Der nahe Jochenstein lässt ahnen, von welchen Gefahren die einst an Katarakten reiche Donau geprägt war. Da liegt eine Insel mitten im Fluss, die freilich heute keine Bedrohung der Schiffe mehr darstellt, sondern nur als Loreley-Ersatz dient. Hier lebt die Frau Isa, eine Schwester des Originals am Rhein, beide Mädchen deutliche germanische Ersatzsirenen nach antikem Vorbild, und sie ist ebenso schlimm. Folgt man ihrem lockenden Gesang, so ist die Reise zu Ende und man bleibt in der Donau. Allerdings müssen die Österreicher in solchen Fällen kein schlechtes Gewissen haben, denn der Jochenstein liegt gerade noch auf deutschem Gebiet. Und die Frau Isa sitzt, falls sie jemand denn doch unbedingt sehen möchte, in weißen Stein gehauen am Donauufer. Seit es das Kraftwerk Jochenstein gibt, seit dem Jahr mit den vielen patriotischen Daten 1955, wird es für Frau Isa nicht leichter sein, ernst genommen zu werden.

Hinter Engelhartszell fließt der kräftig gewordene Strom ruhig dahin – und macht einen weiten Bogen. Denn der harte Boden hat ihm diesen Umweg aufgezwungen, der Granit war stärker als das Wasser. So ergibt sich bei Stromkilometer 2187, Schlögen, die berühmte Schlinge, sie umfasst eine halbinselähnliche Landzunge. Bevor wir sie erreichen, gibt es bei Stromkilometer 2195 noch etwas Besonderes, selten Gewordenes: die Zillenbauer. Hier in Niederranna hat die Firma Rudolf Königsdorfer ihren Sitz, ein alter Familienbetrieb. Bis 1962 war sie in Kling angesiedelt, der Kraftwerksbau von Aschach hat dann die Übersiedlung notwendig gemacht.

Am nahen Wesenufer ist die Firma Anton Witti am Werk. Sie besteht seit 1739, im Jahr baut sie rund 120 Zillen verschiedener Art und Größe. Solche Zillen haben an der Donau, überhaupt in der Binnenschifffahrt eine lange Tradition. Flach gebaut, geringer Tiefgang und sehr variabel, was Länge und mögliche Aufbauten betrifft, ist die Zille ein einfaches, gut navigierbares Wasserfahrzeug. Fischer ziehen auch in der Gegenwart die

Kaiserliches Leibschiff, 1731

Holzzille einem Kunststoffboot vor. Sie macht weniger Lärm, erzeugt im Wasser kaum ein Geräusch, die künftige Beute wird nicht gewarnt. Es gibt sie in allen möglichen Längen – heute sind sie kaum über 10 Meter lang. Aber noch im 19. Jahrhundert setzte man Zillen von 30 Meter Länge und mehr ein, bis zu 42 Meter. In Aschach bietet eine Firma Ausflüge mit Zillen an, inklusive Erklärungen zur Vergangenheit. Man kann Zillen kaufen, aber auch mieten, selbst ohne Schiffsführerschein, dann aber nur mit einem Motor von 6 PS.

Das Schiff macht den großen Bogen in der Schlinge, muss ihn ja machen, und zeigt diese Landzunge von drei Seiten. Den Blick auf die Burg Haichenbach muss man sich dazu vorstellen, er ist nicht möglich, denn nur eine arme Ruine ist nach dem Sturm der Soldaten Maximilians I. 1494 übriggeblieben.

Bei der Burg Neuhaus, bald nach der Schlögener Schlinge, hat die Adelsfamilie Schaumberg im 14. Jahrhundert das Recht gehabt, eine Maut einzuheben. Zu diesem Zweck wurden an beiden Ufern Türme erbaut, zwischen denen Ketten dem Einheben der Maut helfen sollten, was ja wohl auch lange geklappt hat. Die Ketten waren auch in Kriegszeiten hilfreich,

Neuhaus, Oberösterreich

zuletzt gegen die Franzosen 1805. Napoleons Truppen fanden das so originell, dass sie diese Ketten zur Erinnerung, und vielleicht auch im Hinblick auf den Altmetallhandel, in ihre Heimat mitgenommen haben. An solchen Ketten war jedenfalls kein Mangel, die Idee, die Donau abzusperren, ist immer wieder aufgekommen. Im Wiener Heeresgeschichtlichen Museum kann man solche Ketten sehen, endlos lang, aus der Zeit der zweiten Türkenbelagerung.

Der aus dem Bierlande Bayern ankommende Weinfreund mag sich, kennt er sich nur peripher aus, auf Wein freuen, angesichts des Wappens – »zwei naturfarbene, kreuzweise doppelt verschlungene Rebhölzer, mit einer hängenden blauen Traube in der vorderen, einer grünen Traube in der hinteren und je einem grünen Blatt in jeder Hälfte.«

Der Weinfreund geht ins Gasthaus, in einen der Gasthöfe, die vor allem dem Schachfreund bekannt sind – hier gibt es berühmte Turniere. Der Weinbau hat – eine Folge des mittlerweile allgemein bekannten und berüchtigten Klimawandels – ab 1870 hier Pause gemacht.

Aschach liegt geschützt zwischen Bergen und kann sich eines milden Klimas erfreuen. Dafür hat die Donau dem Ort genügend Probleme bereitet. Das Schloss bringt eine indirekte Begegnung mit Prinz Eugen von Savoyen, dessen bevorzugter Baumeister hier am Werk war – Johann Lucas von Hildebrandt. 1709 wurde es für die Grafenfamilie Harrach erbaut.

Ein ebenfalls sehr prominenter Architekt hat zwischen 1973 und 1976 für Umbau und Renovierung der gotischen Pfarrkirche gesorgt, Clemens

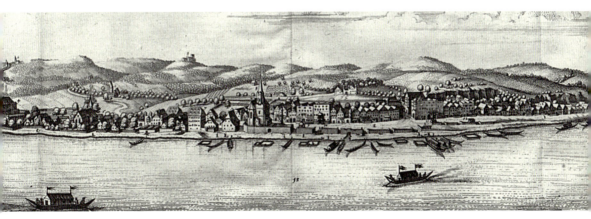

Aschach

Holzmeister. Diese Kirche hatte vieles mitzumachen. Immer wieder war sie Opfer der Hochwasser oder des Eisstoßes. So hat sie eine enge Beziehung zur Donau. Seit 1693 steht das Donaukreuz am Hochaltar. Zwei Schiffer haben es bei einem Hochwasser geborgen und in die Kirche gebracht. Es erwies sich als heilkräftig, und so wird es auch heute verehrt.

Das Kraftwerk Aschach war das zweite an der Donau, 1959 bis 1964 gebaut. Es ist mit seinen vier Kaplanturbinen die modernste Laufkraftwerkanlage Europas!

Bei Stromkilometer 2.157 sind wir in Eferding. Das heißt, beinahe – denn bis zu der alten Stadt brauchen wir noch drei Kilometer. Ihre Schiffstation, Brandstatt, liegt direkt an der Donau. Hier zu bleiben, lohnt sich – auf kleinem Raum bietet das Städtchen dichte Geschichte. Da ist vor allem das Starhembergsche Schloss mit seinem Museum, das schon alleine den Besuch des Ortes wert ist. Hier gibt es nicht nur den prächtigen Ahnensaal, mit einer eindrucksvollen Porträtreihe, hier finden auch Konzerte statt. Die Orgel aus dem alten Dom von Linz hat man hierher übersiedelt. Im Waffensaal kann man das Fernrohr sehen, das dem Wienverteidiger Ernst Rüdiger Starhemberg 1683 gedient hat. Wer den Stephansturm in Wien besteigt, kennt die Stelle, von der aus er so wesentlich zur Rettung Wiens beigetragen hat – mit diesem Fernrohr. Und eine lange Reihe von historischen Kostümen und Uniformen lässt die Vergangenheit auferstehen.

Eferding

In Eferding hat der Burgundenzug zu König Attila Station gemacht. Das Nibelungenlied erzählt, hier habe Kriemhild übernachtet.

Gleich zwei geheimnisvolle Wissenschaftler des Mittelalters sind der alten Stadt verbunden – Paracelsus und Kepler. Johannes Kepler war als Astronom wie als Protestant prominent. Seit 1612 stand er im Dienste der Stände im Lande ob der Enns, in Linz also, dort war man vor allem katholisch. Manchmal aber konnte es auch für den berühmten Mann eng werden, dann tauchte er für einige Wochen unter, zuerst im nahen Eferding, dann auch jenseits der Grenze, in Regensburg. Die Reichsstadt war neutral, ihre Bewohner in beide Konfessionen geteilt. 1542 war die Bürgerschaft dem neuen Bekenntnis beigetreten, eine katholische Kirche wurde nun zur evangelischen Stadtkirche. Hierher konnte man also bedenkenlos kommen, wenn einem woanders der katholische Boden zu heiß zu werden drohte. 1630 ist Kepler in Regensburg gestorben. Seine zweite Ehefrau fand der Witwer in Eferding. Freunde hatten für ihn eine Liste potentieller Gattinnen zusammengestellt, elf an der Zahl. Susanne Reutinger hatte die Nr. 5, für sie entschied sich der Wissenschaftler und hatte gut gewählt, die Eferdingerin wurde eine perfekte Ehefrau.

Auch ein Aufenthalt des europaweit berühmten Arztes Theophrastus Bombastus von Hohenheim in Eferding ist nachgewiesen, sein Humanistenname war Paracelsus, 1537 war er hier.

Wenige Kilometer noch, dann erreichen wir Linz, die Hauptstadt Oberösterreichs. Doch zuvor erwartet uns noch Wilhering – eine kleine Marktgemeinde, die ihre Bedeutung schon in ihrem Wappen führt. Da sieht man einen Engelskopf, gekrönt mit der Infel eines Abtes, unter einer Welle, die den Fluss bedeutet, und unter einer Haferrispe, Symbol der Fruchtbarkeit dieses Landstrichs.

Der Engel deutet auf Stift Wilhering hin, ein 1146 gegründetes Kloster der Zisterzienser. In der Reihe der Klosterbauten an der österreichischen Donau hat es einen kleinen geografischen Nachteil, man muss extra herkommen, will man das Stift besuchen. Um St. Florian oder Melk hingegen kommt man kaum herum. Aber es lohnt sich! Um die Mitte des 18. Jahrhunderts ist hier ein Kleinod des Rokoko errichtet worden. Ein Abt, der sich durchzusetzen wusste, hat nach einem verheerenden Brand die Kirche und das Kloster wiedererrichten lassen, Johann Baptist Hinterhölzl.

Stift Wilhering – außen einfach, innen prachtvoll

»Montag; 12. September. Heute abend sollen wir nach Linz kommen, von dessen Schönheit die ganze Welt gehört hat; morgen fahren wir dann über den Strudel und den Wirbel, und übermorgen werden wir jene grausame Festung, das weltberühmte Dürnstein, erblicken, wo Richard Löwenherz gefangengehalten und mit heldenmütiger Liebe befreit worden ist.«

Frances Trollope weiß natürlich von Dürnstein und seiner Heldensage, aber weshalb ist sie über Linz so gut informiert wie offenbar damals »die ganze Welt«?

Ihr Urteil wäre auch deshalb nicht so besonders günstig ausgefallen, »wenn wir nicht zuvor mit so elenden Dörfern, über die ich so viel geklagt habe, in Berührung gekommen wären«.

Vor allem der Gasthof in Linz hat es ihr angetan, der »zivilisierte, wohlgezähmte Schwarze Adler! Was für eine Wohltat ist doch ein behagliches Sofa, ein großes, schönes Zimmer, guter Kaffee, und die vielen anderen, so oft übersehenen und vernachlässigten Bequemlichkeiten, die unser tägliches Leben angenehm machen!«

Joseph Kyselak hat ebenfalls Linz besucht und auch er ist per Schiff über die Donau gekommen. Sein erster Eindruck bei diesem Besuch ist nicht sein allererster gewesen – er war schon mehrmals hier: »Mag nun das üble Wetter, das jedes Mal, so oft ich in Linz zureisete, mich überfiel –« oder was auch immer, die Stadt behagt ihm nicht – zu Anfang. Dann aber betrachtet er sie genauer, mit dem Fachblick des Fußgängers:

»Keine Provinzialstadt hat wie Linz, so schönes, meistentheils Granit-Trottoir aufzuweisen. Am grossen, von drei Stock hohen Häusern umgebenen Hauptplatze, wie auch in einigen Nebengäßchen kann der Neugierige auch bei schlechtem Wetter, ohne, wie anderswo, für den Bruch seiner Beine zu fürchten, rüstig herumgehen.«

1848 bezog Adalbert Stifter ein Haus in Linz, Donaulände Nr. 6. Er stammte aus Oberplan an der Moldau, dem Böhmerwald, der in Österreich, im Mühlviertel, seine Fortsetzung findet. Bis dahin hatte er in Wien gelebt, ab dem Beginn seines Studiums. Er war zwar unter anderem der Hauslehrer des Staatskanzlersohnes Richard von Metternich, dennoch aber ein

Linz. Donaubrücke um 1850

fortschrittlicher Liberaler und Anhänger der Revolution von 1848. Nach ihrem Scheitern verließ er die Hauptstadt.

Woran es liegt, dass dieser eminent wichtige Name der österreichischen, ja der europäischen Literatur zwar allgemein bekannt ist, sein Werk aber nicht in dem Maße geschätzt wird, wie es das verdient? Es kann doch nicht immer die Schule gewesen sein – »ja, hätten wir einen Lehrer gehabt, der …«

Dazu kommt, dass Stifter eine ungemein liebenswürdige Persönlichkeit gewesen sein muss, man also gut mit ihm und über ihn reden konnte. Karl Kraus hat ihn in einem Maße verehrt, dass er seine Zeitgenossen aufforderte, wenn sie »noch ein Quäntchen Menschenwürde und Ehrgefühl« hätten, an Stifters Grab um Verzeihung zu bitten. Die Kritiker warfen dem Dichter seinen »altväterischen« Ton vor, und einen »Mangel an Leidenschaft und Tatkraft«. Die Nachwelt war milder in ihrem Urteil – 1954 hat man Stifters Büste in der bayrischen Walhalla aufgestellt.

Sein Vater war früh gestorben, 1818 kam der Knabe auf das Stiftsgymnasium Kremsmünster. Dort verlebte er eine acht Jahre dauernde, glückliche Zeit. 1826 begann er das Studium der Rechte an der Wiener Universität.

Wer mit »Bunte Steine«, dem »Nachsommer« oder mit »Witiko« wenig anfangen kann, hat sich nicht genügend Zeit genommen oder eben Pech gehabt. Doch auch dann gäbe es Stifter zu entdecken. 1844 erschien »Wien und die Wiener in Bildern«, im Verlag Gustav Heckenast in Pesth, in Ungarn. Da trifft die Leserschaft auf einen unterhaltsamen, humorvollen Schilderer seiner Gegenwart, und manche dieser Texte haben zumindest in Schullesebücher und spätere Anthologien gefunden, wie »Leben und Haushalt dreier Wiener Studenten« oder »Ein Gang durch die Katakomben«.

Nun sind wir zwar in Linz, doch ein kurzer Abschnitt aus diesen Wienbildern sei gestattet. Denn er behandelt die Erinnerung an Stifters Jahre im Gymnasium in Kremsmünster und den Beginn des Studiums mit zwei Freunden:

»Auf jenem Landlyzeum aber gingen furchtbare Sagen über Wien und das Leben daselbst. Wenn man nicht mit unerhörten Geldern dahinkomme, so müsse man in einem dumpfen Loche wohnen, und sich in einem schmutzigen Speisehause aushungern, und die Unschuld wird gleich am ersten Tage verführt.

Dieser Aussicht zum Trotze wagten es unsere drei Schälke dennoch, obwohl sie hinlänglich wenig Geld besaßen und von ihrer Unschuld auch nicht wußten, wie wenig feuerfest sie sei, da sie bisher noch niemand in Versuchung geführt, außer ältere Kollegen zu einigem Trinken und verbotenem Tabakrauchen. Sie wagten es aus dem Grunde, weil es vor ihnen auch manche gewagt hatten und unversehens Herren und Staatsdiener geworden sind.

Ihr Plan aber war dieser: Anlangend das Geld, so hungert zwar niemanden so oft und so umfassend, als junge Studenten; aber niemand auch erträgt Entbehrungen so lustig, als die Jugend, und niemand ißt so sehr alles, als der Student! – anlangend also das Geld, so beschlossen sie selbes sehr zu schonen und anlangend die Unschuld, so war ihnen dafür nicht bange, weil sie riesenhaft gute Vorsätze hatten und überdies zur Sicherheit den Vertrag eingingen, daß einer über den anderen wachen sollte und ihm jedes Mißfällige sogleich in den Bart sagen, der allen dreien zu wachsen anhob.

Zu diesem Ziel und Ende wollten sie auch zusammen wohnen, sehr wohlfeil speisen, vielleicht gar selbst kochen, in der Zeit aber sich um Gelegenheit zum Unterrichtgeben umtun, daß sie sich eine glänzende Studentenlage gründen möchten.

Freilich ging auf jenem Landlyzeum auch die Sage von der traurigen Ungesundheit der zusammengepferchten Residenzstadt – aber mit der riesenfesten Gesundheit der Jugend und mit einem Magen im Leibe, daß er Sohlenleder und Korkstöpsel verdauen könnte, glaubt man an solche Warnungen nicht; für die Jugend gibt es keinen ungesunden Ort, und im Gefühle des innigsten Lebens sind ihr Krankheit und Tod platte Unmöglichkeiten – und es ist auch so; wenn nicht ein Leviathan von einem Miasma kommt, so verwindet es der Klotz von einem Körper, und es gedeiht ihm, während die anderen mühselig hinsterben. Überdies hatten sie gegen alle Warnungen und Schreckensbilder noch einen heimlichen Grund und Trost im Herzen, nämlich den, der der Menschheit so oft beispringt: ›Wer weiß, ob es wahr ist.‹«

Wem das nicht genug an Beweis ist, dem mag noch die folgende Stelle Stifters Neigung zur unkomplizierten Geselligkeit beweisen. Da spricht er zuerst von den »Bewohnern der kleinen Stadt, die uns tadeln« – und meint damit offenbar allgemein kleinbürgerliche Nichtwiener. Denn in Wien soll es, sagen diese Kleinstädter, zu viele Wirtshäuser geben, es werde überhaupt zu viel eingekehrt:

> »Was das Weintrinken anlangt, so hat der Fremde auch unrecht, weil er bloß sagt: wir trinken Wein, wir ihm aber antworten können: wir trinken auch Bier; und wir danken Gott, daß er uns ein Land gab, wo beides gedeiht und Fröhlichkeit dazu, beides zu genießen. Wenn in einem Lande, wo ein guter, derber, gesunder Wein wächst, kein Wein getrunken würde, so wäre dies ja reiner Undank gegen das Land und den Schöpfer des Landes, und diesen Undank läßt sich der Österreicher überall nicht zuschulde kommen.«

Schnitzler hält fest, dass die Fremden hier genauso gern wie die Einheimischen ihren Wein trinken und ihr Backhendl essen »– und zwar so viele Backhühner und so viel Wein wie wir«. Dass sie das von zuhause kennen, glaubt er nicht:

> »Bei uns ist es zuweilen umgekehrt; der Schreiber dieser Zeilen wenigstens fand einmal eine Kaltschale, die ihm ein nördlicher Landsmann bereitete, als ein grausames Gericht, das er schnell durch einen einfachen, aufrichtigen Grinzinger hinunterschwemmen und amortisieren mußte.«

Das Schicksal hat Adalbert Stifter aber schließlich doch diesen »Leviathan« gebracht. »Der Klotz von einem Körper« hat ihn nicht verwunden, er hat gelitten. In dem kleinen Haus an der Donaulände hat er sich, schwer leberkrank, depressiv, früh pensioniert, im Jänner 1868 das Leben genommen.

Linz in der beschaulichen Epoche des Biedermeier und Linz hundert Jahre später – Frau Trollope, Herr Kyselak oder Adalbert Stifter hätten Oberösterreichs Hauptstadt nicht wiedererkannt. Zu ihrer Zeit hatte die Stadt einen Umfang von 6 Quadratkilometer, ihre heutige Fläche beträgt 95,99 Quadratkilometer. Die Stadtbevölkerung ist viermal größer als damals.

Dabei ist Linz noch einem Schicksal entgangen, das ihm geblüht hätte, wenn man den Ausdruck ironisch versteht, hätte der Zweite Weltkrieg länger gedauert. Adolf Hitler sah sich zeitlebens nicht nur als größter Feldherr aller Zeiten, sondern überhaupt als Universalgenie und somit auch als Künstler. Er verstieg sich in einer Rede 1937 bis zu dem Gedanken »… wenn der Erste Weltkrieg nicht gekommen wäre, wäre ich …

Hermann Göring im Dienste des »Führers«

vielleicht – ja, wahrscheinlich sogar – einer der ersten Architekten, wenn nicht der erste Architekt Deutschlands« geworden.

Dazu ist es also zum Glück nicht gekommen – wenig verwunderlich, bedenkt man, dass Hitler bei Beginn des Ersten Weltkriegs 25 Jahre alt war und keine Matura hatte. Das Architekturstudium wäre also kaum zu erlangen gewesen.

Für Linz hatte er große Pläne. Die Hauptstadt seines Heimatlandes Oberösterreich sollte eine Art »deutsches Rom« werden. Hatte er zuerst vorgehabt, hier die deutsche Kunst des 19. Jahrhunderts in repräsentativen Beispielen zu sammeln und zu zeigen, so kam er bald auf andere Ideen. Joachim Fest schreibt in seinem Standardwerk »Hitler«: »Doch wie alles, was er in Angriff nahm, augenblicklich und zwanghaft ins Überdimensionale zu wuchern begann, so entwickelten sich auch die Pläne für die Linzer Galerie rasch ins Ungemessene.«

1938 hatte Hitler den Reichtum der italienischen Museen kennengelernt, nun plante er für die zu schaffende Metropole Linz ein Gegenstück, riesengroß, eine nicht mehr zu übertreffende Sammlung, das »größte Museum der Welt«. Der Generaldirektor der Dresdener Galerie, Dr. Hans Posse, bekam den Auftrag, mit seinen Mitarbeitern zu kaufen, was zu kaufen war, und was nicht, durch Beschlagnahme dem künftigen Museum einzuverleiben. In »Führerkatalogen« wurde inventarisiert.

Alleine das Depot in Altaussee – der Ort gehörte vorübergehend zum Gau »Oberdonau« – enthielt bei Kriegsende 6755 Gemälde Alter Meister, außerdem Zeichnungen, Gobelins, Skulpturen, wertvolle Möbel, Werke von Leonardo da Vinci und Michelangelo, Rubens und Rembrandt, den Genter Altar der Brüder van Eyck, Hans Makarts »Die Pest in Florenz«. Im April 1945 bekam Gauleiter August Eigruber aus dem Berliner Bunker, dem letzten Hauptquartier, den Befehl, dieses Depot zu sprengen. Trotz der mit diesem Befehl verbundenen Exekutionsdrohung befolgte Eigruber diesen Befehl nicht.

Hitler hatte noch andere weitreichende Pläne für Linz, wo er einen Teil seiner Jugend verbracht hatte, das er als seine Heimatstadt ansah und zur »Führerstadt« erklären ließ, die dem nationalsozialistischen Städtebau Vorbild sein würde.

Vor allem Budapest hatte es dem »Führer« angetan, er fand die ungarische Hauptstadt so besonders schön. Also musste auf germanischem Boden etwas Schöneres entstehen, denn es wäre ja »eine unverzeihliche Parodie, wenn die Nachfahren Attilas und seiner Hunnen die schönste Stadt am Nibelungenstrom besäßen«. Dass Budapest schließlich dank Hitlers Politik und der Roten Armee seine Schönheit weitgehend eingebüßt hat, all die furchtbaren Zerstörungen des historischen Zentrums, das Ende der Burg, erlebte der große Planer nicht mehr.

Die Siegesfeier war für 1955 vorgesehen, da sollte auch die Neugestaltung von Linz beendet sein – neben dem monströsen Museum hätte an der Donau ein monumentales Verwaltungszentrum gebaut werden sollen, eine Prachtstraße würde die Stadt durchschneiden, der Bahnhof sollte grundlegend neu und an anderer Stelle geplant werden, weitere Brücken über die Donau waren vorgesehen. Dazu war an eine »Gaufesthalle« für 30.000 Besucher gedacht, ein Denkmal für den einstigen deutschen Kanzler Bismarck und ein Glockenturm, 160 Meter hoch, fast 30 Meter höher als der Wiener Stephansturm.

Kurz, alles sollte bereit sein für den glanzvollen Tag, da Adolf Hitler am Ort seiner Jugend seinen Alterswohnsitz beziehen würde. Der Volkswitz erklärte – da ja München als »Stadt der Bewegung« eine Art Ehrentitel bekommen hatte – Linz zur »Stadt der Bodenbewegung«.

Noch zu Beginn des Jahres 1945 träumte Hitler vom Linz der Zukunft, als schon allenthalben der Zusammenbruch des Reichs grauenhafte Formen annahm. Er verschloss die Augen vor der Realität und fühlte sich weiterhin als Künstler, auch angesichts der schon eintretenden Katastrophe, wie Nero über dem brennenden Rom.

In seinen Lebenserinnerungen berichtet Albert Speer, der bevorzugte Architekt der Nazizeit: »Selbst noch in dieser letzten Zeit seines Lebens, im April 1945, saß ich mit Hitler gelegentlich wieder im Bunker, über die Linzer Baupläne gebeugt, stumm die Träume von einst betrachtend.«

Zu diesen Träumen hatte auch jener vom Alterswohnsitz gehört: »Wenn ich den Krieg siegreich beendet habe, dann ist meine Lebensaufgabe erfüllt und ich ziehe mich auf meinen Linzer Alterssitz über der Donau zurück. Dann soll sich mein Nachfolger mit den Problemen herumärgern.«

Das alles ist Oberösterreich erspart geblieben. Seit vielen Jahren ist seine Hauptstadt österreichisches Symbol für Industrie, aber auch für Avantgarde der Kunst. Die alljährliche »Klangwolke«, die Ars Electronica, das Brucknerhaus, das Brucknerorchester einerseits, andererseits vor allem das weltweit angewandte LD-Stahlverfahren haben längst den harmlosen Spott vergessen lassen, der seinerzeit zu dem Spitznamen »Linz an der Tramway« geführt hat.

Seit dem November 1952 wird Rohstahl nach diesem Linz-Donawitz-Verfahren erzeugt. Zwar ist das Verfahren nach wie vor so erfolgreich, dass es für rund zwei Drittel der Weltproduktion eingesetzt wird, doch leider

Linz, Hauptplatz

haben Österreich und seine Finanzminister nichts mehr davon, die Lizenzen sind abgelaufen.

Umso mehr hat Österreich vom künstlerischen Ruf der Stadt. Das Brucknerfest ist ein international hoch geschätztes Festival, das Theater ist erfolgreich.

Noch einmal zur Technik: In Linz erlebte die erste Eisenbahn Österreichs ihre Jungfernfahrt. Die Pferdeeisenbahn Gmunden–Linz war schon so konzipiert, dass ein Umstellen vom Pferde- auf den Lokomotivenbetrieb möglich war.

Im März 1827 wird in Edinburgh vom Eisenbahnbau auf den Britischen Inseln berichtet, in diesem Artikel liest man:

> »… wir haben unlängst von großen Unternehmungen dieser Art vernommen, sowohl auf dem europäischen Festlande als auch in Amerika. Eine von diesen gehört zu den erstaunlichsten Werken dieser Art, und dies in einem Lande, wo man ein solches Unternehmen kaum erwartet hätte, nämlich – in Österreich. Die Eisenbahn wird eine Verbindung herstellen zwischen dem Moldaufluß nahe Budweis in Böhmen und der Donau bei Linz, und ihre Länge wird ungefähr achtzig englische Meilen betragen. Sie wird die Erzeugnisse der Salzbergwerke befördern zu den großen inländischen Schiffahrtsstraßen in diesen ausgedehnten Provinzen, und die Wichtigkeit der Herstellung wird durch die Tatsache beleuchtet, daß die Kosten der Salzbeförderung allein auf der Linie, wo die Eisenbahn trassiert ist, 10.000 Pfund Sterling jährlich betragen. Es wird aber von großem Vorteil für die stark bevölkerte, gewerbetreibende Stadt Linz sein, und es wird in vieler Beziehung der ganzen Gegend, die die Eisenbahn berührt, Nutzen bringen …«

Die Bahn Linz–Budweis war die erste Eisenbahn des Kontinents, sieht man von einer kurzen Versuchsstrecke 1827 in Ungarn ab, und dass gerade eine schottische Zeitung das Eisenbahnloblied auf Österreich singt, ist verständlich, ist Großbritannien doch die große Mutter aller Eisenbahnlinien.

Der Bahnpionier Franz Anton Gerstner war am Ursprung des Projekts gestanden, aber er gab, österreichisches Schicksal, entnervt auf – Intrigen, Streit mit den Geldgebern und ein besonders schlauer Mitarbeiter hatten ihn so weit gebracht. Der Ingenieur Matthias Schönerer hatte ihn am lautesten kritisiert, nun wurde er zum Leiter des Projekts.

Linz St. Magdalena. Kaiser Franz bei der Probefahrt auf der Pferdebahn 1832

Am 1. August 1832 wurde die Bahn Linz–Budweis als längste Bahnstrecke ihrer Zeit in Betrieb genommen. Zehn Tage zuvor hatte sich schon der Kaiser höchstpersönlich über die sensationelle technische Leistung informiert. Im heutigen Ortsteil St. Magdalena ließ er sich von Schönerer alles zeigen und erklären und fuhr auch ein bisschen mit.

Der Pöstlingberg trägt das markante Wahrzeichen der Stadt, die Wallfahrtsbasilika mit ihren beiden Türmen. Im 19. Jahrhundert hat man den Berg weitgehend abgeholzt, aus militärischen Gründen. Die Kirche war nunmehr noch besser von weitem zu sehen, das brachte auf Ideen.

1895 konstituierte sich ein Verein, der sich dem technischen Fortschritt widmete. Zu seinen Zielen gehörte auch eine Bahn auf den Pöstlingberg.

Sie wurde 1897 eröffnet – eine elektrische Adhäsionsbahn, eine der steilsten der Welt. Mit Adhäsion meint man die Haftung der Eisenbahnräder auf den Schienen. Nur durch die Räder kommt es zur Kraftübertragung. Für längere Strecken ist die Pöstlingbergbahn die Nr. 1 in der Welt!

»Linz ist bereits ein bedeutender Ort an der Donau, welchem aber noch eine ganz andere Zukunft bevorsteht.« Ein Satz, 1849 niedergeschrieben und bald danach publiziert in »Die schiffbare Donau von Ulm bis in das Schwarze Meer«, der Autor ist Ludwig Freiherr von Forgatsch. Das ist das Buch eines sehr fachkundigen Mannes, der nicht Zeit, Kosten, Mühe gescheut hat, sich jedes nur erdenkliche Wissen zum Thema Donau anzueignen. Nicht alle Propheten bekommen vom Schicksal recht, dieser bekam in hohem Maße recht. Der Linzer Hafen muss für Forgatsch schon in Gedanken bestanden haben, als er seinen Satz schrieb.

Eine Hafenrundfahrt zeigt Oberösterreichs Hauptstadt von anderer Seite, da hat man mehrere Möglichkeiten. Da gibt es hochmoderne Schiffe, die zum Hafen und zur Gegenwart passen, aber auch zum Beispiel den Schaufel-raddampfer »Schönbrunn«. Dieses unter Kennern legendäre Schiff wurde 1912/13 in der Werft der DDSG in Obuda gebaut, ebenso wie seine Schwes-terschiffe »Wien« und »Budapest«. Die »Wien« fand ihr Ende an einem Pfeiler der Reichsbrücke der österreichischen Metropole, also sozusagen in ihrer Heimatstadt.

Passagierdampfer Wien, als Folge eines Hochwassers im Juni 1936 an der Reichsbrücke zerschellt. Sechs Mitglieder der Mannschaft tot, Passagiere waren nicht an Bord

Die »Budapest« war noch in den Siebzigerjahren unterwegs, dann fuhr sie in der Werft Klosterneuburg in den ewigen Hafen. Dieses Geschick war auch schon der »Schönbrunn« zugedacht gewesen, in Klosterneuburg wartete der Schneidbrenner. Aber da kam im letzten Moment die Österreichische Gesellschaft für Eisenbahngeschichte und rettete sie!

Das war natürlich ein verlockendes Angebot für eine Hafenrundfahrt, doch mit dem Abfahrtsterminkalender hat mein Kalender nicht übereingestimmt, also heißt es, eine Alternative zu wählen. Es wurde die MS Helene, sehr elegant, Baujahr 1927, ein »Salonschiff«. Eine junge Dame führt durch Alturfahr, oder besser, daran vorbei, und in den Winterhafen, den Handelshafen.

Auf 150 Hektar wird hier auf modernste Weise gelagert, geladen, umgeladen. Dank dem Rhein-Main-Donaukanal kann man von Linz aus sowohl ans Schwarze Meer fahren als auch an die Nordsee.

Im barocken Stiftsgebäude von St. Florian gibt es etwas zu sehen, das barocker nicht sein könnte – das Türkenbett, oder Prinz-Eugen-Bett, eine Prachtschlafstätte, geschaffen vom großen Meinrad Guggenbichler. Man nimmt an, dass das Bett in den Prunkräumen für das Schlafzimmer des Kaisers in Auftrag gegeben wurde.

Das Ende der Zweiten Wiener Türkenbelagerung und die nachfolgenden Siege der kaiserlichen Armeen führten zu einer Begeisterung und Erleichterung, die auf vielfältige Weise ihren Ausdruck fand. Vom Spottvers – »Hundert Jahre sind dahin, Türken, damals wart Ihr kühn! Tausend Jahre mögen's sein, Wien nehmt ihr doch niemals ein!« – über die vielen Musikstücke alla turca, von der Oper bis eben auch zur Bildhauerkunst. Der triumphierende Kaiser selbst wird dargestellt, zusammen mit dem Mann, dem er diesen Triumph verdankt, mit Prinz Eugen. Dessen Leistung wird symbolisiert durch die Wappen von Siebenbürgen und

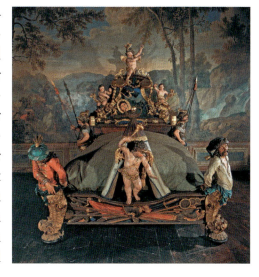

Serbien, im Türkenkrieg von dem Feldherrengenie des Kaisers erobert, durch den Anblick von Belgrad und der Türme des von Eugen den Osmanen abgenommenen Temesvár, das savoyische Wappen und durch zahllose Details dieses Kriegs – Rösser und Rossschweife, Schwerter und Krummsäbel, Kürasse, Helme, Posaunen, Bogen mit Köchern und Pfeilen, was immer einer Gloriole nur dienen konnte. Die ganze Pracht hat der, dem sie galt, nur einmal selbst erlebt. Karl VI. war 1732 in St. Florian zu Gast.

Der heilige Florian begleitet den Süden Deutschlands ebenso wie Österreich seit zwei Jahrtausenden. Andere Heilige führen ein Schattendasein, er gehört zur Prominenz wie Christophorus oder Barbara. An vielen Häusern, älteren wie neueren, sieht man den römischen Offizier, der mit einem Wassergefäß in der Hand ein brennendes Gebäude löscht.

Er soll aus Zeiselmauer stammen, in der Nähe von Wien, und war ein Beamter der römischen Verwaltung in Aelium Cetium, heute Sankt Pölten.

Unter Kaiser Diokletian begann die Christenverfolgung, die schon zurückgegangen war, von neuem, auch in Noricum. Viele bekennende Christen wurden in den Kerker geworfen, das wusste der Beamte Florian selbstverständlich. Er setzte sich für die vom Tod Bedrohten ein, und so kam auch er selbst zu Tode. Gefesselt wurde er von der Brücke über die Enns in den Fluss gestürzt, ungefähr um 304.

Die Heiligenlegende erzählt, andere Christen hätten Florians Leichnam geborgen und bestattet, und um seine Grabstätte habe man eine Kapelle erbaut – die Keimzelle des heutigen Stifts Sankt Florian bei Linz.

Die Oberösterreicher hatten seit je den selben Schutzheiligen wie die Niederösterreicher, Sankt Leopold. Sie haben ihn getauscht – jetzt werden sie von Sankt Florian beschützt. Und er denkt nicht nur fürsorglich an die Oberösterreicher, er hat auch andere Aufgaben – die Feuerwehr sowieso. Florian hilft aber nicht nur gegen Feuer, auch gegen zu viel Wasser, und selbst im Gegenteil – gegen Dürre, auch gegen Sturm, er ist Patron der Bierbrauer, was einem angesichts von »zu viel Wasser« zu denken gibt, also ein Liebling der Bauern, und hat zudem die Patronanz für die Rauchfangkehrer und die Hafner übernommen, ein vielseitiger Heiliger. St. Florian ist nur ein Ort von vielen dieses Namens, allerdings ein ganz besonderer.

Im nahen Ansfelden, auch beinahe an der Donau, ist Anton Bruckner geboren worden – in St. Florian hat sein Weg begonnen. An der Hand seiner Mutter, die früh verwitwet war, ging er von zuhause durch die hügelige

Landschaft zu den Augustiner-Chor-herren, wo ihn Weltruhm erwartete.

Er war längst Professor in Wien, Doktor, bewohnte einen Seitentrakt des Schlosses Belvedere in Wien, hatte bei der Hochzeit der Kaisertoch-ter Marie Valerie die Orgel gespielt, der Brautvater Franz Joseph hätte ihm alle möglichen Wünsche erfüllt. Anton Bruckner wollte in St. Florian und nicht an prominenter Stelle am Wiener Zentralfriedhof beigesetzt werden. So ruhen seine Gebeine in der Krypta der Stiftskirche. Das passt. Das Weltwunder Anton Bruckner am Ziel seiner Lebensreise im Weltwun-der St. Florian.

Als wäre es damit nicht schon genug an Sensationen für einen Ruf weit über Österreichs Grenzen hinaus, haben der Ort und sein Stift noch mehr auf Lager. Auch viele Kilometer entfernt kann man, selten aber ein-drucksvoll, ein Stück St. Florian erleben, besser – man kann es hören. Als die vom Krieg zerstörte Pummerin, die größte und wichtigste Glocke des Stephansdoms, die Stimme Österreichs, heimkehrte, kam sie von hier. Sie war Beitrag des Bundeslandes Oberösterreich zur Auferstehung des Doms. Gegossen wurde sie von der »Oberösterreichischen Glocken- und Metallgießerei«. Der Werkmeister hieß Karl Geiß. In einem von Abertau-senden gerührten Menschen an den Seiten der Straßen begrüßt, brachte ein Tieflader das Symbol des auferstehenden Doms, ja Österreichs, in die Hauptstadt.

Das Augustiner-Chorherrenstift widmet sich der Bruckner-Pflege ebenso wie die weltweit bekannten Florianer Sängerknaben. Aber auch darüber hinaus ist der Markt den Abstecher wert. Das Feuerwehr-museum, damit war zu rechnen in einem Ort dieses Namens, ist weit-läufig und spannend, das Jagdmuseum im Schloss Hohenbrunn nicht

Die Pummerin kehrt heim – Triumphzug in Wien im April 1952

minder, ebenso das große Volkskunstmuseum in einem eindrucksvollen landestypischen Vierkanthof.

Aber natürlich geht nichts über diesen Höhepunkt von Stift. Und dort wiederum darf man nicht den Besuch eines Kunstwerks von europäischem Rang versäumen. Albrecht Altdorfer schuf zwischen 1509 und 1518 den Sebastianaltar von St. Florian. Lange Zeit hielt man Albrecht Dürer für den Künstler, man konnte sich offenbar nicht vorstellen, dass jemand anderer als dieses Genie dergleichen schaffen könne.

*Albrecht Altdorfer.
Sebastiansaltar in St.Florian, Detail*

Altdorfer und Wolf Huber sind die großen Meister der Donauschule, einer Gruppe, die entlang der Donau in Bayern und in Österreich am Werk war, heute finden wir sie in Regensburg, Passau, St. Florian, Melk, Klosterneuburg und schließlich in Wien.

Zu diesen »wilden Malern an der Donau« gehörten auch Jörg Breu d. Ä., Lucas Cranach d. Ä., Rueland Frueauf d. J.

Die große Neuerung war der Bezug zur Natur. Wie Altdorfers Zeitgenosse und Landsmann Dürer sich mit der jeweiligen Umgebung des Geschehens befasste, die ersten Veduten der Kunstgeschichte schuf, so bekommt auch in der Donauschule die Umgebung der jeweiligen Szene eine eigene Funktion, ist nicht nur dekoratives Element.

Bei Enns wird die Donau niederösterreichisch – am südlichen, rechten Ufer. Das nördliche linke bleibt noch in Oberösterreich. Und gerade an dieser Stelle hatte sie viele Jahre lang nicht die verbindende Funktion, die sie doch prägt, im Gegenteil, hier war sie Inbegriff der Trennung – nämlich der östlichen und der westlichen Bundesländer. Das war nicht einfach eine geografische Definition, das war eine politische, bedrückende, gefahrenbringende Grenze. Die Ennsbrücke – das war ein Schlagwort, ein Synonym für Angst.

Die Sowjetische Besatzungszone umfasste das Burgenland, Niederösterreich, Oberösterreich nördlich der Donau und östlich der Enns. Wohl waren auch die übrigen Landesteile in Zonen eingeteilt, aber hier, zwischen dem sowjetischen Teil und den übrigen Zonen, herrschte ein ganz spezielles Klima. Die Ennsbrücke zu queren galt als Abenteuer, ja als Reise ins Ausland. Dazu benötigte der Reisende einen Identitätsausweis, die Identitycard, in vier Sprachen – Deutsch, Englisch, Französisch, Russisch, mit den Bestätigungen der verschiedenen Zonen und alliierten Instanzen, alles in allem waren das elf notwendige Stempel. Bis ins Jahr 1953 lastete dieser Druck auf allen Menschen, die aus Gründen der Verwandtschaft oder ihrer Arbeit diese West-Ost-Demarkationslinie immer wieder überschreiten mussten. Wagemutige, Tollkühne, Zermürbte zogen den häufigen Kontrollen den Sprung ins Wasser vor, um die Donau zu durchschwimmen. Das ist freilich oft nicht gut ausgegangen.

Geringfügige Vorkommnisse, noch lange nicht Verstöße gegen die Befehle der sowjetischen Besatzung, konnten zu Verhaftungen, zu Schüssen führen.

Enns

Der Bürgermeister von Ennsdorf, Johann Zauner, hat solche Erfahrungen gemacht und niedergeschrieben.

Mit fremden Soldaten haben die Ennser Erfahrung. Um 200 nach Christus errichtete Rom an dieser Stelle ein Lager mit Namen Lauriacum, das auf vielfältige Weise von Bedeutung wurde. Es war einer von drei Hauptverwaltungsorten der Provinz Noricum, die Zivilsiedlung stieg auf zum »municipium«, was ab der Kaiserzeit, also etwa ab der Zeitenwende, weitgehende Rechte bedeutete.

Das Museum Lauriacum besitzt eine erstaunliche Fülle altes Rom: eine große Gruppe von Silbergeschirr mit Platten und Schalen, eine prächtige Kaiserstatue aus weißem Marmor, Schmuck.

Am nördlichen Ufer der Donau, von Linz 15 Kilometer entfernt, liegt ein Ort mit einem Namen, der einmal ein Programm und zugleich schon ein Mahnmal war – Mauthausen.

Eine Eisenbahn- und Straßenbrücke verbindet ihn mit dem nahen Enns, auch eine Fähre quert die Donau.

Unter den Babenbergerherzögen wurde hier eine Mautstelle eingerichtet, die schnell zur Siedlung wuchs. Das Mautrecht mit seinen Zwangsaufenthalten für Reisende, mit Stapelrechten, Marktrecht, Salzhandel und anderen Einnahmequellen, brachte der jungen Gemeinde bald Wohlstand. Diese prosperierende Entwicklung wurde auf der Basis einer christlichen Aktion jäh unterbrochen. 1096 kamen die ersten Kreuzfahrer auf dem Weg in den Orient hier durch – beide Seiten hatten kein Problem. Ganz anders 1189 – auch während dieses, des dritten Kreuzzugs versuchte man Maut einzuheben, aber Kaiser Friedrich Barbarossa dachte gar nicht daran. Er ließ den Ort und die Mautstelle anzünden, basta.

Sie hieß damals Muthusin – und vielleicht sollte man heute wieder den alten Namen gebrauchen. Als der Salzhandel zurückging, gewann eine andere Einkunftsquelle Bedeutung – die Steinbrüche. Sie wurden prägend für die Geschichte, die wirtschaftliche Entwicklung, das Ortsbild mit Fassaden und Portalen, Granit auf allen Wegen. Der Pranger der Marktgemeinde aus dem Jahr 1583 – Mauthausener Granit, ebenso wie viele Kunstwerke der Gegenwart.

Die Stadt Wien hat hier ihren eigenen Steinbruch angelegt, geführt von den *Wiener Städtischen Granitwerken*. Der Stein hat in Österreichs Hauptstadt immer schon durch seine Widerstandsfähigkeit Erfolg gehabt, aber auch die günstige Transportmöglichkeit über die Donau war ein ganz großer Vorteil. So findet sich also Mauthausener Granit an vielen Stellen Wiens – die Basis des Denkmals für Maria Theresia, der Raphael-Donner-Brunnen am Neuen Markt, das Kunsthistorische Museum, gegenüber das Naturhistorische Museum, das Rathaus, das Parlament, überall trifft man auf Mauthausener Granit.

Der Markt war also wohlhabend – man sieht es dem Straßenbild an, stolze Bürgerhäuser am Marktplatz, am Heindlkai, Schloss Pragstein, die Kirchen, das Schiffmeisterhaus. Dennoch, der Ort kann noch so liebenswürdig sein, die schreckliche gedankliche Verbindung ist nicht zu verhindern.

Gerade die Quelle von Bürgerstolz und Wohlstand brachte die Naziverbrecher auf den Gedanken, hier ein Konzent-

Mauthausen. Schloss Pragstein

rationslager zu errichten, das ihnen den Stein für ihre architektonischen Protzpläne liefern würde. Fast sieben Jahre lang, von August 1938 bis Mai 1945, war hier für unzählige Menschen die Hölle. Schon wenige Tage nach dem Einmarsch von Hitlers Armee, noch im März 1938, verkündete der Gauleiter August Eigruber: »Wir Oberösterreicher erhalten aber noch eine andere, besondere Auszeichnung für unsere Leistungen während der Kampfzeit. Nach Oberösterreich kommt das Konzentrationslager für die Volksverräter von ganz Österreich.«

Von den Details des Grauens möge hier nur die Todesstiege erwähnt sein. Eine unregelmäßige Stiege, deren Stufen mehrfach nur große Felsbrocken waren, musste von den Gefangenen steil aufwärts durchquert werden, die Granitblöcke über diese 186 Stufen zu schleppen hatten. Viele haben das nicht überlebt, eine Inschrift am Fuß der Treppe beschreibt das. Insgesamt wurden in das KZ Mauthausen 200.000 Menschen aus vielen Ländern Europas verschleppt. In den Gaskammern starben 4.500 Juden. Zumindest 95.000 Menschen wurden im KZ ermordet.

Ich befand mich einmal in Italien und einmal in Frankreich plötzlich vor einer Mauthausen-Erinnerung. In Paris im Friedhof Père Lachaise, aufs Äußerste betroffen stand ich vor der Skulptur, die an die Opfer des KZs Mauthausen erinnert. Ein hoher Stein, unten mehrere Stufen, die an die schreckliche Stiege gemahnen, darauf ein toter Mensch …

In Rom habe ich ein Buch gekauft, dessen Titel einen einfachen italienischen Soldaten in der Uniform des Ersten Weltkriegs zeigt. Er sieht in die Kamera, ohne jegliche Pose, ohne Lächeln. Der Titel des Buchs »Getulio a Mauthausen« hat mich natürlich neugierig gemacht. Das ist die Geschichte eines italienischen Soldaten, der mit rund 40.000 Landsleuten als Kriegsgefangener nach Österreich kommt. Von 1916 bis 1918 bestand hier, entlang der Eisenbahnschienen, ein Lager, in dem Russen, Serben und vor allem Italiener gefangen waren. Paolo Boldrini hat im Auftrag der italienischen Regierung das kolossale Denkmal aus Carrara-Marmor geschaffen, das an die hier verstorbenen Kriegsgefangenen aller Nationen erinnert.

Das KZ war durch ein Tor zu betreten, über dem die berüchtigte Aufschrift »Arbeit macht frei« zu lesen war. Dieser zynische Satz, eine bewusste Täuschung der ankommenden Unglücklichen, wurde von den Nazis für mehrere Konzentrationslager genutzt, auch für Auschwitz. Aber er ist als Ganzes nicht nur zynisch, er ist auch geistiger Diebstahl. Man hat ihn schon 1849 und 1873 in der Literatur verwendet.

Das Lagertor gab es auch im ersten Lager, dem Kriegsgefangenenlager. Es hat ganz anders ausgesehen und es trug eine ganz andere Inschrift, die den hierhergebrachten Slawen und Italienern wohl Hoffnung machen sollte – »Pace. Friede. Mir«.

Zum Abschied eine ganz andere Art der Erinnerung: Herbst 1762, die erste große Reise der Geschwister Mozart, vom Vater Leopold organisiert und begleitet, geht von Salzburg nach Passau und ab da zu Schiff. Wie es üblich ist, wird gegen Abend angelegt, die Nachtruhe verbringt man an Land.

Am 4. Oktober kommen Mozarts nach Mauthausen. Wolfgang Amadé, von den Zeitgenossen Wolfgang Gottlieb genannt, als Kind Wolferl gerufen, hatte sich erkältet, das kann aber der Vater selbst besser erzählen. Leopold schreibt in seinen ständigen Berichten an den Freund und Hausherrn Lorenz Hagenauer:

> »Monsieur, mon très cher ami! An dem Fest des heiligen Francisci sind wir nachmittags um halbe 5 von Lintz mit der sogenannten Wasser – ordinaire abgereiset, und selbigen Tag bey finsterer Nacht um halb 8 Uhr in Matthausen angelanget. Den folgenden Erchtag Mittags kamen wir nach Ips.«

Matthausen ist natürlich Mauthausen, Ips ist Ybbs, und wenn wir dort angekommen sind, soll Leopold Mozart weiter erzählen.

Von Wien und von Linz ist Grein an mehreren Tagen der Woche per Schiff zu erreichen, wenn auch nicht während des ganzen Jahres. Wer sich einen Ort für einen beschaulichen Aufenthalt wünscht, hier hat er ihn gefunden. Das Städtchen hat knapp 3.300 Einwohner, verfügt aber über eine erstaunliche Infrastruktur.

1476 gab es offenbar noch zu wenig an kommunaler Organisation, da erschien eine böhmische Söldnertruppe unter einem gewissen Herrn Rubik, plünderte und brandschatzte die kleine Stadt und ließ sie in Flammen aufgehen. Der Schrecken saß tief, die Folgen waren eine grundlegende Erneuerung. Die Kirche wurde befestigt und zur Verteidigungsanlage ausgebaut, 1486 war man auf weitere Angriffe vorbereitet.

In Grein gibt es ein Stadttheater und es ist auch noch sehr bekannt! Gewiss hin und wieder auch wegen seiner Vorstellungen, aber in erster Linie wegen baulicher Besonderheiten. Es ist sehr schön, 1791 haben sich Greiner Bürger mit seiner Gründung einen Wunsch erfüllt und einen Getreidespeicher zur Bühne umfunktioniert. Der Speicher gehörte zum alten Rathaus, und zu diesem wiederum gehörte der Gemeindekotter. Dieser aus der Mode gekommene Begriff meint das lokale Gefängnis, und da konnte die hohe Gesetzgebung nicht leicht eingreifen – also erfreuten sich die Häfenbrüder eines besonderen Privilegs, Häfenschwestern wird es wohl kaum gegeben haben. Der Gefangene konnte von seiner Zelle aus bequem dank menschlicher Architektur die Vorstellung verfolgen.

Auch wer im Laufe der Darbietung sich plötzlich aus sanitären Gründen genötigt sah, umzudisponieren, wurde nicht um das künstlerische Vergnügen gebracht. Das Häusel war so raffiniert im Zuschauerraum positioniert, dass der jeweilige Besitzer durch einen Vorhang der Kunst beiwohnen konnte.

Der biedermeierliche Charakter der Stadt wird durch ein Kaffeehaus ganz im Stil unterstützt, das Fischangebot ist naturgemäß interessant. Und es gibt ein Museum, das alleine den Weg lohnt, nicht minder das Schloss, in dem es seinen Sitz hat. Die Greinburg steht eindrucksvoll mächtig und theatralisch günstig über dem Städtchen, auf einem Felsen direkt am Donauufer, der zudem den sinnvollen Namen Hohenstein führt.

Kaiser Friedrich III. hatte den Brüdern Prüschenk, aus dieser Familie wurde die Grafenfamilie Hardegg, die Erlaubnis zum Schlossbau gegeben, der im Mai 1491 seinen Anfang nahm. Die Entscheidung, an eben dieser Stelle zu bauen, verdankt Grein dem landschaftlichen Reiz des Strudengaus, der auch auf die folgenden Besitzer gewirkt haben muss, bis 1823 die Herzogsfamilie Sachsen-Coburg-Gotha das Schloss erwarb und bis heute nicht mehr weiterverkaufte.

Schon der ursprüngliche Plan an der Schwelle des späten Mittelalters zur Renaissance sah keinen Burgbau mehr vor, hier ging es nicht mehr um Kampf und Verteidigung, sondern um Schöner Wohnen.

Dieses Konzept ist aufgegangen. Die Greinburg ist ein Schloss, das auf die zu Schiff Vorbeikommenden großen Eindruck macht, und wer es besucht, wird beim Betreten des prachtvollen hohen Arkadenhofs zuerst einmal stumm sein. Mehrere der Räume sind von höchster Qualität, die Sala Terrena, der Rittersaal, die Kapelle. Der britische Prinzgemahl, Ehemann von Queen Victoria, Franz Albrecht, genannt Albert, von Sachsen-Coburg-Gotha (1819–1861), war der jüngere Bruder des regierenden Herzogs Ernst

GREINBURG
wie er von Mittag angesehen wird.

Donau Fluss.

II. Die Ehe der jungen Königin mit dem kunstsinnigen deutschen Prinzen gilt als seltener Fall von Ergebnis einer Liebesheirat. Der Prince Consort Albert war einer der Mitbesitzer der Greinburg, und als er so jung starb, wurde seine Witwe seine Erbin. Ihr Schwager Ernst hatte einen Ruf als außerordentlich menschenfreundlicher Fürst und als bedeutender Kunstfreund und Mäzen. Ihm hatte es Johann Strauß Sohn zu danken, dass er nach gescheiterter zweiter Ehe und der folgenden Scheidung noch einmal heiraten konnte. Das wäre nach österreichischem Gesetz nicht möglich gewesen. Der Walzerkönig starb als Coburger.

Drei große Räume des Schlosses und das Stiegenhaus beherbergen das Oberösterreichische Schifffahrtsmuseum. Eine Vielzahl von Exponaten führt den Besuchern das Leben und die Arbeit an und auf den Flüssen Oberösterreichs vor Augen – Traun und Vöckla, Steyr und Enns und natürlich die Donau sind die Protagonisten. Ihr ist ein ganzer Raum gewidmet. Modelle von Flößen, Dampfschiffen, Ruderschiffen gibt es da, und Ölbilder, zahlreiche Zeugnisse für die einstigen Schiffszüge und dazu auch ein Modell – ein Schiffszug von 3 Haupt- und 6 Nebenschiffen und 33 Schiffsreitern.

Mit Grein ist Stromkilometer 2079 erreicht, jetzt wird es ernst – nein, jetzt wurde es ernst. Nur noch 3 Kilometer bis zum Strudel, aber der ist ja Geschichte. Die Felsriffe, die in der Mitte des Stroms der Mannschaft den Schweiß auf die Stirn trieben, hat man lange verwünscht, und endlich war ein Techniker namens Liske mit seinem Projekt erfolgreich. Von 1777 bis 1791 wurde unter Wasserniveau gebohrt und gehämmert, Dynamit gab es ja noch nicht. Von Liske stammte der Plan, die Leitung des Projekts hatte ein Herr Joseph Walcher inne, der es in einer Fülle von Kupferstichen dokumentierte.

Drei Wasserrinnen waren umlauert von Felsriffen, denen die Schiffsleute merkwürdige Namen gegeben hatten – »Machkugel«, »Roßkopf«, »weite Kugel gegen den Wald« und andere. Der Fluss forderte an dieser Stelle jahrhundertelang seine Opfer. Von vielen kennen wir nicht die Namen, aber es gibt darunter auch Prominente. Im Jahr 926 ist Bischof Dracholf von Freising hier ertrunken.

Einige der Versunkenen verdankten dem Schwarzen Mönch ihr Schicksal, der im Teufelsturm auf dem Haustein sein Unwesen trieb, einem Felsen in der Donau. Wer ihn erblickte, dem war der nahe Tod sicher. Das ist nur eine der Sagen, die den Strudel zum Mythos gemacht hat.

Im Donauwinkel bei Sankt Nikola

76

Freilich gab es auch manche Nutznießer. In den Orten Grein, Struden und St. Nikola kehrte dank der Gefahren ein gewisser Wohlstand ein. Mehrere Männer hatten sich in Struden stets bereitzuhalten, sollte ein in Not geratenes Schiff Hilfe brauchen, und die Schiffe benötigten ortskundige Lotsen. Auch wuchs die Spendenfreudigkeit für Votivgaben, je näher man der Gefahr war. Das war wohl schon zur Limes-Zeit so, bei der Stromregulierung fand man rund um den Strudengau zahlreiche römische Münzen. Da hatte man noch dem Flussgott geopfert, mit Beginn des Christentums war der heilige Nikolaus zuständig.

Dieser Heilige, der Bischof von Myra, ist im Alpenraum eher als Überbringer süßer Karieserzeugungsprodukte bekannt, der von seinem scheußlichen Adjutanten Krampus begleitet am 6. Dezember die Haushalte besucht. Aber er ist eben auch der Schutzheilige der Schiffsleute, denn er hat einmal ein Schiff im Sturm mit Gebetsmacht vor dem Sinken bewahren können, und er hat der Göttin Artemis, deren Nachfolger im Patronat er wurde, ihren schönsten Tempel kaputtgemacht.

Hatte ein Schiff Grein und den Strudengau unbeschadet passiert, und kam also an St. Nikola an der Donau vorbei, dann ging es ans Abkassieren. Das dortige Spital hatte das Privileg, sich mit Hilfe von ausfahrenden Zillen auf Kosten der glücklichen Reisenden zu erhalten, und die Pfarrkirche soll einen eigenen Klingelbeutel mit besonders langem Stiel benützt haben, um dem Mesner den Wasserweg zu ersparen.

Heute gleiten die Schiffe in beide Richtungen sorglos dahin. In ganz Europa hatte man den Strudel gekannt und gefürchtet, und seit 1959, da das Kraftwerk Ybbs-Persenbeug in Betrieb genommen wurde, ist der Wasserstand so hoch, dass darin alle Sorgen versunken sind. Versunken ist allerdings auch Schloss Donaudorf, zusammen mit 32 der 47 Häuser der gleichnamigen Siedlung. Die landschaftlichen Veränderungen waren enorm, die Anstrengungen ebenso. Der Stauraum verschlang eine Fläche von 1.500 Hektar.

Mit Schloss und Ort Persenbeug erreichen wir Stromkilometer 2060, aber kurz davor gibt es noch eine ganz besondere Sehenswürdigkeit – Waldhausen, Stromkilometer 2073, bei Sarmingstein. Dieser Ort hat einmal ebenfalls ein ganz besonderes Bauwerk besessen, das Schiffmeisterhaus, aber das wurde dem Kraftwerkbau geopfert und abgerissen. Zwar hatte man nach

Persenbeug – vor dem Kraftwerksbau

langen Verhandlungen vereinbart gehabt, das Haus mit seinem berühmten Rittersaal abzutragen und wieder aufzubauen, aber wie so oft … Ja die Zeit ändert viel, singt Nestroy.

Waldhausen also. Das Kloster, gegründet im 12. Jahrhundert, überstand vieles – die Türken, die Schweden, die Pest, allerdings weder die Hussiten, die es zerstörten, noch die Raubritter, die es ihnen gleichtaten. Aber die Augustiner-Chorherren bauten ihr Stift immer wieder auf, und eben das war am Ende die Krux. Sie bauten es zu prunkvoll wieder auf – ab 1660 wuchs eine prachtvolle Stiftskirche empor, deren Kosten zu hohen Schulden und schließlich zur Entsendung eines Administrators führten. Das kam Kaiser Josef II. gerade recht, er hatte Übung im Auflösen von Klöstern, 1786 war es in Waldhausen so weit. Man wollte nach des Kaisers Tod einen Neubeginn setzen, man schaffte es nicht, das Kloster wurde 1792 dem Linzer Domkapitel übergeben. Ein Teil des Klosterbaus wurde abgetragen und als Baumaterial für Schloss Laxenburg verwendet.

Aber die Stiftskirche blieb stehen – auch das war ein kleines Wunder, denn die französischen Soldaten hätten die Zerstörung beinahe zustande gebracht, aber eben nur beinahe. Und so steht man heute urplötzlich vor und in einem

Barockwunder, erbaut von Carlo Canevale, dem übrigens Wien mehrere bedeutende Bauwerke verdankt – die Servitenkirche, die Stiftskaserne, die Deutschordenskirche, die Mariensäule am Hof.

Schloss Donaudorf, versunken in der aufgestauten Donau

Und diese Waldhausener Stiftskirche verfügt zudem, neben ihrer architektonischen Schönheit, über eine Akustik höchster Qualität. Tonmeister und Musiker werden nicht müde, davon zu schwärmen. Was vom Stift noch da war, wurde restauriert, anderes wurde rekonstruiert, manches hatten archäologische Forschungen beigesteuert – und eine Landesausstellung erbrachte wieder einmal den Beweis, wie sinnvoll und von nachhaltigem Wert solche aufwendigen Projekte sind.

Nach einigen Opfern des Fortschritts – Donaudorf, Sarmingsteins Schiffmeisterhaus, Stift Waldhausen – wollen wir uns wieder den geretteten und erhaltenen Bauten zuwenden.

Das Habsburgergesetz von 1919 entzog der kaiserlichen Familie vieles, Schloss Persenbeug ist dem Haus Habsburg erhalten geblieben. 1919 unterschrieb Erzherzog Hubert Salvator die Verzichtserklärung, die das Habsburger-Verfassungsgesetz nach dem Ende der Monarchie forderte.

Heute ist eine Erbengemeinschaft im Besitz von Gut und Schloss, auf dem Erzherzog Dr. Michael Salvator lebt, jüngster Sohn des Dr. Hubert Salvator, der seit 1971 in der Familiengruft des Schlosses liegt.

Ernst Trost hat in seinem 1968 erschienenen Buch erzählt, wie er den Enkel Kaiser Franz Josephs, Sohn der Erzherzogin Marie Valerie, persönlich erlebt hat:

Sarmingstein

79

»›Kaiserliche Hoheit lassen bitten …‹, der Sekretär geleitet einen aus der Kanzlei in ein einfaches, dunkles Bürozimmer im Parterre. Ein schlanker, hochgewachsener, älterer Herr empfängt in der kerzengeraden Haltung des einstigen Dragoneroffiziers, der auch ohne Uniform, Stiefel und Sporen bei der Begrüßung kurz und leicht die Hacken zusammenklappen läßt. Wenn man das glattrasierte Gesicht – nur über der Oberlippe steht ein weißes Bärtchen – mit dem Backenbart des Kaisers umrahmen könnte, dann wäre eine starke Ähnlichkeit mit Franz Joseph nicht zu verleugnen. Der Gastgeber ist nämlich der nächste noch lebende Verwandte des Monarchen – sein Enkel, der Sohn der Kaisertochter Marie Valerie, Erzherzog Hubert Salvator Habsburg-Lothringen, Dr. juris, Agrar- und Forstfachmann und eines der neun Mitglieder des Hauses Habsburg, denen das Schloß auf Grund eines besonderen Status im Kondominium gehört. Sie alle haben nach dem Ersten Weltkrieg eine Thronverzichtserklärung unterschrieben und durften deshalb in ihrer Heimat bleiben. Das Schloß war wie Wallsee Teil des Privatvermögens Franz Josephs und konnte deshalb von der Ersten Republik nicht eingezogen werden.

›Wir haben alle diese Jahrzehnte gut überstanden‹, sagt der Gastgeber. ›Unter den Nazis war es manchmal eher unangenehm. Die Russen dagegen haben große Zurückhaltung gezeigt und im Schloß kaum Schaden angerichtet. Wir sind mit ihnen sehr gut ausgekommen.‹ Anscheinend sitzt in jedem Russen noch so viel Achtung vor dem Zaren, daß für ihn auch der Enkel eines richtigen Kaisers zur Respektsperson wird.«

Im Jahr 907 beginnt die Geschichte von Persenbeug. Die Grafen Sempt-Ebersberg bauten auf dem Felsen eine Burg, die bis zum Ende der Familie 1045 in ihrem Besitz war. Am 12. Juli dieses Jahres wurde über den Nachlass des letzten Grafen, Adalbero, verhandelt. Auch der Kaiser kam zu dieser Verhandlung, der Salier Heinrich III. Er war zu Schiff angereist, in hoher Begleitung. Dabei hatte Bischof Bruno von Würzburg ein definitiv unerfreuliches Erlebnis. Als die kaiserlichen Schiffe durch die ohnehin unangenehme, wenn auch sehr schöne Landschaft des Strudengaus fuhren, stand vor dem Teufelsturm am Haustein, wir kennen ihn schon, der Schwarze Mönch. Doch außer für den Bischof Bruno war er für niemanden zu sehen. Als der nun die Umstehenden auf die Erscheinung aufmerksam machte, begann man ihn sogleich vor der Weiterreise zu warnen, doch die Anlegestelle war ja schon nahe – Persenbeug.

Die kaiserliche Gesellschaft stieg an Land, begab sich in den Rittersaal – zahlreich, zu zahlreich. Der Boden gab nach und der Absturz war folgenreich. Die Witwe des Grafen starb, auch ein Abt und vor allem – Bischof Bruno, der die Warnungen der abergläubischen Mitreisenden nicht ernst genommen hatte.

Mag der Sagenmantel der Geschichte nicht stimmen, der Einsturz ist historisch belegt. Dergleichen passierte immer wieder, bevor man sich mehr auf die Statik in der Planung besann.

Es gibt allerdings auch die Meinung, die Burg Persenbeug sei schon vor 907 und vor dem Grafen Sempt-Ebersberg da gestanden. Kaiser Arnulf von Kärnten, mit dem Beinamen »der Bastard«, habe sich am ersten Burgherren für die Entführung seiner Tochter gerächt. Arnulf hatte mehrere uneheliche Kinder, auch eine Tochter namens Ellinrat, entführt von Engelschalk II., Markgraf der Ostmark. Zur Strafe habe Arnulf den Engelschalk blenden lassen, seine Güter seien an Stift Kremsmünster und danach an die Familie Sempt-Ebersberg gefallen.

Daran stimmt vieles, nicht aber die Blendung durch den Kaiser. Arnulf und der Markgraf hatten sich versöhnt, aber der bayrische Adel, der in Engelschalk eine Bedrohung argwöhnte, setzte ihn fest und ließ ihn blenden.

Und dann gibt es noch die Erwähnung von Persenbeug im Nibelungenlied, das zwar im 13. Jahrhundert entstanden ist, aber Ereignisse des 6. Jahrhunderts schildert. Wir bleiben lieber beim amtlichen Datum, dem Jahr 907. Im späten 11. Jahrhundert war Persenbeug im Besitz der Kaiserinwitwe Agnes, kam dann an den Babenberger Leopold III., wurde schließlich habsburgisch und blieb es. Kaiser Maximilian I. ging hier seiner Jagdleidenschaft nach. Erst Rudolf II. verkaufte Persenbeug 1593 an die Grafen Hoyos. Sie bauten die Burg zu einem Schloss um und im Jahre 1800 kehrte es zu den Habsburgern zurück. Kaiser Franz II./I. kaufte es und kam sommers gerne her.

Am 17. August 1887 kam Erzherzog Karl Franz Joseph Ludwig Hubert Georg Otto Maria in Schloss Persenbeug zur Welt. An seiner Wiege war ihm tatsächlich nicht von Würde und Bürde der Kaiserkrone gesungen worden. Zwischen ihr und dem Neugeborenen standen noch sein Großvater, sein Onkel und sein Vater als Thronfolger in der Reihe. Als Karl I. wurde er Kaiser von Österreich, als Karl IV. König von Ungarn, als Karl III. König von Böhmen.

Ein Persenbeuger ist der Donaugeschichte aufs engste verbunden – der Schiffmeister Matthias Feldmüller. Er führte den inoffiziellen Ehrentitel »Admiral der Donau« und er war ja tatsächlich die Nummer I seiner Zeit, mit seinen 250 Knechten und 150 Pferden, mit der großen Werft. Hier in Persenbeug ließ Feldmüller pro Jahr bis zu 40 Schiffe bauen! Im letzten Türkenkrieg, 1788/89, war er ein verlässlicher Lieferant, der dem alten Haudegen Laudon zur Seite stand, und als er 1809 der im Marchfeld auf Napoleon lauernden Armee des Generalissimus Erzherzog Carl mit seinen Frachtkähnen Munition und Nahrung lieferte, zwischen den Posten der Franzosen an der Donau, da wurde ihm der Ehrentitel endgültig mit Recht zuteil.

Von Persenbeug bis Säusenstein macht die Donau einen mächtigen Bogen. Damit kommt sie nahe an Wieselburg heran, dort steht Schloss Weinzierl und lässt uns einmal auf dieser Donaureise nicht an Mozart denken, sondern an Joseph Haydn. Er war hier mehrmals zu Gast, der Schlossherr war Karl Joseph von Fürnberg. Haydn hat in Schloss Weinzierl musiziert, in den Jahren 1755 bis 1757, vor dem Hausherrn, mit anderen Hausgästen, mit seinem noch um zwei Jahre jüngeren Kollegen, Johann Georg Albrechtsberger. Das Schloss erinnert mit einem alljährlichen Kammermusikfest im Mai an diese Zeit.

Sie war für die Geschichte der Kammermusik insofern von Wichtigkeit, als Joseph Haydn in Weinzierl zum Vollender der Quartettkunst wurde. Das Streichquartett ging aus dem Divertimento, dem Quadro und der Cassation hervor, stets in der Besetzung zwei Violinen, Viola und Basso. Die Partie des Basso wurde meist mit Kontrabass statt mit Violoncello ausgeführt. Haydn kannte Quadros des Venezianers Baldassare Galuppi (1706–1785), genannt »Il Buranello«, er war aus Burano gebürtig. Nach Haydns eigener Aussage beginnen seine eigenen, wirklichen Streichquartette mit op. 9.

Matthias Feldmüller, Öl auf Leinwand von Ferdinand Georg Waldmüller 1833

Der kleine W. A. Mozart an der Orgel in Ybbs.
Holzstich nach einer Zeichnung von Karl Offterdinger

Gegenüber von Persenbeug, am rechten Donauufer, liegt die kleine Stadt Ybbs, sie wird in den Berichten von Leopold Mozarts Brief »Ips« genannt. Die Nachwelt verdankt Vater Leopold nicht nur das Genie Wolfgang Amadé, sondern auch eine Menge von kulturhistorisch interessanten Briefen aus halb Europa.

»… kamen wir nach Ips, wo 2 Minoriten und ein Benedictiner, die mit uns auf dem Schiff waren, hl. Messe lasen, unter welchen unser Wolferl sich auf der Orgel so herumtummelte und so gut spielte, dass die P. P. Franciscaner, die eben mit einigen Gästen bey der Mittagstafl sassen, samt ihren Gästen das Essen verließen, dem Chor zulieffen, und sich fast zu Todt wunderten.«

Wenige Kilometer weiter liegt Pöchlarn, eine Stadt wie Ybbs, noch ein wenig kleiner, auch hier – die Erinnerung an einen Künstler von Weltruhm, wie dort Mozart, so hier – Oskar Kokoschka. Aber Pöchlarn hat den Vorteil, dass der Meister nicht auf der Durchreise für eine Nacht hier abgestiegen ist – hier ist er zur Welt gekommen.

Gut, er war ein Jahr alt, als die Familie nach Wien übersiedelte – aber das Geburtshaus steht! Darüber kann man sich nicht immer freuen! Oft genug sind solche Gebäude trotz aller Tourismuspotenz der Abrissbirne, der Spitzhacke zum Opfer gefallen – wie etwa jenes von Gustav Klimt, den man mit Egon Schiele und Oskar Kokoschka in einem Atemzug zu nennen gewöhnt ist.

Es hat die Jahrzehnte überdauert, hat durchgehalten, bis aus dem enfant terrible eine internationale Macht wurde – und verwandelte sich dann in ein OK-Dokumentationszentrum. Wer hier seine Schiffsreise unterbricht, tut gut daran. Im Geburtshaus gibt es eine Galerie, in der Kokoschkas Werk und das seiner Schüler im Mittelpunkt stehen, wo aber auch die Gegenwart ihre Rolle spielt.

Pöchlarn zuliebe heißt dieser Teil des Donautals Nibelungengau, denn im zweiten Teil des Nibelungenlieds erscheint Markgraf Rüdiger von Bechelaren, er ist des Hunnenkönigs Etzel Brautwerber. Die Burgunden, auch Nibelungen genannt, machen sich auf den Weg von Worms am Rhein, ihrer Residenz, zur Hochzeit ihrer Schwester Kriemhild. Bei Markgraf Rüdiger machen sie Station, er bewirtet sie fürstlich, tagelang wird gefeiert.

Bekanntlich geht die ganze Angelegenheit nicht gut aus, das gesamte Personal wird ausgerottet, von König Gunter bis zur schönen Kriemhild. Rüdiger ergeht es nicht besser – er und der Königsbruder Gernot erschlagen einander gegenseitig.

Das Denkmal in Pöchlarn findet man nur wenige Meter vom Donauufer entfernt. Es ist eine Gelegenheit, vor seinen Mitreisenden gut dazustehen, denn man kann mit seinem Wissen angeben. 16 Wappen symbolisieren jene 16 Orte, die namentlich im Nibelungenlied erscheinen. Da ist Deutschland, von Xanten bis Passau, Österreich von Eferding bis Wien, es folgen noch Esztergom-Ungarn, Verona-Italien und Metz in Frankreich. Bei manchen Städten ist alles klar – Siegfried ist ein Königssohn aus Xanten, aber wieso Esztergom? Dort steht Etzels/Attilas sagenumwobene Burg. Und Verona, Metz? Dietrich von Bern ist kein Schweizer, gemeint ist Theoderich, der

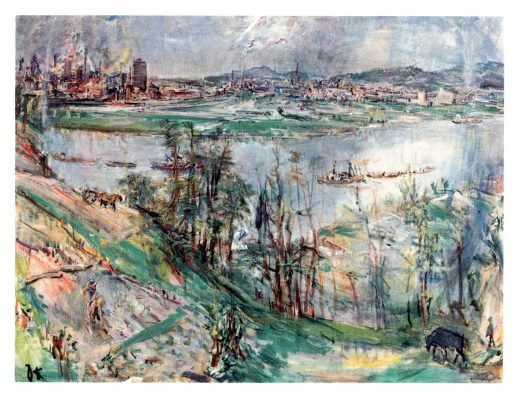

Gotenkönig, und aus Verona wurde »Bern«, aus Metz kommt Ortwin, der zum Gefolge der Burgunden gehört.

Mit dem historischen Hintergrund hat die Dichtung wenig zu tun. Aber sie vereint halb Europa, und so hat sich Pöchlarn an die Gastfreundschaft seines einstigen Rüdiger erinnert, den es freilich auch nicht wirklich gegeben hat, und vereint im Denkmal diese 16 Städte.

Pöchlarn war die erste Residenz des eben belehnten Geschlechts der Babenberger. Von hier zogen sie weiter ostwärts.

Auch im Text des Nibelungenlieds geht es hinter Pöchlarn noch weiter durchs Donautal. Auch Melk wird als Burg genannt, da weist man den Burgunden den Weg nach Mautern, dort gehe es ins Osterland, und in Mautern verabschiedet sich Bischof Pilgrim von seiner Nichte Kriemhild. Bald sind auch wir dort.

Und da wir schon mitten im Hochadel sind, muss hier eine Geschichte folgen, die uns direkt nach Schloss Artstetten führt. Erzherzog Franz Ferdinand

Schloss Artstetten, mit den Grabstätten für den Thronfolger Franz Ferdinand und seine Gemahlin Sophie

und seine Gemahlin, Herzogin Sophie von Hohenberg, wurden am 28. Juni 1914 von einer Gruppe eingeschleuster serbischer junger Männer, die sich als Revolutionäre und nicht als Verbrecher bezeichneten, ermordet. Mit dem Schlachtschiff »Viribus Unitis« wurden die Leichen des Paares nach Triest gebracht, weiter mit der Bahn nach Wien. Am 3. Juli wurden die Särge in der Burgkapelle aufgebahrt, in der Nacht des nächsten Tages nach Pöchlarn geführt. Um ein Uhr in der Nacht kamen sie dort an und wurden im Morgengrauen mit einer Fähre über die Donau gebracht. Dabei wären sie beinahe vom Schiff gestürzt – denn ein schweres Gewitter machte die Pferde unruhig und ein mächtiger Donnerschlag brachte sie zum Steigen. Der diesen Donner begleitende Blitz ließ ein einmaliges Foto entstehen.

Die Beisetzung fand in der 1909 erbauten Gruft am 4. Juli statt, in aller Stille, ohne jeden imperialen Prunk. Der Architekt der Gruft war Ludwig Baumann, von Erzherzog Franz Ferdinand ganz besonders geschätzt. In Wien hat er ein großes Œuvre geschaffen – unter anderem das Konzerthaus und das Akademietheater.

Man sieht Schloss Artstetten von der Donau – die Türme, das weiße Schloss im Sonnenschein, wenn man Glück hat. Und noch ein zweites eindrucksvolles Bauwerk macht dort von weitem auf sich aufmerksam.

Nur wenige Kilometer westwärts sind es nach Maria Taferl, den neben Mariazell bedeutendsten Wallfahrtsort Österreichs. Schon zu einer Zeit, da man kein Dampfschiff und kein Auto für seine Wallfahrt nutzen konnte, kamen viele Menschen auf diese Bergeshöhe, 443 Meter Seehöhe – im Jahre 1800 waren es an die 135.000. In unserer Zeit, da mancher Orden von Nachwuchssorgen geplagt wird, kommen dennoch Jahr für Jahr an die 300.000 Wallfahrer nach Maria Taferl.

Der Aufstieg lohnt sich auch für Atheisten. Diese herrliche naturgegebene Aussichtsterrasse bietet einen Blick bis ins Salzkammergut, bis nach Wien.

Wie es sich für Wallfahrtsorte gehört – vor der Kirche gibt es Verkaufsstände mit Devotionalien aller Art, von der Muttergottes aus Porzellan bis zum »Namenhäferl«. Der Platz bietet den erfreulichen Anblick einer Kette von Gasthäusern und Konditoreien, und daneben von zwei einstigen typischen Jahrmarktsattraktionen, Krippe und »Alpenpanorama«.

Alleine die mechanische Krippe ist den Weg wert. Hier wird die Entstehungsgeschichte dieses wichtigsten Wallfahrtsortes von Niederösterreich dargestellt, 300 Figuren bevölkern eine Miniaturlandschaft mit der Basilika in der Mitte. Sie ist gerade in Bau, umgeben von ackernden Bauern, Jägern, Handwerkern. Das Kind in der Krippe wird von einem Engelchen-Geschwader umflogen. Im selben Haus gibt es auch ein Alpenpanorama, vom selben Künstler geschaffen um 1890, mit dem er einst von Markt zu Markt zog.

Die Basilika steht in ungewöhnlicher Position, nicht von Ost nach West, sondern mit ihrer Front ins Donautal. 1724 wurde sie durch den Bischof von Passau eingeweiht. Zur selben Zeit stand er auch in seiner eigenen Kirche immer wieder vor Neuem – gerade in diesen Jahren wurde die berühmte Kanzel des Passauer Doms von einem Wiener Hoftischler geschaffen. Und jene von

Die Wallfahrtskirche Maria Taferl

Maria Taferl ist diesem Vorbild nachempfunden. Die Kuppel der Basilika ist ein Werk des großen Jakob Prandtauer.

Die Schatzkammer ist sowohl als barocker Raum interessant als auch wegen der zahlreichen bunten Votivgaben, die hier gesammelt sind. Kästen, selbst barocke Kunstwerke aus dem 17. Jahrhundert, schützen sie. Dass all das erhalten ist, mag man alleine schon als Wunder ansehen – angesichts von Franzosengefahr im 18. und 19. Jahrhundert, von sowjetischer Besatzung.

Schon ab Ybbs, wo die große Schleife beginnt, hat die Donau immer wieder zu beiden Seiten winzige Nebenarme, halbtote Begleiter, getrennt durch schmale längliche Inseln, baum- und strauchbestanden, mehrfach als Minihafen genutzt. Sie werden immer mehr, geht es der Wachau zu, und knapp vor Melk wird so ein Wasser besonders breit, bei der imposanten Ruine Weitenegg.

Bald danach wird man auf einen liebenswürdigen niederen Bau aufmerksam, am linken Ufer, eigentlich eine Reihe barocker Gebäude mit Kaminen und Mansardendächern und zwei alten Feuertürmen. Auch dieses Schlösschen Luberegg erinnert an Karl Joseph von Fürnberg, der in seinem Schloss Weinzierl Joseph Haydn mehrmals zur Kammermusik zu Gast hatte.

Das neuerbaute Schloss diente ihm zur Verwaltung seines umfangreichen Holzhandels, und nachdem er 1791 auch ein Postprivileg erwerben konnte, zudem als Poststation. Doch die Zeiten wurden schlechter – und 1795 musste Fürnberg seinen gesamten Besitz im südlichen Waldviertel an Peter von Braun verkaufen, der wohl als Strohmann für den kaiserlichen Familienfonds fungierte, der nach kurzer Zeit den Besitz übernahm. Nur wenige hundert Meter weiter kommt man in den schönsten Teil der österreichischen Donau, in die Wachau.

DIE WACHAU

ERSTE DONAU-DAMPFSCHIFFAHRTS-GESELLSCHAFT

1963

Auf der gesamten Länge des Donaustroms begegnet einem keine Landschaft, die dieser vergleichbar wäre. Die Stromschnellen und Wirbel, die Gefahren des Strudengaus und die Felsen im Fluss sind ja schon lange Geschichte, dennoch spielt es eine wesentliche Rolle, dass es so etwas zwischen Melk und Krems nicht gegeben hat, ein Abglanz von Friede umfängt das Tal. Selbst seine Höhen vermögen diesen Eindruck nicht zu trüben, denn sie bieten mehrfach nur einen malerischen Hintergrund für Burgen und Ruinen, Kirchtürme und natürlich vor allem Weingärten. In Terrassen angelegt steigt der Wein von der Talsohle aufwärts, bis auf Höhen von 300, 400 Meter. Dass man ihn auch an Ort und Stelle genießen kann, mit dem Blick auf die grüne Landschaft seiner Herkunft, schafft Vorfreude. Und auch die Dörfer und Städte, die diese Möglichkeiten bieten, den Wachauer Wein kennenzulernen! Hier bestätigt sich die alte Erfahrung, dass intakte Baukultur und gastronomische Qualität einander bedingen. Wo gut gebaut und gut Gebautes richtig erhalten wird, trinkt es sich auch fröhlicher. Dass man danach nicht ins Auto oder aufs Rad steigen muss, weil von Stift Melk bis Stift Göttweig eine hohe Zahl von Hotelbetten wartet, in Klöstern, alten Gasthöfen, auch in neuen Hotels, steigert das Vergnügen.

Zwei geologische Besonderheiten, ja Merkwürdigkeiten sind zu erwähnen: Da macht der Fluss einen Bogen und kämpft sich auf einer Länge von 33 Kilometern durch die Böhmische Masse, durch Gneis und harten Granit, wo er doch geradeaus weiterströmen könnte. Das wundert die Fachleute seit Jahrhunderten.

Wachauerinnen in Tracht

Um 1970 herum kam eine chinesische Wirtschaftsdelegation nach Österreich. Man gab sich alle erdenkliche Mühe, ihr Freude zu machen, sie zufrieden zu stellen. So kam man auch auf die Idee, sie in die Weinbaufachschule nach Klosterneuburg einzuladen, und von da ging es weiter in die Wachau. Und da war von »Ah!« und »Oh!« kein Ende. Nirgendwo auf der Welt gibt es einen Lößboden mit Weinterrassen, wie er in China vor schon 2.000 Jahren auf Stichen dargestellt wurde, nur in der Wachau.

Mit Stift Melk beginnt es – mit einem barocken Gesamtkunstwerk allerersten Ranges. Man ist den Benediktinern dankbar, dass sie ihre Klöster an weithin sichtbaren, erhöhten Stellen bauten und wohl noch bauen. Am Anblick von Stift Melk auf seinem 60 Meter hohen Felsen über der Donau kann man sich schon von weitem erfreuen.

Die berühmte Lokomotive 310 vor dem noch etwas berühmteren Stift Melk

831 – erste urkundliche Erwähnung einer Siedlung mit dem mittelhochdeutschen Namen Medelike, so steht er im Nibelungenlied.

976 – der Babenberger Leopold I. wird mit der Ostmark belehnt, Melk macht er später zu seiner Residenz.

1089 – Markgraf Leopold II. holt Benediktiner aus dem Stift Lambach in Oberösterreich und übergibt ihnen seine Burg. Sein Nachfolger Leopold III. wird wenige Jahre später seinen Sitz nach Klosterneuburg verlegen. Was wir heute vor uns sehen, ist einer der vielen Bauten, die auch aus Freude über das Ende der Türkenangst gewachsen sind. Unter den Kaisern Leopold I., Josef I. und Karl VI. wurde allenthalben gebaut. Der große Sieger Eugen von Savoyen alleine hat eine stattliche Reihe von Palästen errichten lassen.

Einen wesentlichen Platz in der Hitliste der Bauherren nehmen die Äbte ein. In Passau, Dürnstein, Göttweig und eben auch in Melk sind ihre Leistungen bewundernswert. Das sind sie auch, weil die Finanzierung dieser Prachtbauten bei aller Prosperität dieser Jahre ein Kunststück war. Neben den großen Namen der Äbte steht die stolze Reihe der Künstler, die ihre Aufträge ausführten.

Erst 30 Jahre alt war Berthold Dietmayr bei seiner Wahl zum Abt von Melk. Die Schwierigkeiten, die sich auch für die Benediktiner durch die Reformation ergeben hatten, waren vorbei. Melk sollte auch äußerlich ein

Symbol für Macht und Jubel sein. 1701 schon begann der Neubau. Den Auftrag bekam der Tiroler Jakob Prandtauer, der aus Österreichs Westen in den Osten gekommen war, hier geheiratet und sich in Sankt Pölten niedergelassen hatte. Er hatte auch familiäre Wurzeln im Tullner Feld in Niederösterreich, aber am Ende der Zweiten Wiener Türkenbelagerung war seine Familie ausgerottet.

Prandtauer baute in Melk bis an sein Lebensende. Ihm folgte in der Bauleitung sein Neffe Joseph Munggenast, dem schon fertige Pläne vorlagen. Johann Michael Rottmayr war der Maler der Deckenfresken der Stiftskirche, Paul Troger schuf die Fresken im Marmorsaal und in der Bibliothek.

In der Rangfolge der Wichtigkeit steht für die Benediktiner nach der Kirche immer die Bibliothek an der Spitze. Dieser Hochschätzung entspricht auch stets die Gestaltung der prachtvollen Räume. Die Pracht ist freilich nicht zu verstehen als äußerlicher Prunk, zur Repräsentation, sie dient der Verherrlichung Gottes, wie die gesamte Anlage. Für die Bibliothek hat Troger 1731/32 eine Allegorie des Glaubens geschaffen, eine Frauengestalt,

Stift Melk. Bibliothek mit dem Deckenfresko von Paul Troger

umgeben von vier Engelsgruppen. Diese stellen die Kardinaltugenden dar –
Klugheit, Gerechtigkeit, Tapferkeit und Mäßigung.

In zwölf Räumen birgt Melk einen Schatz von mehr als hunderttausend
Büchern, Handschriften, Wiegendrucken. Wer die Bibliothek durchschrit-
ten hat, mag sich auf die Altane freuen. Sie gibt den Blick frei auf die Hügel
im Westen, den Donaufluss, die Stadt Melk.

In den Räumen des Stifts, die der kaiserlichen Familie dienten, ist heute
das Museum untergebracht, das unschätzbare Werte birgt. Da sind erste
Kunstschätze aus der Zeit, als die Lambacher Benediktiner von den Baben-
bergern geholt wurden, Kunst des Mittelalters, und das berühmte Melker
Kreuz. Dieses von Rudolf IV., genannt der Stifter, dem Kloster gewidmete
Kreuz ist allerdings nur als Kopie zu sehen, das Original birgt ein Safe.

Das kann man verstehen, Kunstraub ist von jeher ein Problem der Kirchen. Das Melker Kreuz ist zweimal gestohlen worden – und zweimal unter
wunderbaren Umständen zurückgekehrt. Die Täter sind auch namentlich
bekannt – im 12. Jahrhundert war es ein Geistlicher mit Namen Rupert, im
14. Jahrhundert ein Laie, Otto Grimsinger mit Namen. Wie es Rupert erging,
davon können wir leider nichts berichten. Herrn Grimsinger jedenfalls ging
es schlecht – man hat ihn verhaftet und verbrannt. Die Zeiten waren eben
noch strenger als in unseren Tagen. Der Raub des Salzfasses von Benvenuto
Cellini aus dem Wiener Kunsthistorischen Museum führte nur zu einigen
Jahren Gefängnis und mehreren Heiratsanträgen an den Täter.

Melk hat immer wieder imperialen Besuch erlebt. Karl VI. war hier, seine
Tochter Maria Theresia bezog die Kaiserzimmer mehrmals, auch auf der
Reise zur Kaiserkrönung nach Frankfurt. Der nicht vom Glück verfolgte
Papst Pius VI. kam 1782 im Zuge seiner Österreichreise nach Melk. Er hatte
Josef II. von seinen radikalen Reformen abbringen wollen, aber der Auf-
klärerkaiser blieb hart. Pius VI. war ein radikaler Gegner der Französischen
Revolution und später Napoleons, der 1797 in den Kirchenstaat einmar-
schierte. Die Franzosen nahmen nicht nur an Schätzen aus Rom mit, was
nur möglich war, sie machten dem Kirchenstaat ein Ende, das sich dann
freilich als nur vorübergehend erwies. Den altersschwachen und kranken
Papst verschleppten sie nach Frankreich, wo er im August 1799 starb.

Zu diesem Zeitpunkt hatten die Habsburger andere Probleme als zu der
Zeit Josefs II. Napoleon hatte auch Österreich fest in seiner Gewalt. Seine
Soldaten kamen 1800 ins Stift, er selbst, auch eine Art von Kaiser, kam in
Begleitung von Marschall Berthier und General Rapp im November 1805.

Die erste Begegnung zwischen dem Emporkömmling und dem achthundert Jahre alten Stift war noch vielversprechend. Napoleon erklärte dem Prior Altmann »Les Benedictins ont des mérites pour les sciences. Ils avaient soutenu mon armée, je les protegerai.« Rapp übersetzte – die Benediktiner haben sich um die Wissenschaften verdient gemacht, sie haben meine Armee unterstützt, ich werde sie protegieren. Er machte allerdings später das Stift zu einem Feldspital und Lager für russische Kriegsgefangene.

Schon 1806 fielen die Franzosen abermals in das Stift ein und hinterließen große Schäden an Bauten und im Stiftsgarten. Den Pavillon hatten sie zum Pulvermagazin gemacht. 1809 kam Napoleon noch einmal, diesmal ohne Marschall, jedoch in Begleitung einer schönen jungen Frau, Marie Louise, Kaisertochter, seine künftige Gemahlin.

Die Stadt Melk ist natürlich von dem wörtlich alles überragenden Stift geprägt. Doch sie verdient durchaus darüber hinaus Beachtung, mit ihren 87 denkmalgeschützten Bauwerken. Dazu gehören barocke Bürgerhäuser am Rathausplatz, prachtvolle Villen der Gründerzeit, wie die Villa Loos von Josef Plecnik, oder der Kolomanibrunnen und das alte Posthaus.

Donauabwärts geht es gleich weiter, schon ist man beim nächsten Erlebnis.

Schloss Schönbühel, wie Melk am südlichen Ufer gelegen, ist in privatem Besitz und somit nicht öffentlich zugänglich. Es war 400 Jahre lang

Schloss Schönbühel

einer der Wohnsitze der Familie Starhemberg, wir sind ihr schon an ihrem Familiensitz Eferding begegnet und begegnen ihr in diesem Buch immer wieder. Wenige hundert Meter weiter passiert man das Kloster, das die Starhemberg errichten ließen. Die Serviten betreuten es ab ihrer Berufung 1666 bis 1980, der Nachwuchsmangel zwang zur Schließung von Kloster Schönbühel. Die Kirche aber und mehrere Bauwerke des Barock sind zu besuchen, darunter ein Kreuzweg und eine Kopie der Geburtskirche in Bethlehem, die bald zum Ziel der Wallfahrer wurde, auch Kaiser Leopold I. war einer von ihnen.

Von weitem sieht man Burg Aggstein, auch sie am rechten Ufer, auch sie einst ein Besitz der Starhemberger und heute wie Schönbühel der Grafen Seilern-Aspang. Die Wachau ist an Fotomotiven reich, aber neben Melk und Dürnstein zählt Aggstein, halb Burg, halb Ruine, zu den beliebtesten.

Und nicht minder beliebt sind seine Sagen! Tatsächlich hatte die Burg das Schicksal, immer wieder zum Raubrittersitz zu werden, was den mittelalterlichen Tratsch und Klatsch erblühen ließ. War schon Kloster Schönbühel im Volksglauben der Wachauer eine Art Sühnebauwerk für den Vor-

Burgruine Aggstein

gängerbau, das von Geistern bewohnte Teufelsschloss, so ist Aggstein ein Symbol für den Niedergang der Rittertugenden. Vor allem die Kuenringer sollen für ihre Lehensherren – Babenberger und Habsburger – zur menschlichen Enttäuschung geworden sein. Immer wieder gab es wohl Zwist zwischen verschiedenen Gruppen, wobei eben hin und wieder der eine oder andere Kuenringer auf die falsche Seite gesetzt hatte. Wie überall, wo Burgen an einem Fluss stehen, sollen auch hier bei Aggstein schwere Ketten den Handelsschiffen den Weg versperrt haben, der nur durch Verzicht auf die wertvolle Ladung wieder freigegeben wurde.

Tatsächlich gab es mehrere Burgherren, die ihren Lehensherren nicht die Treue hielten. Der schlimmste war Jörg Scheck vom Walde, der die Gefangenen aus seinen Raubzügen und Überfällen verhungern ließ, ausgesetzt an einer Stelle seiner Burg, die er sein »Rosengärtlein« nannte.

Joseph Victor von Scheffel ist in Karlsruhe geboren worden, in Karlsruhe gestorben, was hat ihn aus dem Badischen in die Wachau getrieben? Er war sein Lebtag lang viel auf Reisen, fast nur in Deutschland, doch hier von Berlin bis Heidelberg, Lauenburg bis München. Und eben auch einmal in der Wachau – mit einem Aggstein-Gedicht hat er einem skurrilen, liebenswerten Sonderling ein kleines Denkmal gesetzt.

Joseph Kyselak, der unermüdliche Fußgänger und Autogrammschreiber, hat angeblich auch auf Aggstein seinen Schriftzug hinterlassen, und Scheffel hat ihn in die Reihe seiner Heldenballaden aufgenommen.

Der Aggstein.

...das poccstal hat angvangen tze ju wen her Jörg der Scheckh von Wald, des neebsten manntag nach unser Fraun tag nallivitatis, da von Crist gepurd warn ergangen MCCCXXVIII. Jnschriftstafel em dritten Tor der Burg.

un die erſten Lerchen fliegen
Und der Himmel freundlich lacht,
Hab' auch ich zu neuem Fliegen
Wanderſtab mich aufgemacht.
Dir gilt's heut, Kuenringer Veſte,
Aggſtein, wetterbraun und rot,

Joseph v. Scheffels literarisches Denkmal für Joseph Kyselak

98

Nun die ersten Lerchen steigen und der Himmel freundlich lacht,
hab auch ich zu neuem Fliegen wanderfroh mich aufgemacht.
Dir gilt's heut, Kuenringer Veste, Aggstein, wetterbraun und roth,
die gleich einem Geierneste auf die Wachau niederdroht.

Rezitiert man das, so muss man Wachau falsch betonen, so wie Scheffel wohl auch den Wiener Wald und den Neusiedlersee nach Art seiner Landsleute falsch betont hat. Und weiter geht's, Thema Rosengärtlein:

Mancher stand hinausgestoßen auf der Kuppe steilem Rand,
bis ihn Sturm und Wettertosen und der Hunger übermannt.
Mancher, seine Qual zu kürzen, zog den Sprung zur Tiefe vor,
wo zerschellt in jähem Stürzen bald sich sein Gebein verlor.

Also, das ist abgehakt, und jetzt geht es zu Kyselak, der offensichtlich auch im Badischen sich schon einen Ruf erworben hatte:

Schwer empört schau ich das wilde Denkmal wilder Menschenart.
Sieh – da wirkt versöhnlich milde auch ein Gruß der Gegenwart.
Schwindlig ob des Abgrunds Schauer ragt des höchsten Giebels Zack
und am höchsten Saum der Mauer prangt der Name – Kiselak!

Dazu hat Anton von Werner eine Illustration geschaffen – Kyselak malt seinen Namen, hier leider falsch, egal. Der berühmte Fußreisende selbst berichtet zwar ausführlich von seinem Aggsteinbesuch, aber er erwähnt nicht, dass er hier seinem Autogrammsteckenpferd nachgegangen sei.

Hingegen berichtet er vom Eindruck, den ihm bei Spitz die Teufelsmauer gemacht hat, auch sie Grundlage einer Sage: »… erblickte ich am linken Ufer die bekannte Teufelsmauer, eine zwischen 3 bis 5 Klafter breite, zur Bergspitze fortlaufende Felsenwand, die mit einer von Giganten erbauten Mauer die größte Ähnlichkeit hat.« Und Joseph Kyselak erzählt auch von einer zwar sagenhaft bekannten, aber realen Weinlage: »Unten tiefer erscheint der weinreiche Markt Spitz, um einen Hügel gebaut, dessen Trauben allein jährlich bei mittelmäßiger Ausbeute 1.000 Eimer Most bringen.« Das alte Maß »1.000 Eimer« hat eine Menge von 56.000 Litern ergeben! Der kleine Berg ist auch ein Vergnügen fürs Auge – mögen die

steilen Hänge da oder dort zu Mitleid mit den Hauern führen, denen man doch sehr viel verdankt, so wirken hier die steilen Terrassen wie Kaskaden, die den Hügel herunterstürzen.

Man kann es nicht glauben, aber es gehörte zum Sagenschatz der Kuenringerzeit: Von Aggstein nach Dürnstein soll es einen unterirdischen Gang gegeben haben, der die beiden Burgen verband und schützte, aber unter der Donau? Das wird wohl schon in Richard Löwenherzens Tagen kaum jemand geglaubt haben, zu ihm kommen wir bald.

1908 hat man hier einen Fund gemacht, der tatsächlich eine Sensation war. Die Venus von Willendorf ist vor 25.000 Jahren geschaffen worden, am Höhepunkt der Eiszeit. Der eminente Wert der 11 Zentimeter hohen Skulptur verhindert, dass sie öfter öffentlich gezeigt wird. Sie existiert in zahllosen Kopien, das Original schlummert in einer Hochsicherheitsvitrine in Wien im Naturhistorischen Museum. Der Ort Willendorf wird nicht allzu viele Vorteile aus dem berühmten Namen ziehen können, er lebt wie alle Gemeinden in diesem Tal vom Tourismus, vom Weinbau und vom Obstbau.

Schifffahrt auf der Donau

Nun sind wir schon so weit vom Ursprung der Donau im Schwarz-
wald entfernt und haben nur wenig an die Transportmittel gedacht,
die solche Reisen erst möglich gemacht haben und machen. Nach
Grein hat man in Spitz an der Donau die nächste Gelegenheit.
Hier steht das Schifffahrtsmuseum, und der Bau alleine führt den
Besucher weit zurück in Österreichs Geschichte, zu den bayrischen
Wurzeln.

Im 13. Jahrhundert erwarb das Stift Niederaltaich einen Hof in Spitz,
zum Zweck der Bewirtschaftung der Weingärten des Klosters. Nach
und nach wurde das Gebäude zum Schloss, mit einer Kapelle, prächtig ausgestattet im frühen 18. Jahrhundert, wurde zum Sommersitz
des Prälaten. Seit 1970 dient das Schlösschen als Museum.

Wie so oft in solchen Fällen ist auch hier ein Besessener am Beginn
gestanden, ein Spitzer aus alter Holzhändlerfamilie. Spitz+Donau+Holz,
das ergibt zwangsläufig Interesse für Schiffbau und Schifffahrt. Herr
Meißinger hat alles gesammelt, was zu diesen Themen passt und schließlich fand er auch noch einen idealen Partner für sein Steckenpferd.
Der Architekt und Modellbauer Kurt Schäfer hatte große Erfahrung
auf diesen Gebieten, er hatte in umfangreicher Forschungstätigkeit
umfassende Kenntnisse erworben. Seine Schiffsmodelle im Maßstab
1:20 und Herrn Meißingers Sammlungen wurden nun gemeinsam zum
Museum im Schloss Erlahof.

Da gibt es das Schiffswrack von Altenwörth, gesunken um 1810. Wie-
deraufgetaucht dank Baggerarbeiten für ein Kraftwerk und in herrlich
theatralischer Weise ausgestellt bietet es den Blick auf ein Original.

Daneben finden sich hier zahlreiche Modelle – der Kehlheimer,
das größte der einstigen Holz-
schiffe auf der Donau, die Roß-
plätte, mit der man die Pferde
beförderte, prächtige, sogenannte
Leibschiffe, wie sie nicht nur dem
Transport der Oberen Zehntau-
send, sondern auch der Repräsentation dienten, und natürlich
auch die Ulmer Schachtel.

»Theresia«

Eines dieser Modelle verlangt aber besondere Aufmerksamkeit – die »Theresia«. Österreich leistete sich keine ständige Kriegsflotte, weder auf den Meeren noch auf der Donau. Die Geschichte der Marine der habsburgischen Länder ist geprägt von Querelen, Hilferufen nach mehr Geld, Notkäufen in Krisenzeiten, Ärger über Finanzminister, Übermut der Ämter. Stand der Feind vor der Grenze, wurde schnell gebaut, die so entstandene kleine Flotte aber nach Beendigung der Feindseligkeiten wieder zerlegt, und manchmal noch früher.

Aber der Kaiser wollte dennoch zeigen, dass er auch auf diesem Gebiet die Nr. 1 war. 1768 wurde in Wien die »Theresia« gebaut, ein prachtvolles Kriegsschiff, das schön anzusehen und ansonsten ohne Sinn und Aufgabe war. So lag es bewundert 21 Jahre lang in Peterwardein vor Anker, doch dann hatte der Kriegsgott ein Einsehen und brachte Josef II. auf den Gedanken, es dem Sultan noch einmal so richtig zu zeigen. Die »Theresia« setzte ihre Segel und stach, nicht in See, aber in Fluss, und kam nach Belgrad. Die Stadt sollte wieder einmal den Osmanen entrissen werden, das ist auch gelungen und daran hatte die Fregatte »Theresia« wesentlichen Anteil, verfügte sie doch über 38 Kanonen. Der Krieg ging zu Ende, Josef II. starb und sein Nachfolger Leopold II. hielt sich an die Tradition und machte der »Theresia« ein Ende.

Aber sie ist wiedererstanden. Der begnadete Modellbauer Dr. Kurt Schäfer setzte sich auf ihre Spur und fand die alten Baupläne. Zwölf Jahre wurde nun gebaut, mit eigens entwickeltem Werkzeug, neuer Technik. Das Modell des Prunkschiffs ist nicht nur ein besonders schönes Exponat des Museums geworden, sondern überhaupt ein Paradestück seiner Art. 2001 hat es beim Internationalen Modellbauwettbewerb in London die Goldmedaille errungen.

Der erste Kapitän, der 1768 den Stapellauf der Fregatte geleitet hatte, der die »Theresia« mit Recht als sein Kind ansah, war Obrist-Wachtmeister von Magdeburg. Auch sein Sohn wurde Offizier, er hatte viele Jahre später in der Schlacht von Aspern eine wesentliche Funktion.

1832 sah sich der Ort Spitz in ungewöhnlicher Funktion. Der Freiheitskampf der Griechen gegen die jahrhundertelange osmanische Herrschaft begann 1821 und löste europaweit Begeisterung aus.

Ein Jahr später eroberten die Revolutionäre die Stadt Nauplion, im Altgriechischen Nauplia. 1829 wurde sie zur Hauptstadt erklärt und 1833 zur Residenz des neuen Königs von Griechenland, Prinz Otto von Bayern.

Für ihn stellte man eine eigene Truppe auf, die aus seinem Heimatland und verwandten Landschaften kommen sollte – dazu zählten auch das Waldviertel und das Mühlviertel. Die Freiwilligen sammelten sich zur Abreise in zwei Häfen an der Donau – in Passau und in Spitz. Heute wie damals wird ein Lied gesungen, das diesen Abschied meint, den Weg in die Ferne, die Fremde: »Das Schifflein schwingt si

Das Wachauer Schifferlied – von Spitz an der Donau auf den Peloponnes

dani vom Land, ade, mein Schatzerl, gib mir deine Hand, ade …«

Weil wir schon beim Thema Lyrik sind und bei der Geschichte der Donauschifffahrt:

Friedrich Schiller beschreibt die Flüsse Europas, da kommen zum Beispiel die Menschen am Main gut weg – Frankfurts alte Patrizierfamilien. Die Elbe wird wegen der guten Sprache ihrer Umwohner gelobt – und für die Bayern und Österreicher hat er folgendes elegische Distichon bereit:

Mich umwohnt mit glänzendem Aug' das Volk der Phaiaken –
Immer ist's Sonntag, es dreht immer am Herd sich der Spieß.

Also, hier wird gelebt, gegessen, getrunken, wohl wenig gedacht. Doch man soll diese beiden Zeilen wie die gesamte Sammlung mit dem Humor verstehen, mit dem sie auch verfasst sind. Ein anderer Donauklassiker:

Kein Lied war je so schön, wie das vom
Donaudampfschifffahrtsgesellschaftskapitän.
Er fährt die Donau lang
Und alle Mädchen, die ihn sehen, werden liebeskrank.

DONAUFÜHRER
ERSTE DONAU-DAMPFSCHIFFAHRTS-GESELLSCHAFT
WIEN III.

Karl Loubé, Melodie, und Erich Meder, Text, haben sich nicht ganz den glänzenden Ruf Schillers erworben, aber dafür – also, die Tantiemen dürften sich seinerzeit gelohnt haben. Peter Igelhoff, Peter Alexander, Karel Gott, Heinz Conrads – alle haben sie diesen endlos langen Kapitän besungen.

Auf der Donau will jeder gern fahren,
denn die Gegend ist wunderbar schön,
doch das Schicksal soll einen bewahren,
dass man nicht am Ende fährt als Kapitän.

Dass »Kapitän auf der Donau« ein filmreifes Thema war und eventuell auch noch immer ist, das kann man verstehen. »Donauschiffer«, gedreht 1938 mit Attila Hörbiger und Hilde Krahl, Regie Robert A. Stemmle, ein Produkt der Wien-Film, war solch ein Erfolg. 1974 hat die DDR einen ungarischen Film produziert, »A duna hájos«, »Der Donauschiffer«, der in Dänemark seine Welturaufführung erlebte. Selbst in Heimatfilmen, in denen die Donau höchstens als Komparserie im Hintergrund mitspielen durfte, hat sie sich dennoch in den Vordergrund gespielt – in »Der Orgelbauer von St. Marien«, mit Paul Hörbiger, Gerlinde Locker, Oskar Sima, da wurde sie besungen, »Die alten Donauschiffer« heißt das Lied. Und »An der Donau, wenn der Wein blüht« war und ist vielleicht sogar noch immer das Lieblingslied mancher Filmnostalgiker, für Hitlers Nr. 2 war es der absolute Hit, für Hermann Göring. Das Fernsehen hat sich natürlich auch des Themas bemächtigt, mit einer TV-Serie noch in Schwarz-Weiß – »Donaug'schichten«, mit Theo Lingen und Christiane Hörbiger und Willy Millowitsch, und Jahre später mit der »Donauprinzessin«. Und in allen diesen Filmen und TV-Filmen gab es fesche, wackere Kapitäne, deren Hauptprobleme eher im Erotischen als im Nautischen lagen.

»Donauschiffer«, 1938 – Attila Hörbiger und Hilde Krahl

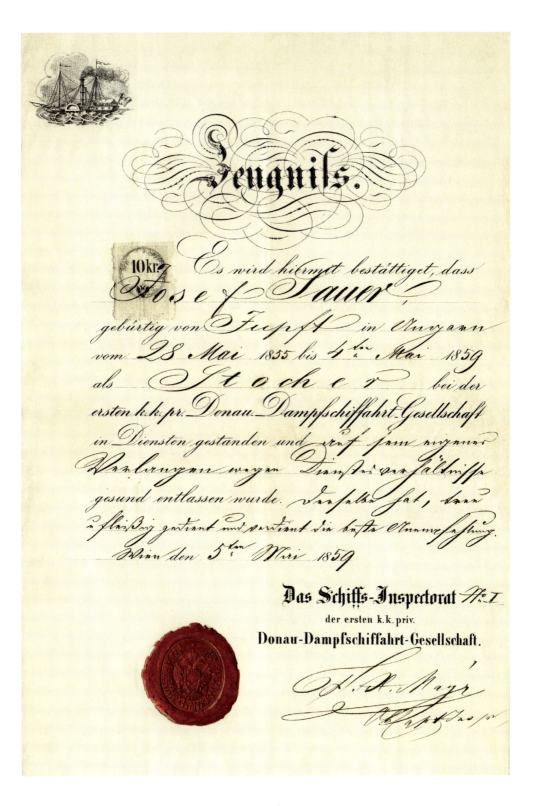

Zeugnis.

Es wird hiermit bestättiget, dass
Josef Tauer,
gebürtig von *Fünf?* in Ungarn
vom *28 Mai* 1855 bis *4ten Mai* 1859
als *Stocher* bei der
ersten k.k. pr. Donau-Dampfschiffahrt-Gesellschaft
in Diensten gestanden und *auf sein eigenes*
Verlangen wegen Dienstverhältniss
gesund entlassen wurde. *Derselbe hat, dann*
fleißig gedient und verdient die beste Anmerkessung.
Wien den 5ten Mai 1859

Das Schiffs-Inspectorat *N° I*
der ersten k.k. priv.
Donau-Dampfschiffahrt-Gesellschaft.

Die wirklichen Kapitäne – das ist eine andere Geschichte. Der »Almanach für die Erste k. k. priv. Donau-Dampfschiffahrts-Gesellschaft 1891« hat in der langen Liste seiner Themen auch den »Club der Capitäne«, gegründet 1888. Er zählte in diesem Jahr 130 Mitglieder, allesamt klarerweise Kapitäne. Die Namensliste seiner Funktionäre wirkt wie ein Spiegelbild von Österreich-Ungarn: Präses: Sándor von König, Hafencapitän. Vizepräses: Leopold Schock, Bureauchef. Quästor: Coloman Szerenyi, Capitän. Cassier: Carl Reichl, Capitän. Ausschüsse: Victor Enökl, Alexander Lingauer, Ladislaus Lorbeer und Franz Mayer, Capitäne.

Das schier endlose Personalregister umfasst 26 engbedruckte Seiten, von Abdullah Ibrahim, Bureaudiener; Babic Zivam, Aushilfsschreiber; über Katter Johann, 2. Steuermann; und Querasser Alois, Hilfssteuermann; bis zu Zwinogrodski Josef, Masch. cand.

Und wie war das anfangs? Auf der römischen, der pannonischen Donau waren die Bedingungen ähnlich denen auf den Hochseeschiffen der Antike, und da war halt alles anders, als wir es uns in unserer hollywoodgetränkten Phantasie vorstellen. Vor allem – es gab nicht die schwitzenden, geprügelten Sklaven, die an Ruderbänke angeschmiedet auf die Rettung durch Spartacus oder Ben Hur warteten. Die Galeerenstrafe wurde erst im 15. Jahrhundert erdacht. Ein frühes Zeugnis für ein Schiff der römischen Donauflotte zeigt ein Relief an der Trajanssäule in Rom, der columna Trajana, zu Ehren von Kaiser Trajan (98–117 n. Chr.) errichtet, eingeweiht im Mai 113. Sie steht als eindrucksvolle Erinnerung auf dem Trajansforum, ein lebendiges Zeugnis antiken Militärlebens. 2.500 Figuren, um die 60 Zentimeter hoch, geben Nachricht von Kleidung und Waffen und dem Kaiser selbst, der an die 60 Mal hier erscheint. Seine Figur an oberster Stelle ist nicht mehr zu sehen, sie wurde 1587 durch einen Heiligen Petrus ersetzt. Wer die in den langen Jahrhunderten, und vor allem, seit die Moderne mit Gestank und Abgasen dem imposanten Werk zusetzt, arg beschädigte Säule in ihren Details bewundern möchte, hat dazu in London Gelegenheit. Im Victoria-and-Albert-Museum gibt es eine Kopie.

Die classis Pannonica, später classis Histricae, überwachte den Abschnitt von Castra Regina/Regensburg bis Singidunum/Belgrad. Sie verfügte – auch hier haben wir die besten Zeugnisse aus Trajans Zeit – über 100 leichte und etwa 125 schwerere Schiffe. Die leichten Liburnen folgten ihrem Flaggschiff, der Trireme.

Der Flottenkommandant – praefectus classis – unterstand dem jeweiligen Statthalter. In der späten Antike gab es in Pannonien vier Legionen von »liburnarii«, die zu den Legionskommandos gehörten und keinen eigenen Truppenteil darstellten.

Das Museum für Antike Schifffahrt in Mainz hatte Glück – 1986 wurden zwei römische Militärschiffe, beide 15 Meter lang, gefunden. Acht Jahre später konnten sie gehoben und geborgen werden. Sie stammen aus der Zeit um 100 n. Chr. Im Römisch-Germanischen Zentralmuseum in Mainz kann man sie besichtigen. Dort kann man auch andere Schiffe der Römischen Rheinflottille sehen, die sogenannten Mainzer Römerschiffe, und auch Nachbauten in Originalgröße, und so kann man sich ein Bild vom Römischen Flottenwesen insgesamt machen – und erfährt natürlich auch vieles zum Thema Donau.

Die folgenden Jahrhunderte haben der Donauschifffahrt keine Neuerungen gebracht, die Gefahren blieben seit der Zeit der Römer dieselben.

Dieser Handelsweg führte nach Griechenland, ja bis nach Indien. Seit Jahrhunderten wurden so die im Norden stationierten Truppen Roms versorgt. Felle, Metall, Salz, Bernstein wurde transportiert, und nicht einmal die Völkerwanderung konnte diesem Handelsweg ein Ende bereiten. Erst die Eroberung von Konstantinopel und die sukzessive Einnahme der Balkanländer durch die Osmanen brachte den Osthandel über die Donau zum Erliegen. Aber immer noch war die Donau, auch nach der Schlacht von Mohács 1526 und dem Beginn der türkischen Vorherrschaft in Ungarn, für die österreichischen Heere von großer Bedeutung.

Das Salzkammergut lieferte nicht nur Salz, sondern auch hochwertiges Holz und ebenso verarbeitetes Holz – Schiffe. Die Werft von Gmunden baute Schiffe für die kaiserliche Donauflotte, deren Hauptaufgabe der Kampf gegen die Osmanen war. Eine Gmundner Spezialität waren die Nassaden: flache, schmale, bewaffnete Ruderboote, die sich speziell für die Verwendung auf Flüssen geeignet haben. Alleine 1535 wurden 28 Nassaden geliefert! Das war eine Folge der Erfahrungen von 1529 – Sultan Soliman war mit großem Heer und etlichen hundert Nassaden vor Wien angekommen. Die Zahlenangaben dieser türkischen Nassadenflotte schwanken zwischen 200 und 800.

Die völlige Niederlage Ungarns bei Mohács 1526 brachte der österreichischen Donauflottille ungarische Mannschaften und ungarisches Knowhow. Das war äußerst wertvoll, denn 1495 hatte Kaiser Maximilian I. in Wien mit dem Aufbau einer Donauflotte begonnen.

Ihre Bedeutung wurde immer klarer, bei der Zweiten Türkenbelagerung war sie von großer Wichtigkeit. Zwar konnte sie nicht vor Wien in den Kampf eingreifen, aber sie ermöglichte umfangreiche Transporte zwischen Regensburg, Passau und Linz. Auch Prinz Eugen bediente sich der Donauflottille.

Die Nassadisten wurden 1590 in »Tschaikisten« umbenannt, das Wort kommt aus dem Slawischen, Tschaike war der Name ihrer Schiffstype. Dessen Ursprung ist nicht geklärt, er könnte im Russischen liegen – »Möve«.

Diese Schiffe verfügten über Ruder, aber auch über Segel, sie waren zwischen 10 und 23 Meter lang. Das Tschaikistenbataillon wurde 1850 Teil der Donauflottille, die aber wurde 1865 abgeschafft. Im Kriegsjahr 1866 hätte man sie gut brauchen können.

Die Beziehung des offiziellen Österreich zum Marinewesen war eben immer problematisch. So gab es also auch auf der Donau keine ständige Kriegsmarine. Brauchte man plötzlich Schiffe, so wurden sie in aller Eile beschafft oder hergestellt, war die Gefahr vorbei, dann war auch das nautische Interesse erloschen.

Maria Theresia war da weniger kurzsichtig und ließ den Bau von Segelschiffen planen, der Mainzer Schiffsbaumeister Matthäus Hepp bekam den Auftrag und eine Werkstatt in Wien. Er hatte, wie zu erwarten gewesen war, mit dem Widerstand der einheimischen Kollegen zu kämpfen, dennoch baute er in seiner zweiten Werkstatt in Karlovac einige Schiffe, die später im Türkenkrieg zum Einsatz kamen. Eine wesentliche Neuerung entstand in Wien am Schanzl, dem heutigen Schwedenplatz – Hepp ließ Ladekräne errichten. Zu einem konsequenten Aufbau einer Marine, sei es auf den Flüssen, sei es auf dem Meer, kam es dennoch nicht.

Und so war es immer wieder. Auch nach den schlimmen Erfahrungen von 1866 entschloss man sich wieder zur Schaffung einer schlagkräftigen Flussstreitmacht.

Ganz anders war naturgemäß die Entwicklung der zivilen Schifffahrt auf der Donau. Der Gütertransport über den Fluss war sicherer als jener auf den oft verschlammten, unbrauchbaren Straßen. Allerdings galt es immer wieder, an die Städte und die jeweiligen Landesherren Zölle zu entrichten und Stapelrechte zu bezahlen.

Die Fahrt stromabwärts, Naufahrt, mit der Strömung also, scheint auf den ersten Blick die angenehme Form der Flussschifffahrt – aber die Strömung war an vielen Stellen sehr eigensinnig. Das Schiff einfach anzuhalten war nicht möglich. Mit langen Steuerrudern aus starkem Holz trachtete man, der Strömung den gewünschten Weg abzuringen, durch Stromschnellen, Strudel und Wirbel, und erfahrene Schiffsleute fürchteten oft ebenso sehr um ihr Leben wie jene Passagiere, die sich auf eine Vergnügungsreise gefreut hatten. Frances Trollope schreibt, nur zwei Tage nach der euphorischen Schilderung ihrer ersten Donau-Erfahrung:

> »O verräterische, lockende Donau! Wie lieblich lachtest du, als du uns einludest, uns deiner launenhaften Freundlichkeit anzuvertrauen! Wie völlig übersahen unsere harmlos zutraulichen Naturen diese Packkiste, in welche uns aufzustapeln dein geheimer Vorsatz war, während wir deine lieblichen Wirbelgrübchen und dein heuchlerisches Lachen betrachteten! Statt uns, wie zuvor, das strahlende Antlitz der Hoffnung zu zeigen, hat dieser abscheuliche Fluß jetzt die trübe Bleifarbe der Verzweiflung angenommen … Sechs Stunden lang haben wir dieses Martyrium ausgehalten.«

Was war geschehen? Das Ordinarischiff, zu ihm kommen wir gleich, war in ein Unwetter geraten, Donner, Regen, Blitze. Nun sitzt die ganze Passagiertruppe dicht gedrängt in dem Holzverschlag, der diesen Ordinarischiffen den Spitznamen verliehen hat – Ulmer Schachtel. Ab dem Jahr 1696 konnte man regelmäßig mit diesem auch Schwabenplätte genannten Wasserfahrzeug von Ulm nach Wien fahren. Der allwöchentlich einmal gefahrene Kurs begann mit dem Ende des Winters, wenn man nicht mehr das Eis fürchten musste, und ging bis zum Katharinentag, dem 25. November. Hatte man Glück, so wurden die 660 Kilometer in sechs bis sieben Tagen zurückgelegt, hatte man Pech, dauerte es gerne 14, ja auch 20 Tage. Neben dem Gewitter, in dessen Genuss die Trollope kam, waren ja auch noch Nebel und Sturm möglich. Zudem fuhr das Schiff ja nur bei Tag, die Nacht hatte man am Ufer zu verbringen und den Gasthof musste man sich selbst suchen. Hatte man also ein Zimmer gefunden und hörte am nächsten Morgen, dass besseres Wetter abgewartet werden müsse, dann hieß es Geduld haben.

Frances Trollope und ihre Reisegefährten sind noch relativ gut davongekommen, bis Wien dauerte ihre Fahrt, freilich erst ab Regensburg, zehn Tage. In diesen zehn Tagen haben sie viele, auch unangenehme, Erfahrungen gemacht. Alles wird notiert, anschaulich beschrieben, oft durch eine Zeichnung festgehalten: »Soeben sind wir fünf schwerbelade-

Pferde und Reiter am Treppelweg.
Figurinengruppe von Helmut Krauhs. Schifffahrtsmuseum Spitz

nen Lastkähnen begegnet, die von zweiunddreißig Pferden stromaufwärts gezogen werden!«

Jetzt wissen die reisenden Engländer, was ein Treppelweg oder Treidelweg ist. Stromaufwärts ein Schiff zu bewegen, erfordert ganz andere Kenntnisse und Bedingungen als stromabwärts. Das war nur mit Hilfe von Pferden möglich – bei einem einfachen Kahn mag eines genügt haben, ein Zug mehrerer Schiffe benötigte bis zu 60 Pferde. Und dazu brauchte man einen gut ausgebauten Treppelweg. Bei günstigen Wetter- und Wegbedingungen legten Schiff und Mann und Roß am Tag 20 bis zu 30 Kilometer zurück. Die Rösser waren geschult worden, konnten über Geröll klettern, über Zillenränder springen, durften den Weg durch Wasser nicht scheuen. Man vermag sich den Wunsch der Schiffsherren wie der Vorreiter gut vorzustellen, es möge eine andere Möglichkeit entdeckt oder erfunden werden, um flussaufwärts bequemer voranzukommen. Der Versuch, statt Pferden Ochsen einzusetzen, ist immer wieder gescheitert.

Jedes zweite Pferd wurde geritten, der Vorreiter an der Spitze hatte bei Furten mit einem Stab die Wassertiefe zu prüfen. An manchen Engstellen war mit Pferden nichts zu machen, dann musste Menschenkraft her. Das war ein Problem – kurzfristig eingestellte Hilfskräfte waren oft unerfahren, aber geldgierig und von der schweren Arbeit wenig begeistert. Also wurden die Schiffmeister erpresst.

Josef II. ließ also Strafgefangene antreten, die von Soldaten bewacht die Schiffe durch die kritischen Stellen zogen. Viele Projekte, Ideen, Hoffnungen befassten sich mit der Frage der Bergfahrt, ohne die Benutzung der Treidelwege, ohne ziehende Pferde oder Sträflinge.

Anton Löbersorger war ein »Bürgerlicher Groß- und Kleinuhrmachermeister« aus Zlabings, Mähren. Es gelang ihm, ein Patent für ein Schiff »ohne Anwendung thierischer Kräfte« zu bekommen, das gegen den Strom fahren sollte. Der Uhrmacher hatte sich aber leider ebenso zu viel vorgenommen wie auch andere Erfinder, die mit ihren Vorschlägen scheiterten.

Der Wiener Buchhändler Franz Gräffer beschreibt in seinem Buch »Kleine Memoiren« so einen Versuch – »Die gräflich Batthyanysche Wassermaschine«. Seine Memoiren sind eine reiche Quelle für Eindrücke vom Alltag um 1800, da finden wir Napoleon, berühmte Künstler, Sonderlinge.

»Den 17. September 1797 sprach man in ganz Wien von nichts anderem als von dem Batthyanyschen Schiff. Der Graf Theodor Batthyany war ein eifriger Freund technischer Erfindungen. Er war aber auch Kenner, arbeitete selbst mit und verwendete große Summen, wenn

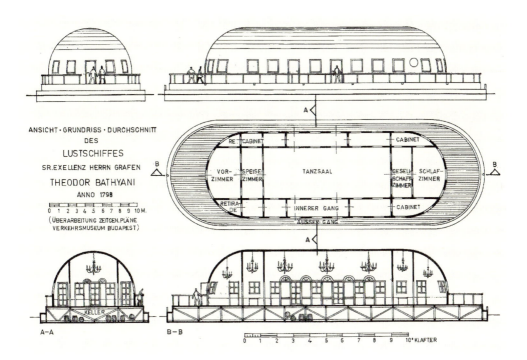

Das Batthyanysche Wunderschiff, 1798

es galt, der vaterländischen Industrie zu nützen. Lange trug er sich mit der Idee einer Vorrichtung, stromaufwärts zu fahren ohne Ruder und derlei gewöhnlichen Behelf. Nun, heutzutage lächelt man freilich darüber.«

Der Graf hatte sich einige Jahre vorher ein Privileg, also ein Patent »auf Stromaufwärtsfahrzeuge« beschafft, nun war es so weit:

>»An jenem Septembertage erfolgte eine eklatante Probe auf der Donau nächst der Brigittenau. Wiens Häuser und Gassen leerten sich, und die Sache ging vortrefflich. Das Fahrzeug mit der Lokomotive (damals sagte man ganz schlechtweg: Maschine) enthielt eine Last von siebenhundert Zentnern. Angehängt wurden ein achtzehn Klafter langer Kehlheimer und eine Schaluppe, zusammen vierhundertfünfzig Zentner schwer. In einem Nu schoß der ganze Zug aufwärts, ohne das allermindeste Hindernis. Stürmischer Beifall von allen Seiten.«

Theodor Batthyany war erleichtert, ja froh, wird berichtet. Er hatte sehr viel Geld in diese Entwicklung gesteckt. Allerdings erzählt Gräffer: »Von den weiteren Erfolgen dieser Unternehmung fällt mir nichts bei.« Es hätte ihm dennoch etliches »beifallen« können, denn Batthyany gab nicht so schnell auf und ließ weiterbauen, zahlreiche Zeitungsberichte und der Humorist Richter, der für seine »Eipeldauer«-Briefe bekannt und beliebt war, erzählen davon.

Dieser letztlich erfolglose Versuch, eine moderne Form der Bergfahrt zu etablieren, war ein früher, aber nicht der erste. Um 1700 hatte man in England schon eine Art von Dampfmaschine, die man allerdings im Bergwerksbetrieb einsetzte. Der Erfinder Thomas Newcomen nannte sie »atmosphärische Dampfmaschine«, mit ihr war man in der Lage, große Wassermengen aus den Stollen abzupumpen.

Noch hatte James Watt seine Dampfmaschine nicht erfunden, da konstruierte der Baumeister Joseph Emanuel Fischer von Erlach, der Sohn des noch ein wenig bedeutenderen Johann Bernhard, seine Feuermaschine, er war ja auch »mechanicus«. Auch sie diente im Bergwerk, zur Entwässerung. Die Schifffahrt hatte noch nichts von dieser Erfindung. Aber man kam der Problemlösung immerhin ein wenig näher.

Batthyány war an der Donau mit seinem Projekt nicht der Erste, schon 1778 reichte ein – leider – Unbekannter seinen Plan für »bâteaux par les machines à feu« ein. Er hatte ein Modell gebaut, es lag in der Leopoldstadt am Ufer des heutigen Donaukanals vor Anker. Aber er hatte einen zweifelhaften Ruf, galt als »aventurier«, als Glücksritter, Abenteurer, wurde nicht ernst genommen. Und so geriet sein Dampfschiff in Vergessenheit.

Das widerfuhr auch dem Projekt des ungarischen Grafen, wiewohl es zu Beginn vielversprechend ausgesehen hatte. Batthyany nannte sein Schiff »bucintoro«, gab ihm also den für Prunkboote allgemein gebräuchlichen Namen des Dogenschiffs, den sich schon Erzherzog Ferdinand von Tirol auf dem Achensee ebenso geliehen hatte wie August der Starke auf der Elbe. Dieser Wiener »bucintoro« hatte das Aussehen eines mächtigen Wals, und er hatte angeblich ein Geheimnis. Er verfügte nämlich trotz anderslautender Berichte von Augenzeugen nicht über eine Feuermaschine, er soll von einem Mechanismus in Gang gehalten worden sein, dem Ochsen ihre Kraft liehen. Wie zehn oder 20 Ochsen diese 1.150 Zentner im Rade trippelnd bewegt haben sollen? So wird es wohl nicht gewesen sein. Wahr hingegen war die Ausstattung dieser Schiffe – prächtig! Tanzsäle mit Spiegeln und allem Prunk erwarteten ihr Publikum.

1828 reichte Napoleon Zanetti einen Plan ein, sein »mechanisches Schiff« sollte ohne Dampf funktionieren, doch auch da – keine überlieferte Information.

Indessen hatte sich längst ein anderer Erfinder an anderer Stelle durchzusetzen vermocht, Robert Fulton mit »The North River Steamboat of Clermont« im Jahr 1807. Das war der tatsächliche Beginn der Flussdampfschifffahrt. Er hatte wenig verheißungsvoll begonnen, die erste Demonstration 1803 auf der Seine endete auf dem Grunde des Flusses. Die Kolbenkraft war für das Holzboot zu stark gewesen, es zerbrach.

Die Dampfmaschine wurde aus dem Wasser geholt, ein neues Boot wurde mit ihr ausgestattet, jetzt war Land in Sicht. Selbst Napoleon war beeindruckt, äußerte gegenüber dem Amerikaner Fulton, seine Erfindung könne das Aussehen der Welt verändern – und lehnte eine Unterstützung ab. Der Erfinder kehrte in seine Heimat zurück und hatte dort Erfolg mit seiner »Clermont«.

Man war in Wien über diese Entwicklungen informiert und an ihnen interessiert, aber das Geld war knapp, die Kriege gegen Napoleon hatten 1811 zum Staatsbankrott geführt. Auf die Idee, die »Clermont« einfach nachzubauen und auf der Donau einzusetzen, dürfte niemand gekommen sein. Das ist eigenartig, denn hierzulande gab es kein Patent, das den Nachbau verhindern hätte können.

Endlich hatte ein Erfinder auch in Österreich einen nachhaltigen Erfolg, ein Ungar österreichisch-deutscher Abstammung, Anton Bernhard aus Fünfkirchen. Die Probefahrten hatten 1818 auf der Donau stattgefunden, die »Carolina« war in der Lage, auch mit großer Belastung, 350 Zentner, von der Brigittenau stromaufwärts anstandslos zu fahren. Zur selben Zeit kamen zwei Franzosen mit einem weiteren Vorschlag, Meras de St. Leon und Philippe Henri de Girard. Ihre »Duna« war noch stärker als die »Carolina«, sie schleppte auf der Probefahrt Pest–Komorn im Herbst 1818 1.000 Zentner Nutzlast mit sich! Und nun war es so weit – sowohl die Franzosen als auch der österreichische Ungar Bernhard bekamen ihr Patent, ihr Privileg, mit Wirksamkeit ab dem 31. Dezember 1818 für 15 Jahre.

Am 14. April 1823 fand die konstituierende Sitzung einer Donaudampfschifffahrtsgesellschaft statt. Einer der gründenden Herren verdient besondere Aufmerksamkeit, Peter von Bohr. Der 1773 geborene Luxemburger Zeichner und Maler kam 1814 nach Wien und heiratete 1821 Gräfin Mathilde von Christalnigg. So gelang ihm der Aufstieg in die erste Gesellschaft, ein Wunder, bedenkt man die sozialen Schranken dieser Zeit. Der Staatskanzler Clemens Metternich wurde sein Freund und der noch schwerer erreichbare Kaiser ebenso. Franz I. von Österreich fand an dem umtriebigen Mann Gefallen. Und der Habsburger war ja nun wirklich kein Freund von Schein und listigem Trug. So kann man sich also irren.

Aber natürlich, Bohr war Mitbegründer der Ersten Österreichischen Sparkasse, der Nationalbank, des Polytechnischen Institutes – das ist die spätere Technische Hochschule, und eben auch der Donaudampfschifffahrtsgesellschaft. Viele Jahre lang führte er sein aristokratisches Leben, viele Jahre lang konnte er seinen Status als Inbegriff eines Parvenus, eines zugegeben erfolgreichen Glücksritters verbergen. Er war alt, als herauskam, dass sein Erfolg, sein Reichtum mit seiner ursprünglichen Profession zu tun hatte, dem Zeichnen. Er war ein genialer Geldfälscher. 1845 entdeckt, wurde er 1846 zum Tod verurteilt – und von Kaiser Ferdinand begnadigt. 1847 ist Bohr gestorben.

In diesem Jahr lebte die Gesellschaft, die er mitbegründet hatte, schon lange nicht mehr. So gut es begonnen hatte, so schlecht ging es weiter. Die

Der Kapitän und seine Offiziere

Aktien fielen und fielen, 1825/26 war die Gesellschaft am Ende. Aber schon nach wenigen Jahren wurde abermals zur Gründung einer Nachfolgegesellschaft aufgerufen, sie trat am 13. März 1829 ins Donauleben und nannte sich nun Erste Donau-Dampfschifffahrts-Gesellschaft. Und sie hatte Erfolg. Ihr konsequenter Aufstieg führte sie 1880 in die Position der größten Binnenschifffahrtsgesellschaft der Welt.

Das 20. Jahrhundert mit den beiden Weltkriegen und dem Untergang der Monarchie Österreich-Ungarn brachte dem Unternehmen viele Probleme, endlich zu viele Probleme. Mehrfacher Besitzerwechsel, Aufteilung in Fracht- und Personensparte, mehrere Nachfolgefirmen waren die Folge, 1990 kam das Ende.

Heute allerdings hat eine dieser Firmen eine wirtschaftliche Konsolidierung erzielt und dem alten Unternehmen seinen traditionellen Namen wiedergegeben.

Blickt man zurück auf die lange Geschichte der Donauschifffahrt, so muss man abschließend sagen, dass der österreichische Anteil an den doch beachtlichen Leistungen nicht sehr groß war. Prinz Eugen und sein Befehl, eine Donauflottille aufzustellen – Europäer, etwas Franzose, etwas Italiener, am Ende immerhin doch Österreicher. Und sonst?

Matthäus Hepp aus Mainz, Freiherr von Repke, der oberste Schiffmeister – ebenso ein Deutscher, Seeleute aus Hamburg, Pallavicini aus Bologna, Erik Ahsberg aus dem Ostseehafen Wismar, ein Abenteurer aus Luxemburg, Franzosen, Engländer. Auch die Geschichte der DDSG ist ja eine nicht nur österreichische, bei allen Erfolgen, mit allen Pannen.

An einer wirklich heiklen Situation war die DDSG ganz und gar unbeteiligt und unschuldig. Der kaiserlichen Yacht »Adler« widerfuhr, was jeder Donaureisende befürchtete. Und es war nicht die Brautfahrt, und Franz Joseph I. war dabei, es war anders als oft berichtet.

Franz Joseph und Elisabeth hatten den ersten Sommer nach ihrer Hochzeit in Ischl verbracht. Der junge Kaiser hatte nicht nur eine schöne junge Frau, er hatte soeben auch ein neues Spielzeug bekommen und wollte es präsentieren, die Yacht »Adler«. Doch man ist in Sorge wegen des niederen Wasserstands der letzten Tage. Der Generaladjutant Graf Grünne und der zuständige Marinefachmann Oberst Anton von Mollinary, er stand inmitten einer eindrucksvollen Karriere, beraten. Aber als sich das Wetter bessert, der Wasserstand ein wenig gestiegen ist, beschließen sie, dem Wunsch Seiner Majestät zu folgen. Am 20. September besteigt das Kaiserpaar die neue Yacht in Linz, lässt sich die Neuanschaffung zeigen und fährt dann munter wienwärts, bis ein Ruck durch das Schiff geht. Die Yacht hat zwar den Wirbel gut überstanden, der hier bei St. Nikola zu den großen Gefahren gehört, aber sie hat den im Strom liegenden mächtigen Stein gestreift, genannt »das Roß«, der Wasserstand war eben doch zu nieder. Oberst Mollinary hat in seinen Memoiren diese Minuten in der Nähe von Grein beschrieben:

> »Die ganze Aufmerksamkeit der auf ihre Posten geteilten Equipage war auf den Kommandanten gerichtet, der, in der Hand das Sprachrohr, welches damals die Befehle in den Maschinenraum hinab vermittelte, hoch von der Brücke herab abwechselnd den Strom und die Steuerleute überwachte.

Schon war die Mehrzahl der gefährlichen Stellen passiert, nur noch ein letztes Riff übrig, dort wo der Strom eine Wendung macht. Plötzlich wird vom Hinterschiffe links ein Rauschen vernehmbar, gleichzeitig erfolgt von gleicher Stelle her ein Ruck, das Schiff hebt sich dort ein wenig, um aber gleich in seine normale Lage zurückzukehren und ruhig in dem nunmehr hindernisfreien Strome weiterzugleiten. Jede Gefahr schien glücklich überstanden.

Der Schiffskommandant jedoch war etwas bleich geworden. Den ersten Leutnant zu seiner Stellvertretung bestimmend, eilte er unter Deck, in der Richtung, von wo der Stoß erfolgt war. Mit einiger Aufregung sah ich seiner Rückkehr entgegen. Es dauerte nur wenige Sekunden, bis er wieder an Deck erschien. Er sah mich ernst an und nickte, ich wußte genug.«

Durch ein Leck dringt Wasser in den »Adler«. Sinken hätte er nicht können, denn ihn schützten acht wasserdichte Sektionen, von denen nur die erste beschädigt war. Der Kapitän hat den »Adler« dann unter dem Haussstein ans Ufer dirigiert und auf eine Sandbank gegenüber von St. Nikola gesetzt, die es auch noch heute gibt. Die kaiserliche Reisegesellschaft steigt um, denn dem »Adler« sind ja die »Hermine« und die »Flora« gefolgt, das Gepäck wird umgeladen, die Reise geht ihrem guten Ende entgegen.

   Also, das ist eine wahre Geschichte, die wohl oft und oft weitergegeben worden ist. Aber den gesamten Donaulauf entlang gibt es auch zahllose Sagen und Märchen, oft ähneln sie einander.

Nun haben wir uns weit von der Wachau entfernt, schuld ist das großartige Museum von Spitz. Von der Donau nordwärts führt der Spitzergraben, der zur Wachau gehört. Hier sind die Terrassen noch höher und noch steiler, und was dem Winzer noch mehr Mühe abfordert, bringt dem Besucher, Wanderer, Weintrinker noch mehr Freude. Der Wanderweg über die Höhen dieses Seitentals schenkt einzigartige weite Ausblicke. Bis zu 450 Meter Seehöhe steigt man auf, höher liegt kein Weingarten im ganzen Land an der österreichischen Donau.

   Im Talschluss und gerade noch in der Wachau liegt Mühldorf. Hier gibt es ein Bäckereimuseum, in dem man auch schön sitzt und die entsprechenden

Produkte nach der Theorie in der Praxis kennenlernt, und ein historisches Ereignis. 1886 kam eine kleine Delegation des Landtags von Niederösterreich nach Neuwied nahe bei Koblenz, heute in Rheinland-Pfalz, und besuchte den Sozialreformer Friedrich Wilhelm Raiffeisen. Die Herren befassten sich intensiv mit seinen Ideen und Leistungen, kehrten heim, referierten – und einer der Abgeordneten schritt zur Tat. Er war Bürgermeister von Mühldorf, und so gründete er hier nur wenige Monate nach den Neuwieder Tagen die erste Raiffeisenbank Österreichs.

Über dem Ort steht die Burg Oberranna, an die tausend Jahre alt und seit dem 16. Jahrhundert in ihrer heutigen Form erhalten. Das vorbildlich restaurierte Ensemble dient als Hotel.

Bei Stromkilometer 2017 fahren wir an Sankt Michael vorbei, mit der ältesten Pfarrkirche der Wachau und einer merkwürdigen Sage. Es soll hier einmal so stark geschneit haben, dass über das Kirchendach eine Gruppe von sieben Hasen laufen konnte, was derart großes Aufsehen erregte, dass man diese sieben Hasen als Keramik-Dachreiter auf das Kirchendach gesetzt hat. Es gibt auch noch andere, ähnlich glaubhafte Erklärungen für diese sieben Hasen, die in Wahrheit keine sind, was man selbst ohne Feldstecher erkennen kann. Aber dem mittelalterlichen Ort macht die Geschichte keinen Schaden und es gibt ja andere Attraktionen – vor allem die Orgel aus der Mitte des 17. Jahrhunderts, eine der ältesten Österreichs. Und jeder Reiseführer nennt auch den gotischen Karner, 1395, mit seinem Kreuzrippengewölbe.

Sagen und Märchen und Legenden gibt es ja überall – aber in der Wachau sind sie in noch größerer Dichte zu finden als sonst wo. Und so frage ich, wenn einmal das Ich gestattet ist, woran das liegen mag – ich

frage immer wieder und ich bekomme mehrfach die plausible Antwort: Ja, in anderen Gegenden, da mag es Weintrinker geben, die nach dem fünften Achtel ihre Erzählungen etwas ausschmücken und dann vielleicht beim nächsten Mal in ein bissel anderer Form weiter erzählen. Aber bei uns, frage nicht, da wird erzählt! – Aber richtig! Und dann gibt es ja noch was! In Bremen oder Hamburg wundert sich niemand über das Seemannsgarn – und da bei uns gibt es doch jede Menge Schiffsleut'! Da kommt also das eine zum anderen, und so haben wir eben so viele Geschichten … und vielleicht sind sie auch alle wahr.

Weißenkirchen ist schön. Und der Markt hat seine Schönheit durch Jahrhunderte zu bewahren gewusst. Da oder dort in manchen Orten haben Geldgier und Kurzsichtigkeit der lokalen Politiker zu unglücklichen Bauentscheidungen geführt, hier nicht. Rund um den eindrucksvollen Teisenhoferhof, die mächtige Kirche, stehen Häuser, führen Gassen, dass man sich in einem Film mit historischer Kulisse wähnt.

Der Hof entstammt der Mitte des 16. Jahrhunderts und ist Sitz des Wachaumuseums.

Weißenkirchen, Gemälde von Tina Blau

Weißenkirchen ist im stolzen Besitz von sage und schreibe genau 200 denkmalgeschützten Objekten, vom Winzerhof bis zum Bürgerhaus, der Wehrkirche bis zum Bildstock. Dass der Ort in glücklicher wirtschaftlicher Lage ist, kein Wunder.

1159 wurde die Pfarre vom Bischof von Passau dem Chorherrenstift St. Florian bei Linz übergeben. Und auch heute noch besteht die alte Verbindung, kommt der Messwein der Augustiner der Brucknergemeinde aus der Wachau, aus Weißenkirchen.

Leutold I. von Kuenring nannte seinen Besitz im Donautal »Vinea Wachau Nobilis Districtus«. Das heute durch ein Gesetz festgelegte Weinbaugebiet Wachau entspricht in seinen Grenzen diesem »Districtus«

und nennt sich konsequent »Vinea Wachau«. Das ist auch der Name einer Gruppe von Hauern, die sich verpflichtet haben, ausschließlich dem Wachauer Wein zu dienen.

Sie klassifizieren ihre Weißweine in drei Kategorien, deren Namen eng ihrer Landschaft verbunden sind: Steinfeder, ein Weißwein mit niedrigem Alkoholgehalt, leicht. Seinen Namen hat er von einer seltsamen Grassorte, die sehr leicht und weiß ist und oberhalb der Wachauer Weinberge gedeiht. Man trocknet dieses Gras und steckt es sich an den Hut, wie anderswo einen Gamsbart.

Federspiel, die nächste Klasse, hat einen etwas höheren Alkoholgehalt, zwischen 11,5 und 12,5%. Der Ausdruck kommt von der in der Wachau traditionellen Falkenjagd. Aus den Rieden mit dem stärksten Sonnenschein kommt die dritte, vornehmste Gruppe – Smaragd. Ihren Namen hat sie von den schönen Smaragdeidechsen, die sich auf diesen sonnigen Weinterrassen wohlfühlen und oft zu sehen sind. Das sind die besten und wertvollsten Weine der Wachau mit einem Alkoholgehalt ab 12,5%.

Wein und Wachau – das gehört zusammen. Und doch gibt es noch ein anderes Produkt der Landwirtschaft, diesem Tal eng verbunden – die Marille.

Wenn im Frühling die Marillenblüte eingesetzt hat, ist das ein Anlass für auch längere Anreisen. Die Bezeichnung »Wachauer Marille« ist sogar innerhalb der so kritischen EU gestattet und geschützt.

Nun sind wir schon beim zweiten typischen Wachauthema, und so können wir uns nach Wein und Marillen noch einem dritten zuwenden – der Tracht. Von der Steinfeder auf den Hüten der Männer war schon die Rede, aber noch nicht von den Goldhauben der Frauen. Solche Kopfbedeckungen gibt es auch in anderen Landstrichen, doch hier sind sie nicht wegzudenken, hier sieht man sie nicht nur an hohen Festtagen oder beim Trachtentreffen. Die Brettlhaube, so heißt sie zwischen Melk und Krems, war so allgemein bekannt, weil sie auch die Vorderseite der längst abgekommenen, gegen den € getauschten 10-Schilling-Münze zierte.

Da gibt es kleine Kunstwerke aus Brokat- und Goldspitzen, die in mühseliger Heimarbeit – die Sache ist nämlich kostspielig – selbst angefertigt wurden.

Die Frauenhaube ist jene von der 10-Schilling-Münze. Die Mädchenhaube hingegen ist eine Bogenhaube mit einer schwarzen Masche am Hinterkopf.

Dass in der Wachau der Fremdenverkehr neben der Landwirtschaft blüht, ist kein Wunder. Die Region und das Bundesland Niederösterreich lassen sich auch vieles einfallen, das dem Tourismus nützt – den Marillenkirtag und alle möglichen Weinfeste, und zur Sommerson-

Wachauer Männertracht.
Blasmusik in Spitz

nenwende lädt der Landeshauptmann zu einer Schiffsreise ein, die in die späte Nacht führt, vorbei an vielen Feuern auf den Höhen an den Ufern, inmitten einer Vielzahl von kleineren Schiffen und Booten, mit einem gewaltigen Feuerwerk als abschließendem Höhepunkt.

Eine Fähre von Weißenkirchen ebenso wie ab Dürnstein gestattet eine kurze Schiffsreise, bringt auf das rechte Ufer. Hier reiht sich ein Weinhauerort an den nächsten und alle zusammen bilden Rossatz.

Hier muss ein klassisches Wachauthema noch einmal angesprochen werden – der Obstbau. Vor allem ist es die Marille, die hier neben dem Weinbau für Wohlstand sorgt. Rossatz ist die größte Marillenanbaugemeinde Österreichs. Hier im Gasthaus zu melden, man möge keine Marillenknödel oder keinen Marillenstrudel – keine gute Idee. Die Wirte und Konditoreien bieten sogar Marillen-Chili-Suppen an, Marillen-Tiramisu, Marillenmarzipan und selbstverständlich Palatschinken mit Marillenmarmelade. Das Schiffmeisterhaus von Rossatz war ja schon im Vorwort dran, dazu ist also nichts mehr zu sagen.

Mittlerweile ist Frau Trollope mit ihren Reisegefährten fast an ein Ziel gelangt, das zu ihrer Zeit für sämtliche reisenden Engländer, und das waren viele, Pflicht bedeutet hat.

Mittwoch, 14. September 1836, hat sie in ihr Reisetagebuch geschrieben:

»Also nichts mehr von Marbach, denn es ist umso leichter zu vergessen, da wir seitdem an einem der interessantesten Punkte, die mein Auge je erblickt hat, vorübergefahren sind, und welchen wir eine lange Strecke Weges sehen konnten. In dem Augenblick, als das Schiff zu einem Flußbogen kam und den Blick freigab, wußte ich auch, daß die Burg, die so hoch und einsam auf dem Felsen thronte,

Dürnstein sei. Seine hohe und abgeschiedene Lage allein genügt, um den Eindruck unnahbarer Einsamkeit hervorzubringen. Als wir aber hinreichend nahe kamen, um die Beschaffenheit der Landschaft, in der diese Burg liegt, zu erkennen, überkam uns alle ein Gefühl des Mitleids, ja des Schauderns, und wir fühlten, daß Richard unser König war, gleich als hätte er erst gestern geherrscht.«

Das Mitleid der Landsleute des englischen Königs wurde freilich durch einen Bau ausgelöst, den dieser niemals hätte sehen können, denn es gab ihn noch nicht, wenigstens nicht in dieser Form. Auch war Richard eventuell in eine nahe andere Burg gebracht worden, die im Besitze von Hadmar II. von Kuenring war, dem Herzog Leopold V. seinen festgenommenen Gegner anvertraut hatte.

Die österreichische Gefangenschaft von Richard I. Plantagenet dauerte von 21. 12. 1192, da man ihn in Wien in der Vorstadt Erdberg erkannte und festnahm, bis zur Überstellung an den Kaiser am 28. März 1193. Dann wurde er in die Burg Trifels gebracht, nun verhandelte der Kaiser über Richards Zukunft. Was genau da in Wien im Dezember 1192 geschehen ist, davon mehr nach der Ankunft in Wien-Erdberg.

Frances Trollope kann sich nicht vom Blick auf Dürnstein trennen: »Der Berg strotzt voll finsterer Massen aller Größen und Höhen und so sonderbar hohen Formen, daß man nur schwer glauben kann, sie seien auf natürliche Weise entstanden.« Und bis zum letzten Moment wendet sie den Blick nicht von dem vermeintlichen schrecklichen Kerker ihres Königs.

Die Wirklichkeit war anders. Während Richards Bruder Johann alles tat, um sich auf dem offiziell verwalteten, tatsächlich schon usurpierten Thron zu halten, sammelte die Mutter, Eleonore von Aquitanien, das Lösegeld. Zudem – Frances Trollope wäre gerne in Dürnstein geblieben, aber sie fürchtet um Gepäck und Weiterreise – »innerlich aber schwor ich, als wir noch standen und schauten, bis die dräuende Ruine unseren Blicken entschwand, daß ich Österreich nicht verlassen würde, ohne in jenen Mauern, die Richard als Gefangenen umschlossen, gewesen zu sein.«

Und wirklich ist sie schon nach 14 Tagen zurückgekehrt und hat die Ruine besucht.

1851 hat Albert A. Wenedikt die »Geschichte der Wiener Stadt und Vorstädte« verfasst, auch er berichtet von Richard Löwenherz und seiner

Gefangenschaft, allerdings auch schon von den Auswüchsen des beginnenden Massentourismus:

> »Bis vor einigen Jahren hatte man – leider anstandslos – die unerhörte Frechheit, im Schlosse Greifenstein an der Donau (!!!) einen hölzernen engen Käfig, beiläufig Schweinestall, als Richards Gefängnisort den fremden Besuchern zu zeigen. Die Engländer schnitten sich, man könnte sagen balkenweise, Späne zum Andenken herunter und bewahrten solche als heilige Reliquien auf, trotzdem augenscheinlich von Zeit zu Zeit das Material sich als nagelneu angefertigt zeigte. Wie sinnlos und der geschichtlichen Wahrheit widersprechend diese Erzählung, zeigt der Brief Richards aus der Gefangenschaft an seine königliche Mutter, in welchem er ausdrücklich erwähnt, vom Herzoge in der ehrenhaftesten Art gehalten zu werden.«

König Richard und die Sage vom treuen Sänger Blondl, der so lange herumsingt, bis der gefangene Herr gefunden ist, das ist der eine der beiden Mythen von Dürnstein – der andere basiert auf einem Theaterstück von Martin Costa, »Hofrat Geiger«. Daraus wurde gleich eine ganze Gruppe von Filmen, mit Waltraut Haas und Paul Hörbiger, mit Hans Moser und Peter Weck und Christiane Hörbiger, und einem Schlagerlied, das den Filmen den Namen gegeben hat: »Mariandl«, für dessen Melodie der Komponist Hans Lang sich »Sentimental Journey« zugegebenermaßen als Vorbild gewählt hat.

Ein anderes Symbol, das wirkliche Wahrzeichen von Dürnstein, ist der markante Turm des ehemaligen Klosters. Hier lebten Augustiner-Chorherren bis zu den Jahren der Kirchenreform, als Josef II. auch diesem Stift ein Ende bereitete. In seinen letzten Jahrzehnten hatte das Stift einen Probst gehabt, der sich als wahrhaft barocker Mensch einen bis heute anhaltenden glänzenden Ruf geschaffen hat. Hieronymus Übelbacher war Niederösterreicher, aus Hollabrunn. Nach seinem Studium in Olmütz promovierte er 1710 in Wien und wurde im selben Jahr Probst von Dürnstein. Er war außerordentlich gebildet, was für ihn selbst und seine Mitbrüder und Zeitgenossen schön war, wir heute hingegen haben mehr von seinen anderen Eigenschaften. Probst Hieronymus hat etwas von Kunst und vor allem von Baukunst verstanden. Er selbst erstellte das geistig-geistliche Konzept für die Modernisierung des Stifts ab dem Jahr 1715. Und er holte sich zwei

Fachleute von erstem Rang – die Baumeister Joseph Munggenast und Jakob Prandtauer. Was noch brauchbar war, wurde einbezogen, und so wuchs trotz aller Sparsamkeit ein neuer Komplex von beachtlicher Schönheit am Ufer der Donau. Kirchenmänner, die etwas von Wirtschaftsfragen verstehen, waren immer schon ein Glücksfall. Auch das kleine Schlösschen vor den Toren Dürnsteins hat er erbauen lassen. Der große Jakob Prandtauer hat für Probst Hieronymus die Pläne gezeichnet, von 1714 bis 1719 wurde es dann inmitten der Weingärten errichtet.

Dieses Kellerschlössel diente immer schon der Repräsentation, von der der Probst auch sehr viel verstanden hat. Jedenfalls mehr als spätere lokale Machthaber, denn heute ist der freie Blick auf das wunderschöne Gebäude von nichtssagenden Neubauten behindert.

Auch später hat es diese Funktion behalten und heute ist es die Stätte, an der sich die Domäne Wachau, die Winzergenossenschaft also, stolz darstellt. Die großzügige Restaurierung hat sich gelohnt.

Der legendäre Leopold Figl, Bundeskanzler, Außenminister, zuletzt Landeshauptmann von Niederösterreich, hat in den Fünfziger- und Sechzigerjahren gerne hierher eingeladen. Danach wurde es ein wenig still um den charmanten Bau, bis 2006 die Renovierung begann. Dabei kam es zur Wiederentdeckung einer ganz eigenen Technik zur Gestaltung der Wände. Auch hier finden sich Stuck und Wandmalereien, aber ein Teil der repräsentativen Räume dient einer Art Grafiksammlung, nicht in Rahmen, nicht im Wechsel gezeigt, sondern wie Tapeten verarbeitet. Die Papierrestaurierwerkstätte im Schloss Schönbrunn geriet in hohe Aufregung – hier hatte Probst Hieronymus Drucke und verschiedene Stiche affichieren lassen, die zum Teil geistliche, zum Teil weltliche Inhalte haben, oft Zeugnisse barocker Heiterkeit.

Die Donaubrücke, die von Mautern nach Stein führt, hat einen Vorgänger im Jahr 1463 gehabt, aus Holz, strategisch außerordentlich wichtig. Die beiden Orte waren befestigt und bildeten also zwei starke Brückenköpfe. Doch es könnte sein, dass schon die Römer eine solche Brücke errichtet haben. Das Kastell Favianis war von Bedeutung, ein Bau aus Stein mit einer 1.000 Mann starken Besatzung. In der späten Antike hatte der Kommandant der Donauflotte von Noricum hier seinen Amtssitz. Die Mauerreste aus dieser Zeit mit ihren Türmen geben immer noch ein eindrucksvolles Bild. Solch ein Turm ist im Keller des Nikolaihofes zu sehen, aber der andere ist eine kleine Sensation. Hier steht ein Stück Limes in mächtigen Maßen, bis zum dritten Geschoß reicht das Mauerwerk in einer Stärke von 1,7 Metern.

Gegen Ende des 5. Jahrhunderts gründete der heilige Severin von Noricum in Favianis ein Kloster. Aus seiner Lebensbeschreibung von der Hand des Abtes Eugippius, eines Zeitgenossen, der Vita Sancti Severini, wissen wir vieles über die letzten romanischen Bewohner der Gegend. Und vieles zu diesem Thema lässt sich im Römermuseum erfahren, mit zahlreichen Kleinfunden wie Schmuck, Gläsern, Tongefäßen, aber auch großflächig erhaltenen Wandmalereien und einer rekonstruierten römischen Küche.

1895 hat man die Donaubrücke erbaut. Die deutsche Wehrmacht hat sie bei Kriegsende gesprengt, nur wenige Monate später war sie wiedererrichtet. Kaum hat das Schiff die Brücke passiert, lohnt sich bei hoffentlich langsamer Fahrt der intensive Blick ans linke Ufer.

VON KREMS NACH NUSSDORF

ERSTE DONAU-DAMPFSCHIFFAHRTS GESELLSCHAFT

HANDBUCH FÜR DONAUREISEN

1835
JUBILÄUMSAUSGABE
1935

Das ist Stein, schon im Mittelalter mit der Nachbarstadt Krems durch das gemeinsame Stadtrecht und die gemeinsame Verwaltung verbunden.

Die Liste der denkmalgeschützten Objekte, vom Bürgerhaus über Heiligenstatuen und Stadtmauer bis zur Strecke der alten Wachauerbahn, umfasst alleine für den Stadtteil Stein 92 Standorte. Nimmt man nun auch die entsprechende Liste für Krems dazu, so kommt man auf insgesamt 435! Es wäre also schlauer, bei nächster Gelegenheit das Schiff zu verlassen und wenigstens zwei Tage hier am Ende der Wachau zu verbringen. Die Zahl der Gasthöfe und Hotels ist groß, es gibt genügend Auswahl. Und hier beweist sich wieder einmal die Regel, dass dort, wo die Bausubstanz stimmt, die historische ebenso wie die gegenwärtige dem Menschenmaß entspricht, auch die Gastronomie in Ordnung ist. Hat man Krems und Stein fürbass schreitend kennengelernt, kann man sich in zahlreichen Gastgärten und Wirtshäusern erholen.

Und es gibt wie gesagt genug zu sehen! Zu den genannten »standortfesten Objekten« der Liste kommen die zahllosen in den Museen. Außer der Dominikanerkirche, einem historischen Museum, gibt es die Kunsthalle, das Karikaturmuseum, das Motorradmuseum und vieles mehr. Im Ortsteil Krems-Rehberg hat die Archäologie einen Fund ans Licht gebracht, der merkwürdigerweise nicht die

Das Steiner Tor in Krems

gebührende Aufmerksamkeit erhält – die »Fanny vom Galgenberg«, eine Frauenstatuette, 32.000 Jahre alt, Österreichs ältestes Kunstwerk, selbst die lustige rundliche Venus von Willendorf ist dagegen ein junges Mädchen.

Das Stadtrecht stammt aus dem Jahr 1305, es ist das älteste geschriebene Österreichs, und der ewige Streit aller möglichen österreichischen Städte um das Erstgeburtsrecht betrifft auch Krems und Stein.

Das Stadtwappen ist so alt wie die Donaubrücke – 1463. Historische Daten gibt es in dieser an Geschichte so üppigen Stadt im Übermaß – also nur in Kürze: Viele Jahrzehnte lang hat man eines der vielen uralten Gebäude im Stadtkern von Krems als Wohnhaus genutzt, seine ruhmreiche Vergangenheit als Stadtpalais nicht weiter beachtet. 2009 wurde eben dieser Bau mit dem »Europa Nostra Preis für Denkmalpflege« ausgezeichnet, die Gozzoburg. Erbaut in den letzten Jahren der Babenbergerherrschaft, um die Mitte des 13. Jahrhunderts, ist das Gebäude eines der wichtigsten Zeugnisse für die frühe Gotik Österreichs. Bauherr war Gozzo, Bürger und Stadtrichter von Krems.

Im 14. Jahrhundert kam seine Burg in den Besitz der Habsburger. Da hatte sie noch einen Turm, den hat man im 19. Jahrhundert abgerissen. Das 21. Jahrhundert machte manche Sünde wieder gut, die dem Palast in den vielen Jahren angetan worden war. Im Zuge dieser Revitalisierung wurden auch die ältesten profanen Fresken Mitteleuropas entdeckt, die sich noch dazu als in gutem Erhaltungszustand erwiesen. So kann man hier inmitten der ohnehin ungemein eindrucksvollen Atmosphäre der Stadt auf drei Etagen durch das Mittelalter flanieren.

1477 hat Matthias Corvinus, König von Ungarn, fast ganz Niederösterreich erobert. Wien und Krems leisteten langen hartnäckigen Widerstand. Wien musste kapitulieren, Krems gab nicht auf. Sogar die Frauen kämpften gegen die Ungarn, gerüstet wie Männer. Maria Karlinger, geborene Pilgram, war die Anführerin, Ehefrau des Steiner Bürgermeisters.

Die schon 1477 durch den Krieg beschädigte Gozzoburg wurde sogar noch während dieser Jahre des Kampfes hergerichtet, umgebaut, modernisiert.

1490 starb Matthias Corvinus, die Ungarn zogen ab, Kaiser Friedrich III. hatte den Kampf ausgesessen und sein Sohn Maximilian zog in Wien ein. Einige Zeit herrschte Friede, der freilich durch Reformation und Gegenreformation ohnehin genügend Aufregung auch an die Donau brachte. Und gegen Ende des Dreißigjährigen Krieges gaben die Schweden den Kaiser-

Die Gozzoburg, der Stadtpalast

lichen einiges aufzulösen, die Stadt Krems haben sie 1645 ein ganzes Jahr lang belagert.

Auch General Lennart Torstensson, sonst außerordentlich erfolgreich, hatte an der Donau langwierige Probleme. Kaiser Ferdinand III. wollte unter allen Umständen das südliche Ufer halten, das schon schwedische Göttweig wurde zurückgewonnen. Krems, endlich doch noch eingenommen, wurde am 5. Mai 1647 nach intensiven Bemühungen wiedererobert.

Um beim Thema Krieg noch kurz zu bleiben – 1805 fand hier eine Schlacht statt, vor den Toren von Krems und Stein, in der Geschichte mit den Ortsbezeichnungen Loiben oder Dürnstein ausgestattet. Österreicher und Russen unter General Kutusow, gegen Napoleons Franzosen, deren Oberkommando Marschall Mortier innehatte. Die Alliierten waren die Sieger, der österreichische Feldmarschallleutnant Schmitt zählte zu den Gefallenen. In Krems hat man ihm ein Denkmal gesetzt.

An Krieg und Frieden erinnert sonst wenig in Krems, allenfalls das Steiner Tor, ein Wahrzeichen. Da liest man vom Infanterieregiment Nr. 84, dem Kremser Hausregiment. Seine Musikkapelle wurde in der ganzen Monarchie Österreich-Ungarn gerühmt, ihr Kapellmeister Karl Komzak war ein erfolgreicher Komponist.

Wer an einem sonnigen Samstagvormittag durch das Steiner Tor in die Obere Landstraße geht, kommt ins volle, pralle Leben. Gleich ums Eck erfreut der Markt in seiner lebenssatten Buntheit und Vielfalt, und ich kann eine Textstelle in einem Buch nicht begreifen.

Der große Europäer aus Triest, Claudio Magris, hat einen weiten Verehrerkreis, ich zähle mich auch dazu. In seinem Buch »Die Donau. Biographie eines Flusses« liest man zum Thema Krems und Stein: »Sie bilden heute ein ruhiges Dorf mit leeren, ansteigenden Gassen … geschlossenen Gasthöfen, verlassenen Arkaden. Alles schweigt, alles ist klein und tot, in den Höfen hört man nur den dünnen, beharrlichen Regen fallen.«

Das Buch ist 1986 erschienen. Es muss sich um ein anderes Krems an einer anderen Donau handeln. Dieses, mein, Krems kann es jedenfalls nicht sein.

Von Krems und Stein kann man nicht Abschied nehmen, ohne zwei Namen zu erwähnen, die von Weltrang sind – Ludwig von Köchel und Martin Johann Schmidt. Dieser, der Kremser Schmidt, kam in Grafenwörth, wenige Kilometer neben Krems gelegen, zur Welt. Er verbrachte sein Leben fast zur Gänze in Stein, wo er 1891 starb. Neben ihn kann man vielleicht noch Franz Anton Maulbertsch stellen, den zweiten großen Maler des österreichischen Spätbarock und des Rokoko.

Des Kremser Schmidts Werke finden sich in großer Zahl in Kirchen und Klöstern in Wien und Niederösterreich, wie in Göttweig, Herzogenburg, Lilienfeld und Seitenstetten, aber auch in Krems und in Stein selbst. Das Stift St. Paul im Lavanttal in Kärnten besitzt ein berühmtes »Abendmahl« und andere Werke großen Formats.

Am Schürerplatz in Stein sieht man das Denkmal für Martin Johann Schmidt. Ganz nahe war sein Wohnhaus, in der Steiner Landstraße. Und am selben Platz steht das Mazzettihaus – in dem im Jänner 1800 Ludwig Köchel geboren wurde. Eine Zeit lang hat er hier auch gewohnt, später war er in Salzburg und dann in Wien zuhause. Seinen Namen hat er sich durch sein »Chronologisch-thematisches Verzeichnis sämtlicher Werke Wolfgang Amadé Mozarts« gemacht. Doch auch ohne diese Tat wäre seine Lebensleistung beachtlich. Er war umfassend gebildet, verstand nicht nur etwas von Musik und Mozart, er war Dr. jur. und Naturforscher, hat Nordafrika und Spanien bereist, Russland und die britischen Inseln. Seine umfangreiche Mineraliensammlung hat er dem Piaristengymnasium von Krems geschenkt, mit dem ihn persönliche gute Erinnerungen verbanden.

Stein ist auch auf andere Weise mit Mozart verbunden. Seine Großmutter mütterlicherseits ist hier geboren worden, Eva Rosina Pertl.

In der Mitte des 3.500 Kilometer langen Rhein-Main-Donau-Kanals liegt der Hafen von Krems. Auf 250.000 Quadratmetern finden europäische Firmen hier ein absolut modernes, zeitgemäßes Angebot. In internationaler Zusammenarbeit mit Hamburg, Bremen, Rotterdam findet Krems seinen Logenplatz in der Frachtwelt Europas.

Ja, also jetzt noch, einer von Beethovens Brüdern hat hier gewohnt, und Harry Kühnel hat das Stadtbild, die Atmosphäre, die Gegenwart und die Zukunft von Krems gerettet. Es gäbe noch mehr Kremser Bürger, deren Namen in den Geschichtsbüchern zu finden sind, wie Franz Anton de Paula Gaheis, dem wir tatsächlich die Wiederentdeckung des Wienerwalds als Naherholungsgebiet verdanken, aber wir wollen weiter. Noch sind wir ja in der Wachau – und gegenüber von Krems wartet Stift Göttweig.

Gemeinsam mit Stift Melk und der Kremser Altstadt hat auch dieses Benediktinerkloster die Ehre, in der Liste des Weltkulturerbes der UNESCO zu stehen. Schon in der Jungsteinzeit, 2.000 Jahre vor der Zeitenwende, war dieser Berg, 449 Meter Seehöhe, besiedelt. Am 9. September

1072 wurde das Stift von dem heiliggesprochenen Bischof Altmann von Passau gegründet.

Von diesen ersten Klostergebäuden des Mittelalters ist wenig erhalten, 1718 hat ein großer Brand das meiste zerstört. So wurde also auch in Göttweig gebaut, nach Plänen von Johann Lucas von Hildebrandt.

Er war der Hofarchitekt des Kaisers, der Kaiser war Karl VI. – der sich eigentlich als Karl III., König von Spanien, sah. Nach mehreren Jahren als Thronprätendent war der Habsburger dem bourbonischen Konkurrenten unterlegen, Philipp, einem Enkel Ludwigs XIV. von Frankreich. Doch Karl gab den Gedanken an Spanien niemals ganz auf, er hatte sich in Wien mit einer großen Gruppe spanischer Emigranten umgeben. Die Karlskirche ist ein Symbol dieser Sehnsucht nach den Pyrenäen, und auch in Göttweig findet sie ihren Niederschlag. Der kaiserliche Hofarchitekt hat der neuen Klosteranlage den Grundriss des Escorial gegeben, des barocken Habsburgerschlosses bei Madrid.

Die grandiose Kaiserstiege führt über drei Geschoße und lenkt den Blick auf das Deckenfresko von der Hand Paul Trogers, eine prachtvolle Apotheose des Kaisers, Karl VI. als Apollo, den Sonnenwagen lenkend.

Die Bibliothek ist im Besitz von 140.000 Büchern, die grafische Sammlung ist nach jener der Wiener Albertina die zweitgrößte Österreichs.

Die Göttweiger Benediktiner leben seit der Gründung nicht nur in ihrem Stift, sondern auch in vielen anderen Orten Niederösterreichs – sie betreuen 30 Pfarren.

Und wenn wir nun in Gedanken, an Ort und Stelle oder auch zumindest vom Schiff aus, Göttweig bewundert haben, sind wir tatsächlich am Ende der Wachau, oder ebenso an ihrem Anfang.

Nicht direkt an der Donau, doch sehr nahe, liegt Schloss Grafenegg, das schon alleine eine Reiseunterbrechung lohnt. Sein heutiges Aussehen hat das Schloss erst seit der Mitte des 19. Jahrhunderts. Der damalige Besitzer hat seine Burg im modernen Stil seiner Zeit umbauen lassen, und der Wiener Dombaumeister Leopold Ernst schuf ein Beispiel für romantischen Historismus, wie man es in Österreich anderswo kaum findet, allenfalls in Anif bei Salzburg und in Hernstein im südlichen Niederösterreich.

Wenige Kilometer von der Donau entfernt wähnt sich der Spaziergänger unerwartet in einer englischen Schlossanlage. Von dieser war 1955 kaum etwas übrig. Wie auch in vielen anderen niederösterreichischen Schlössern

Schloss Grafenegg. Im 19. Jahrhundert von Dombaumeister
Leopold Ernst neu gestaltet

war die Sowjetarmee ab dem Kriegsende 1945 in Grafenegg am Werk, und zwar sehr ausgiebig. Das geplünderte, zerstörte Gebäude, seiner Sammlungen beraubt, die gestohlen oder verbrannt waren, ließ keine Hoffnung auf künftige Rettung aufkommen, geschweige denn auf jenen Glanz, der Grafenegg seit der aufwendigen umfassenden Restaurierung mit Unterstützung des Bundeslandes Niederösterreich prägt.

Das Grafenegger Musikfestival, geleitet von einem Weltstar, dem Pianisten Rudolf Buchbinder, ist wetterfest. Ein Open-Air-Musikraum, der »Wolkenturm«, erhebt sich 16 Meter hoch, so wie die alten Bäume ringsum. Zugleich wirkt diese Bühne aber auch wie eine moderne Skulptur, die in dem alten Naturpark ein Zeichen von lebendiger Kultur setzt. Herrscht doch einmal Schlechtwetter, dann übersiedelt das Konzert in das naheliegende Auditorium, einen Saal mit ausgezeichneter Akustik.

D ie Stadt Tulln steht direkt an der Donau, der Strom prägt auch ihre Geschichte, ihre Gegenwart. Sie hat manches mit Pöchlarn gemeinsam – so die römische Vergangenheit. Hier lag das Kastell einer Reitertruppe, hier hatte die Donauflottille einen bedeutenden Stützpunkt, Coma-

Tulln, Nibelungendenkmal.
König Etzel empfängt seine Braut Kriemhild, Siegfrieds Witwe

gena war der antike Name der Siedlung. Nach den Donaustädten Pöchlarn und Melk war auch Tulln eine Zeit lang Babenbergerresidenz, im 11. Jahrhundert. Wien hatte auf Würde und Bürde des Verwaltungszentrums noch lange zu warten. Und wie Pöchlarn, so erscheint auch Tulln im Nibelungenlied. Hier hat König Etzel seine Braut Kriemhild empfangen, in der nahen Burg Traismauer – »Bi der Treisen hête der künec us hunenlant eine burc …« Also gibt es auch in Tulln ein Denkmal für den legendären Zug der Burgunden in den Tod.

Die Donau war offenbar ein guter Boden für die Maler des Expressionismus. Gustav Klimt war Wiener, in Pöchlarn an der Donau ist Oskar Kokoschka geboren worden, und in Tulln kam im Juni 1890 Egon Schiele zur Welt.

Sein Geburtszimmer liegt im Bahnhof von Tulln – heute eine Gedenkstätte. Sein Vater war Bahnhofsvorstand. Die Eisenbahn hat den großen Maler durchs ganze Leben begleitet – als Spielzeug. Schiele sammelte Spielzeugbahnen, eine wenig bekannte Leidenschaft. Er befindet sich damit, eine Randbemerkung, in guter Gesellschaft. Federico García Lorca liebte sein Blechspielzeug, Johannes Brahms sammelte Zinnfiguren und H. G. Wells schrieb nicht nur die »Zeitmaschine«, sondern auch »Little Wars – Warga-

ming« als Anweisung für seine Spielzeugsoldaten, und »Floorgames«, also
etwa »Fußbodenspiele«.

Die Stadt Tulln hat im ehemaligen Bezirksgefängnis ein Schiele-Museum
eingerichtet, in dem erstaunlich viele Originale zu sehen sind. Es ist während der wärmeren Monate des Jahres geöffnet und das nahe Neulengbach
bekommt hier eines auf den Deckel. Man hat in Tulln die Gefängniszelle
rekonstruiert, in die der große Sohn der Stadt von den Neulengbachern
gesteckt wurde. Der Vorwurf des Missbrauchs Minderjähriger hatte sich
zwar schnell als nicht stichhältig erwiesen, aber 24 Tage lang saß der Maler
in Neulengbacher Haft.

Tulln, seine Straßen und Plätze, seine Umgebung wirken wie ein großer
Garten, in dem eben auch einige Häuser stehen. Alles ist voll von Blumen,
vor allem die Rosenliebhaber und Kenner gehen auf Tullnpilgerreise, sobald
die Jahreszeit danach ist. In Jahren, da man noch ganz andere Sorgen hatte,
bot die Stadt Tulln den geplagten Landsleuten und den sowjetischen Soldaten einen Blumencorso.

Was 1953 mutig, aber bescheiden begann, ist seit langen Jahren zur Gar-
tenbaumesse gewachsen. Auf 80.000 Quadratmetern, das sind mehr als
zehn Fußballfelder, zeigen die vielen Tullner Gärtner und ihre Kollegen
aus ganz Europa, was sie können. Stauden, Bäume, Tulpenzwiebeln, Orchi-
deen, Kakteen, alles gibt es – und in der Mitte dieser größten Schau Europas
thront die Königin. Die Rose trifft man hier in vielen hundert Formen und
Farben, von der eleganten Abigail bis zur entzückenden Zwergkönigin.

In Gedanken reisen wir weiter – unser Schiff passiert die Burg Greifenstein
und gleich darauf den kleinen Ort Altenberg, die Heimat des österreichischen Nobelpreisträgers Konrad Lorenz. Das weite Land, in dem er aufge-
wachsen ist, im eigenen Haus, dem Elternhaus, hat dem großen Verhaltens-
forscher ein natürliches Laboratorium geboten. Nach einem Spaziergang in
den Donauauen hat er notiert:

> »Merkwürdig tropisch wirkt ein solcher Donauarm, die nicht regu-
> lierten Ufer brechen steil, fast lotrecht ab, bestanden von einem
> typischen ›Galeriewald‹ aus hohen Weiden, Pappeln und Eichen,
> zwischen denen üppig wuchernde Waldreben die Lianen markieren,
> Eisvogel und Pirol, Charaktervögel eben dieser Landschaft, sind beide

Vertreter von Vogelgruppen, deren weitaus meiste Mitglieder Tropenbewohner sind, im Wasser wuchert Sumpfvegetation. Tropisch ist auch die feuchte Hitze, die über dieser wundervollen Landschaft lagert und die nur von einem nackten Menschen mit Würde ertragen werden kann …«

Dass der bedeutende Naturforscher auch das geschriebene wie das gesprochene Wort beherrscht hat, lassen schon solche wenigen Zeilen erkennen. Diese Begabung lag in der Familie – auch sein Vater und sein Bruder, beide mit dem gleichen Vornamen Adolf, beide von Beruf Ärzte von Bedeutung, haben auch ein schriftstellerisches Werk hinterlassen, das großteils in Altenberg entstanden ist.

Die Schleiersage von der Gründung Klosterneuburgs. Öl auf Holz von Franz Luby (1902–1989)

Und dann sind wir in Klosterneuburg. Und wollen ein wenig länger bleiben. Denn hier erleben wir nach Melk und Göttweig ein weiteres Donauklosterwunder. Es werden noch einige folgen.

Die Babenberger hatten seit 976 mehrere Regierungssitze angelegt, einen am Kamp-Fluss, in Gars, alle anderen im Donautal – Pöchlarn, Melk, Tulln, schließlich Klosterneuburg, dann erst kam Wien an die Reihe. Am 12. Juni 1114 begründete Markgraf Leopold III., der Heilige, ein Stift. Die Sage dieser Gründung zählt zum unveräußerlichen Schatz des Volksschulunterrichts, wenigstens im östlichen Österreich, sie hat in die Lesebücher, die Kulturgeschichte, die Bildende Kunst gefunden.

Leopold III. soll seine Residenz auf dem Kahlenberg gehabt haben. Als eines Tages die Frau Markgräfin, sie hieß Agnes, auf dem Söller stand, riss ihr ein jäher Sturmwind den Schleier vom Haupt. Er flatterte durch die Lüfte und ward nicht mehr gesehen. Agnes kränkte sich, aber der Markgraf konnte ihr auch nicht helfen. Doch das Schicksal half – Jahre später war Leopold auf der Jagd, und in unwegsamem Gelände, mitten im Dickicht des Waldes saß der verlorene Schleier auf einem Holunderstrauch. Zugleich erschien dem Babenberger die Heilige Maria. Und weil sich die Markgräfin nun freute, beschloss der Herr Gemahl, dem Befehl der Muttergottes folgend, an der Stelle des Schleierfundes ein Kloster zu errichten.

Die Sage ist von ähnlicher Glaubwürdigkeit wie die erwähnte Geschichte von Richard Löwenherz in einem Holzkäfig in Greifenstein, von keiner nämlich. Leopold wohnte niemals auf dem Kahlenberg, seine Residenz war Melk. Er zog weiter donauabwärts in die Reste eines römischen Kastells, in eine schon seit dem 8. Jahrhundert bestehende Siedlung. Dort baute er für sich und für das von ihm gegründete Stift.

1114 hatte Leopold den Grundstein der Kirche gelegt, 1136 wurde sie geweiht, die größte damals des ganzen Landes, eine dreischiffige Basilika. Das Stift übergab der Landesherr den Augustiner-Chorherren.

Aus diesen frühen Jahren ist manches erhalten, das dem Besucher die Babenbergerzeit näher zu bringen vermag – vor allem die Mauer eines Wohnturms, vor dem Jahr 1100 errichtet, vor der Residenzgründung also, zu sehen im Seilerkeller.

Das Stift ist ungemein aktiv und lebendig, was man hier alles erleben kann! Verschiedene Touren bringen die Besucher zu Schätzen von europäischer Bedeutung. Alleine die »Sakrale Tour«! Sie führt durch den mittelalterlichen Kreuzgang, die Stiftskirche, zum siebenarmigen Leuchter der Markgräfin Agnes und zum weltberühmten Verduner Altar aus dem Jahr 1181.

Hier und im Kölner Dom werden die beiden großen Werke des Nikolaus von Verdun bewahrt. Dabei war dieses »Bewahren« in Klosterneuburg nur mit knapper Not möglich. 1330 hat es gebrannt – und die 45 Kupferplatten waren in großer Gefahr. Auch hier zeigte sich die segensreiche Wirkung des Weins aus Niederösterreich – mit Hilfe des großen Vorrats des Stiftes konnten die emaillierten Platten gerettet werden. Nach dem Brand wurde der Altar neu gestaltet und um 6 Kupferplatten erweitert, die ebenfalls von höchstem Wert sind.

Eine weitere Thementour bringt ihr Publikum in die Schatzkammer. Und auch hier gibt es mehrere große Kunstwerke – vor allem die Schleiermonstranz. Sie wurde aus Anlass der 600-Jahr-Feier des Stifts in Auftrag gegeben. Nach einem Entwurf von Matthias Steinl schuf der kaiserliche Hofgoldschmied Johann Baptist Känischbauer dieses tatsächlich kaum schätzbare Meisterwerk. Diamanten, Smaragde, Perlen, Bergkristall, Silber – alle Materialien sind echt.

Die Monstranz schildert die Gründungslegende, die Auffindung des Schleiers auf einem Holunderstrauch. Die Jagdhunde bellen, der Markgraf kniet vor dem Strauch, neben ihm liegt die Herzogskrone, die er abgelegt hat.

Hier beginnt wiederum die Legende – denn Leopold war Markgraf, erst sein Sohn Heinrich II. Jasomirgott wurde 1156 zum Herzog erhoben. Und das Zeichen seiner Würde, das der kniende Leopold vom Kopf genommen

Erbhuldigungszug für Maria Theresia, 1740. Figurinengruppe von Helmut Krauhs

hat, ist der österreichische Erzherzogshut. Dieser aber wurde gestiftet von Erzherzog Maximilian III. (1558–1618), das Jahr seiner Entstehung hingegen ist nicht bekannt.

Die Erzherzogswürde, die dieser Hut symbolisiert, hat es erst ab dem Winter 1358/59 gegeben. Sie entstand durch eine Dokumentenfälschung, die der Habsburger Rudolf IV., der Stifter, in Auftrag gegeben hatte. Hier wurde, im Privilegium Maius, der Vorrang des Hauses Habsburg gegenüber anderen Familien des Reichs bestätigt – der allerdings tatsächlich erst fast einhundert Jahre später wirklich bestätigt wurde, indem Kaiser Friedrich III. 1453 dem gefälschten Dokument seinen Sanctus erteilte.

Den Erzherzogshut kann man in der Schatzkammer sehen – und auch von weitem. Denn in den Jahren, da die Schleiermonstranz geschaffen wurde, plante man den Neubau des Stiftes. Karl VI. hatte in der Nachfolge seines Vaters Kaiser Leopold I. über die Osmanen triumphiert, nach Jahrhunderten wich die Angst vor den Türken. Die Freude, ja der Übermut zeigten sich auf vielfältige Weise – von der Musik alla turca über die Reiterspiele mit hölzernen Janitscharenköpfen, in der Literatur und der Bildhauerei – und natürlich auch in der Architektur. Gerade Klosterneuburg hatte sich heldenhaft gewehrt gegen die riesige türkische Übermacht, und seine Oberstadt mit dem Stift wurde niemals eingenommen. Der Kommandant der Verteidiger war ein Laienbruder, Marzellinus Ortner, und er bekam als Dank einen Traumjob – er wurde Kellermeister.

Karl VI. befahl die Errichtung eines Prunkgebäudes, das dem Triumph des christlichen Glaubens dienen sollte, eines österreichischen Escorial. Dieses Schloss in der Nähe von Madrid ist zugleich ein Kloster, erbaut zwischen 1563 und 1584. Auch in Klosterneuburg sollte nun ein Stiftsneubau geschaffen werden, der für den Kaiser auch Sommerresidenz sein würde. Jakob Prandtauer bekam den ersten Auftrag, andere Baumeister folgten, zur Vollendung kam das große Projekt niemals. Zuletzt übernahm Josef Kornhäusel, der Stararchitekt des Biedermeier, die Planung. Von den vier vorgesehenen Innenhöfen ist es nur zu einem gekommen, und nicht sieben der Kronen Karls VI. sind auf den Dächern zu sehen, sondern nur zwei, die römische Kaiserkrone und eben der österreichische Erzherzogshut.

Vor lauter Barock, Benediktinern, Babenbergern, denkt man hier kaum an die jüngere Vergangenheit, an die Gegenwart. Man wird erinnert –

Egon Schiele: Kirche von Steinach am Brenner,
gemalt während seiner Klosterneuburger Zeit

kommt gar nicht um die beiden Namen herum, die in Klosterneuburg ihre Spur hinterlassen haben – wie in der ganzen Welt.

Mit zwölf Jahren wurde der bislang wenig erfolgreiche Schüler Egon Schiele vom Kremser Gymnasium an das Gymnasium von Klosterneuburg transferiert. Er hatte kaum Geometrie und Physik im Kopf, dafür aber die Kunst im Blut. Gute Lehrer erkannten die hohe Begabung des Kindes und förderten sie. So konnte Egon Schiele mit erst 16 Jahren sich um die Aufnahme in die Wiener Akademie der Bildenden Künste bewerben, wurde aufgenommen und blieb für zwei Jahre. 1908 nahm er zum ersten Mal an einer Ausstellung teil, im Kaisersaal des Stifts.

In diesem Jahr arbeitete der 25jährige Jurist Franz Kafka bei der »Arbeiter-Unfall-Versicherungsanstalt für das Königreich Böhmen« in Prag. Einige Jahre später, 1917, erhielt er die ärztliche Diagnose »Lungentuberkulose«. Diese Krankheit war damals nicht heilbar. 1918 wurde Kafka zudem Opfer der Spanischen Grippe, die auch noch eine Lungenentzündung zur Folge hatte. Am 3. Juni 1924 ist Franz Kafka im Sanatorium Kierling, heute ein Ortsteil von Klosterneuburg, gestorben, er war erst 40 Jahre alt.

Franz-Kafka-Gesellschaften gibt es rund um die Welt – in Utrecht, Prag, New York, Bonn. Die österreichische hat ihren Sitz in Klosterneuburg, im ehemaligen Sanatorium, in der Kierlinger Hauptstraße 187. Dort gibt es auch eine Gedenkstätte, die man bei Voranmeldung besichtigen kann.

WIEN

Bei Nußdorf erreicht die Donau die Hauptstadt. Waren Kapitän und Steuermann schon bei alltäglichen Reisen durch Stromschnellen, Strudel, Wirbel in Gefahr, die Nerven zu verlieren, wie muss ihnen zumute gewesen sein, als sie eine »Porzellanfuhr« par excellence, Fiakerausdruck für heikle Transporte, an der Nußdorfer Lände wieder dem Festland anvertrauen konnten!

Im heimatlichen Bayern, in Straubing, hatte Prinzessin Elisabeth in Bayern das bayrische Donauschiff »Stadt Regensburg« bestiegen, das sie zu ihrem Bräutigam Franz Joseph nach Wien bringen sollte. Am 21. April um 14.00 Uhr war die bayrische Grenze erreicht, Passau. Ab da begleiteten zwei festlich geschmückte Dampfer den Brauttransport, um 18.00 kam man in Linz an. Der Statthalter, der Gemeinderat mit dem Bürgermeister, Bischof und Schulkinder, alles war da – und der Kaiser. Franz Joseph I. war seiner Braut entgegengereist, unversehens war er in Linz eingetroffen, die Aufregung wird dementsprechend groß gewesen sein. Festbeleuchtung, Chorgesang, Triumphbogen, Fackelzug, alles wurde geboten, auch eine Festvorstellung im Theater. Am frühen Morgen reisen Franz Joseph und sein Bruder Ferdinand Max, er hat ihn von Wien her begleitet, auf der »Austria« zurück.

In Linz wechselt die Braut auf ein österreichisches Schiff, einen Raddampfer, er trägt den Namen des Bräutigams. Um 8.00 Uhr legt man von Linz ab. Das Schiff ist von blauweißen bayrischen, rot-weiß-roten österreichischen Fahnen geschmückt und von den schwarz-gelben Habsburgs.

An diesem Tag fährt kein anderes Wasserfahrzeug auf der Donau – und gearbeitet wird auch nicht! Und schon gar nicht wird in die Schule gegangen! In Festtracht, mit Goldhauben und wehenden Federbüschen, en parade und im schwarzen Anzug stehen Bürgersfrauen und Bäuerinnen, Bürgermeister und Schuldirektoren, Arbeiter und Soldaten, Kinder und Geistliche am Ufer, in den Anlegestellen wird die Kaiserhymne gespielt und gesungen, und knapp vor Wien verschwindet die ganze Hochzeitsgesellschaft in ihren Kajüten – umkleiden! Die Braut wird ein Seidenkleid mit großer Krinoline tragen, in rosa, eine weiße Mantille aus Spitze und ein Hütchen, auch dieses weiß.

Denn in Nußdorf steigert sich das Schauspiel noch einmal! Die Wiener haben den Leopoldsberg bis an den Gipfel besetzt, Kopf an Kopf, und auf der Ehrentribüne bei der Anlegestelle wartet das komplette Haus Habsburg-Lothringen, warten die Hocharistokraten und Minister und Prälaten. Alle Kirchenglocken von Wien läuten, die Kanonen donnern, am 22. April um 16.00 ist sie da, Sisi, die künftige Kaiserin. Berühmte Szene, fehlt in keiner Biografie und nicht im Film – das Schiff hat noch nicht ganz angelegt, da springt der junge sportliche Feschak von Kaiser über die meterhohe Distanz und nimmt die Braut in seine Arme. Die Tausenden am Ufer und am Berghang hören nicht mehr auf zu jubeln. Eine endlose Reihe von Kutschen und Kaleschen nimmt die ganze Gesellschaft auf und bringt sie unter Triumphbögen und nicht endendem Beifall von den Straßenrändern nach Schönbrunn.

Der Kapitän der »Franz Joseph«, seine Offiziere und der Steuermann werden sich zuerst den Schweiß von den Stirnen gewischt und dann ein großes Bier genehmigt haben. Wenn die Herren geahnt hätten, was ihren Kollegen von der kaiserlichen Yacht »Adler« im kommenden September bevorstand, es wäre nicht bei einem Bier pro Mann geblieben.

Die kaiserliche Braut kam also nach Wien über die Donau, und sie hat ihr Schiff tatsächlich »an der Donau« verlassen. Der innerwienerische Zwiespalt, was denn hier wirklich Donau sei, das ewige wienerische Genörgel, die Stadt läge ja gar nicht an der Donau, hat zu Beginn des dritten Jahrtausends zu einer Neubewertung des sogenannten Donaukanals geführt, der nunmehr Erholungsgebiet und Gastronomie-

Sisis Brautfahrt – Zeitungsbericht aus Leipzig

zentrum ist. Man neigt heute eher als früher zu der Ansicht, dass Wien ja
doch an der Donau liegt.

Zu dem Thema hat der lebenskluge Hans Weigel mit seiner Wortkraft und
seiner Neigung zu Wiener Themen in seinem Buch »O du mein Österreich«
Stellung bezogen. Er nennt die Gründe für »ein zweifaches Mißverständnis«,
nämlich a) Wien liegt an der Donau, b) diese ist blau, und meint dazu:

> »Weit gefehlt! Das worein die Wien hier vor unseren Augen träge
> und mißmutig mündet, ist der sogenannte Donaukanal. So heißt er
> und nicht anders, es tut mir leid, man hat es unterlassen, ihn recht-
> zeitig ›Nebendonau‹ oder sonstwie dekorativ zu benennen, man hat
> auch die volkstümliche, heute in Vergessenheit geratene Bezeich-
> nung ›kleine Donau‹ nicht aufgegriffen und kanonisiert und mir
> dadurch meine Aufgabe erleichtert – dies ist der Donaukanal, er
> kommt aus der Donau und fließt ihr wieder zu, er ist ein Arm, Arm-
> sein ist keine Schande, aber anders als London, Paris, Berlin, Rom
> und so viele Städte, die Reiz und Stimmung und Gesicht von ›ihrem‹
> Fluß bekommen, ist Wien nicht ›an‹ seiner Donau und nicht um sie
> herum angelegt, sondern neben ihr.«

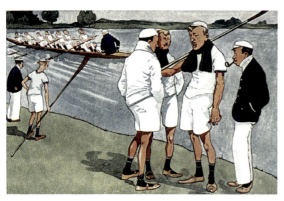

Wiener Ruderclub – Im Wienerlied:
»Und uns kann auch nix passieren,
rudern geht auch ohne Hirn!«

Ja, aber …! Was 1967 noch gestimmt hat, als Hans Weigel diese Zeilen verfasste, hat sich so geändert, dass ein wiedererwachter Wiener der Dreißigerjahre meinen dürfte, er sei in einem anderen Land. Die Stadt ist über die Donau gewachsen, weit und vielfältig. Gab es zur Zeit von Johann Strauß Vater und Sohn noch eine Donau, die aus zahlreichen Tümpeln, mehreren Hauptarmen, vielen Nebenarmen bestand, die sich von Zeit zu Zeit im Rahmen schrecklicher Überschwemmungen ihre Opfer holten, so hat das heutige Wien nicht nur die klassischen Erholungsgebiete, wie die Alte Donau, oder das Gänsehäufel, sondern auch die langgestreckte Donauinsel. Von den obersten Stockwerken der Hochhaustürme weit jenseits des Donaukanals, der seinen Namen nicht mehr verdient, sehen die Chefetagen großer Firmen, über die große Donau auf die Innenstadt, zur »kleinen Donau«.

Und was die »blaue« Donau betrifft, so wissen auch wir Wiener schon sehr gut, dass sie das nicht ist, dass das Schmeichelwort von einem Gedicht kommt, von einem gewissen Karl Beck, und in dem es um eine ganz andere Donaulandschaft geht.

Die 50-Cent-Münze der Italiener zeigt einen Herrn, dem die Weltgeschichte eine tatsächlich einmalige Rolle zugedacht hat. Von seinen beruflichen Leistungen abgesehen – er war Politiker – hat er sich auch als Autor einen weltberühmten Namen gemacht. Das Denkmal, das man ihm zu Lebzeiten gesetzt hat, ist das einzige seiner Art, das die Jahrhunderte, die Jahrtausende überstanden hat – weil man den Herrn auf dem Pferd verwechselt hat. Kaiser Marcus Aurelius wurde für Kaiser Konstantin gehalten – und während alle anderen Bronzestatuen aus Geldmangel, für Kanonen und zur Münzprägung, eingeschmolzen wurden, wagte man sich nicht an die Statue des Römischen Kaisers, der dem Christentum zum Durchbruch verholfen hatte. Ja, man gab der Statue einen besonders passenden Platz – vor dem Lateranpalast des Papstes. Als im Jahr 1447 ein Bibliothekar erkannte, dass der Herr nicht Konstantin, sondern Marc Aurel hieß, war die Antike dank der Renaissance schon so in Mode gekommen, dass man nun auch nicht mehr dieses antiquarische Rarissimum missen wollte. Aber man wollte dem Heiligen Vater den Anblick ersparen – und so baute Michelangelo eine neue Basis, auf diese stellte man den Reiter und dort steht er noch heute, nunmehr in Kopie, am Kapitol. Prominenter kann man in Rom nicht herumstehen.

Marc Aurel war der letzte in der Reihe der vier Adoptivkaiser. Der weise Hadrian hatte den hoch geschätzten Senator Antoninus Pius adoptiert und ihm sofort aufgetragen, seinerseits Lucius Verus und Marcus Aurelius zu adoptieren und damit die Nachfolge zu sichern. Für Marc Aurel hatte Hadrian ein besonderes Faible gehabt – ihn nannte er »Verissimus«, Wahrhaftigster. Mit dem Tod des Antoninus Pius wurde Marc Aurel Kaiser, 161. Er stand am Ende einer langen inneren Friedenszeit und hätte wohl auch weiterhin in Frieden regieren wollen, doch die Verhältnisse, sie sind nicht so. Das Schicksal sorgte dafür, dass der neue Kaiser einen großen Teil seines Lebens im Feldlager verbrachte, und davon wieder einen Großteil an der Donau.

Die Markomannen und Quaden hatten den Limes im Jahr 166 überschritten und waren bis in die italische Tiefebene vorgedrungen, der erste Germaneneinfall seit den Tagen des Marius um rund 100 v. Chr. Neue Militärlager werden begründet und aufgebaut – eines haben wir schon besucht, Castra Regina, Regensburg, gegründet, besser wiedergegründet 179. Nach langen Jahren des Krieges gelingt dem Kaiser in diesem Jahr endlich der entscheidende Sieg – den er nicht mehr nutzen kann. Einige römische Geschichtsschreiber nennen Krebs, andere die Pest als Ursache. 180 n. Chr. starb Marc Aurel – in Vindobona, vermutlich, eventuell in Carnuntum, jedenfalls aber an der Donau, in Oberpannonien. Der römische Historiker Tertullian, aber nur er, behauptet dagegen, er sei in Sirmium, damals die Hauptstadt von Unterpannonien, heutiges Serbien, gestorben.

In Carnuntum hat Marc Aurel jedenfalls das Zweite Buch seiner »Selbstbetrachtungen« verfasst.

Marc Aurel – bei der Arbeit an seinen »Selbstbetrachtungen«

Das ist eigentlich nicht der rechte Ausdruck – er hat zwar seine Gedanken niedergeschrieben, aber er war kein Verfasser im Sinne eines Berufs, hat sich nicht als Dichter gesehen, der er dennoch war, ja, er hat den Göttern gedankt, »dass ich mich nicht zu den Schriftstellern verirrte«. Er war auf der Suche nach dem eigenen Ich, er hat auch keine Morallehre zu schreiben beabsichtigt. Und er hatte ein Verhältnis zu dem, was man vor Gutenberg als Buch begriffen hat, das jeder von der Überfülle in seinen eigenen Bücherkästen geplagte Mensch von heute verstehen wird – »Den Durst aber nach Büchern gib auf, damit du nicht murrend stirbst …«

In solchen Gedanken an die Donau und an die Menschen, die an ihr und um sie herum gelebt haben, gibt es unterschiedliche Dimensionen, verschiedene Gewichte. Man mag sich fragen, weshalb der römische Kaiser denn gar so viel Platz bekommen muss – und muss sich sagen, dass Österreichs römisches Erbe, wohl nicht auf Schritt und Tritt sichtbar, so doch von eminenter Bedeutung ist. Selbst heute kann man den Unterschied zwischen den Menschen fühlen, die diesseits oder jenseits des Limes zur Welt gekommen sind. Wenn in den Metamorphosen des Ovid vom »Goldenen Zeitalter« die Rede ist – aurea prima sata est aetas etc. –, so ist zu bedenken, dass der Dichter als Zeitgenosse des Augustus zwar immerhin lange Jahre des Friedens erleben durfte, dass aber die folgende Epoche, insbesondere eben die sechs Jahrzehnte vom Regierungsantritt Hadrians 117 bis zum Tod Marc Aurels 180, das wirkliche Goldene Zeitalter Roms gewesen ist.

Der Grieche Ailios Aristeides (der ungefähr von 130 bis 190 gelebt hat) schwärmt von diesen Jahren:

> »Die Besiegten beneiden und hassen die Siegerin Rom nicht. Sie vergaßen bereits, dass sie selbstständig gewesen waren, da sie sich im Genusse aller Güter des Friedens befinden und an allen Ehren teilhaben. (…) Nur Menschen, die außerhalb der römischen Herrschaft leben, sind beklagenswert. Die Erde ist durch die Römer zur Heimat aller geworden.«

Und diese Heimat zu schützen, das sah Marcus Aurelius als seine Hauptaufgabe an. Er hätte, wie einer seiner späten Nachfolger in Vindobona, sagen können: »Mir bleibt nichts erspart.« Denn es blieb ihm wirklich kaum etwas erspart – anfällig für Krankheiten, sich nach seiner Welt der stoischen Philosophie sehnend und ständig zu Kriegen gezwungen, von einem eifersüchtigen Stiefbruder und Mitregenten belauert, einer charakterlosen Ehefrau geradezu bedroht. Aber er ertrug das alles und mehr, und wurde über allen politischen, militärischen, familiären Problemen doch der große letzte Philosoph seiner Denkrichtung, der jüngeren Stoa.

Aus dem Neunten Buch der »Selbstbetrachtungen« von Marc Aurel: »Ein Unrecht begeht oft der, der eine Handlung unterlässt, nicht nur der, der etwas tut. Wer sündigt, tut es zu seinem eigenen Schaden, denn wer ein Unrecht begeht, begeht es gegen sich selbst, da er sich damit moralisch verschlechtert.«

Wer der Welt des Philosophen auf dem Kaiserthron nahe sein möchte, besuche in Wien I. am Hohen Markt die Außenstelle des Wienmuseums. Hier finden sich vielfältige Informationen zum Leben der 6.000 Soldaten dieses Militärstützpunktes und dem ihrer Verwandten, der Handwerker, der Offiziere.

Diese Keimzelle Wiens, auf deren Mauerresten die spätere Residenzstadt wuchs, lag direkt an der Donau, an dem damaligen Hauptarm. Und von hier ging es südöstlicher Richtung weiter, immer den Fluss entlang – der Renn-

weg im 3. Bezirk war die Zivilstadt, dann folgten zwei kleinere Siedlungen – Ala Nova, auf dem Gebiet von Schwechat, rund um eine Kavalleriekaserne mit 500 Mann, und Aequinoctium, auf halbem Weg zwischen Fischamend und Maria Ellend. Und dann kam man nach Carnuntum – aber bis wir dort ankommen, wird noch etwas Zeit vergehen.

Vindobona erstreckte sich im dritten Jahrhundert unserer Zeitrechnung von der Rotenturmstraße über Graben, Naglergasse, Tiefer Graben, Salzgries bis zum Rabensteig.

Wien im Mittelalter.
Mit dem Roten Turm und Sankt Stephan

Vindobona Romana

Diese Bebauung erhielt sich noch bis ins frühe Mittelalter, erst im 12. Jahrhundert begann eine neue Entwicklung, Österreichs Städte entstanden.

Heinrich II., der erste Babenberger in der Herzogwürde, verlegte seinen Regierungssitz nach Wien, wie sein Vorgänger Leopold entschied er sich für das ehemalige Römerlager.

Mit dem dritten Kreuzzug (1189–1192) kamen die Erfahrungen der Ritter aus dem Orient zum Tragen. Burgen und Stadtmauern wurden nun anders geplant, modern gebaut, mit einer Vielzahl von Türmen versehen. Dieses Umdenken im Verteidigungswesen erfuhr einen wesentlichen Fortschritt durch die Gefangennahme des englischen Königs, ebenso ein Kreuzritterfürst wie Leopold V. von Österreich.

Bei der Eroberung von Akkon kam es zum offenen Konflikt zwischen dem Engländer und dem Österreicher. Am 12. Juli 1191 hatte man gemeinsam die Festung nach langer Belagerung eingenommen, doch über den jeweiligen Anteil der Alliierten Frankreich, England, Österreich gab es Differenzen. Beleidigt zog Leopold V. ab nach Wien, wo er im frühen Winter wieder ankam.

Im Herbst 1192 trat Richard die Heimreise an, zuerst zu Schiff, dann auf dem Landweg. In Friesach und in Bruck an der Mur wurden er und seine Begleiter erkannt – in Wien am 21. Dezember abermals und dieses Mal konnten sie der Rachsucht des Babenbergers nicht mehr entkommen wie zuvor.

In einem kleinen Gasthaus an der Ecke von Erdbergerstraße und Schwalbengasse soll man Richard Löwenherz gefangen genommen haben. Was danach mit ihm geschah, davon war ja schon beim Besuch von Dürnstein die Rede. Die zweite Gefangenschaft auf dieser gestörten Heimfahrt nahm erst ihr Ende, nachdem man in monatelangen Verhandlungen einen Vertrag geschlossen hatte. Das immens hohe Lösegeld wurde zwischen Kaiser Heinrich VI. und dem Babenberger Leopold aufgeteilt. Zu den Folgen gehört, dass Wien eine neue Form bekam – die nun gebaute 4,5 Kilometer lange Ringmauer umschloss nicht nur die Stadt selbst, sondern auch so viel freie Fläche, dass einer Weiterentwicklung nichts, am wenigsten eine Mauer im Wege stand. Diese Ringmauer war sechs Meter hoch, ein bis zwei Meter dick, sie hatte 19 Türme, die auch als Zeughäuser dienten, die meisten standen an der Donauseite. Und es blieb noch genug Geld übrig, dass auch andere Städte an der Donau modern befestigt werden konnten, nämlich Enns und Hainburg.

Der verbleibende hohe Betrag wurde für ein Projekt eingesetzt, das klug und zukunftsträchtig war – die Münze wurde gegründet. Bis dahin hatte man in Krems die Geldherstellung innegehabt, nun gab es den »Wiener Pfennig«, der jahrhundertelang seinen Wert behalten sollte.

Der Band »Wien« des 23-bändigen Werks »Die österreich-ungarische Monarchie in Wort und Bild« beginnt mit dem Beitrag »Landschaftliche Lage Wiens«. 1886 wurde er verfasst von »Seiner kaiserlichen Hoheit dem durchlauchtigsten Kronprinzen Erzherzog Rudolf«.

»Die mächtige Donau, weit im Westen entspringend, aus dem Abendlande durch Central-Europa dem fernen Osten zufließend, strömt nahe an Wien vorbei.«

Ja, 1886 strömte die Donau nahe an Wien vorbei. Zwar hatte man schon 1870 bis 1875 eine große Regulierung durchgeführt – die Landkarte war damit verändert, die Gefahr gemildert – aber beseitigt war sie noch lange nicht. 1897, 1899 und noch 1954 zeigte der Strom seine Macht.

Man weiß, dass »die Wiener«, wer immer das bei diesem Völkergemisch auch sein mag, immer erklären, Wien läge ja gar nicht an der Donau, im Gegensatz etwa zu Budapest. Daran seien eben die Römer oder die Babenberger oder wer auch immer« schuld.

Heute ist der breite Strom tatsächlich dem historischen Zentrum nicht nahe. Doch was wir den Donaukanal nennen, das ist eben die Donau, ein Donauarm von jeher. Wer jetzt die Liechtensteinstraße, die Wipplingerstraße und den Salzgries entlangspaziert, mag sich kaum vorstellen, wie es hier um 1200 ausgesehen hat. Da war die Donau – doch bald wandte sie sich nordwärts, der sogenannte Donaukanal hieß damals der Wiener Arm, die zahllosen noch kleineren Nebenarme im Süden begrenzend. Wer sich heute wundern mag, wieso denn die gotische Kirche Maria am Gestade an einem »Gestade« liegen soll, wo sie doch nur wenige Meter von der Wipplingerstraße entfernt steht – deshalb. Jahrhundertelang war die kleine Kapelle, die langsam zur eindrucksvollen Kirche wuchs, Gebetsort der Donauschiffer. Das Langhaus der Kirche wurde ab 1400 errichtet – es hat einen deutlichen Knick, denn man musste sich dem Lauf der nahen Donau anpassen. Wie

Der heutige »Donaukanal« mit der Ferdinandsbrücke, heute Schwedenbrücke.
Im Vordergrund Pferde und Reiter – ein Schiffszug

nahe die war, wird auch klar, wenn man bedenkt, dass die Ruprechtskirche, älteste erhaltene Kirche Wiens, dem Patron der Salzschiffer, dem heiligen Ruprecht, geweiht war.

Warum kann ein Fluss so weit wandern, wieso konnte die Donau sich von Zeit zu Zeit ein neues Bett suchen? Die sehr oft auftretenden Hochwasser waren der Hauptgrund. Der Strom durchflutete die Fluren, überflutete Felder und Höfe und Häuser, riss mit sich, was sich widersetzte, auch die Brücken. Und als der Spiegel wieder zu sinken begann, blieb er oft, wo er sich nun niedergelassen hatte.

Nach und nach ging dem Wiener Arm das Wasser aus. Doch das musste verhindert werden – die Donau war für die Versorgung der Hauptstadt von zu großer Bedeutung. Nicht nur das Salz des Salzkammerguts wurde auf ihr transportiert, auch die Erzeugnisse der als Handelspartner wichtigen, donauaufwärts gelegenen Städte nahmen den Weg übers Wasser – Töpferware und Keramik aus Gmunden, Engelhartszell, Passau, Leinwand aus Enns, Freistadt, Steyr und Wels, Eisen aus der Eisenwurzen, Steyr und St. Pölten, Holz aus den reichen Waldgebieten im Westen. Und auch der Personenverkehr wuchs an Bedeutung.

Um die Mitte des 14. Jahrhunderts versuchte man zum ersten Mal, das versandende Flussbett des Wiener Arms zu bekämpfen – mit den damals möglichen, aber eben unzureichenden Mitteln. Eine Art Vorläufer des Baggers konnte nichts gegen die Naturgewalt ausrichten. Ähnlich erfolglos war der Versuch, die Uferwände mit Holzbauten gegen das Hochwasser zu befestigen – sie wurden ebenso weggerissen wie die ständig wieder errichteten Brücken.

Seit 1464 bot die Schlagbrücke, an der Stelle der heutigen Schwedenbrücke, die einzige Möglichkeit, zu Fuß, und zwar trockenen Fußes, die Donau zu überqueren und die jenseits liegenden Donauinseln zu erreichen. Diese Gegend wurde zum Wohnsitz vieler Handwerker, die die Nähe des Wassers benötigten – Holzhändler und Flößer, Weißgerber und Färber und Lederer. Zwar wurde die Brücke immer wieder vom Hochwasser besiegt, aber sehr schnell wieder erbaut.

Beim Rotenturmtor lag die kleine Donauflottille und wartete auf ihren Einsatz. Der wäre 1477 notwendig geworden, hätte nicht der Feind dieses Jahres die gleiche Idee gehabt. Der ungarische König Matthias Corvinus erschien vor Wien mit einem Heer von 17.000 Mann und mit einer mächtigen Donauflotte – 330 Schiffe und 12.600 Mann Besatzung! Man hatte wenig Hoffnung, die Ungarn zu besiegen, und entschloss sich, zu verhandeln. So wurden Wien, Hainburg und Krems nur belagert, aber nicht erobert, im Gegensatz zu anderen, kleineren Donaustädten wie Korneuburg, Klosterneuburg, Melk. Doch dann zeigte sich König Matthias zufrieden mit den umfangreichen Angeboten von Kaiser Friedrich III. und machte kehrt.

Der Kaiser fand es allerdings klüger, sein Geld für einen besseren Verteidigungszustand zu verwenden, befestigte seine Hauptstadt und die Städte Krems und Stein, nahm ein Söldnerheer auf und bezahlte seine ungarischen Schulden nicht. Also kam Matthias wieder, diesmal wollte er Wien einnehmen und eventuell selbst Kaiser werden. Zuerst sollte es Hainburg an den Mauerkragen gehen. Die Ungarn belagerten die gut befestigte Stadt von März bis September 1482. Sie hatten keinen Erfolg, er war auch nach diesen sechs Monaten nicht in Sichtweite. So kam man auf ein Mittel, das in späteren Jahren und auch heute in Österreich völlig undenkbar gewesen wäre – Korruption. Der Stadtkommandant Wolfgang Fuchs bekam 3.000 Gulden, flugs waren die Stadttore offen. Die Summe entsprach ungefähr dem Jahreseinkommen von 100 Handwerkern. Wohin Herr Fuchs mit seinem Geld dann gegangen oder geflohen ist, weiß man nicht.

Da hatte Wien noch eine Galgenfrist. Erst im Winter 1484 querten die Ungarn die zugefrorene Donau beim Unteren Werd, also der Praterinsel, und griffen am 29. Jänner 1485 die Residenzstadt an. Die Befestigungen erwiesen sich als sinnvoll und kaum einnehmbar – also Aushungern! Die Donau wurde überwacht, die Proviantschiffe wurden abgefangen – aber eben nicht alle und so griff man zu einem anderen Mittel. Eine eiserne Kette verhalf den Belagerern wieder einmal zu ihrem Erfolg, am 1. Juni gab Wien auf.

König Matthias Corvinus besetzte die Stadt und nahm seinen Schreibtisch in der Hofburg in Besitz. Dort verblieb er nun bis zu seinem Tod im Jahre 1490. Er war erst 47 Jahre alt, auch für seine Zeit kein hohes Alter.

Sein Beiname »Corvinus« stammt von seinem Wappentier, dem Raben, im Lateinischen Corvus. Dieses Wappen des Hauses Hunyadi kommt von einer ganzen Reihe von Bezügen zu diesem schwarzen Vogel – die Herkunft vom römischen Adelsgeschlecht der Corvini, der Rabenfelsen im Besitz der Hunyadi und mehr.

Nun hatte also die Donau die Funktion eines Verkehrsweges, einer Achse zwischen zwei Zentren des Corvinus, Wien und Ofen oder ungarisch Buda, König Matthias hielt sich einmal da, einmal dort auf.

Das war für beide Städte Glück – der kunstliebende Hunyadi war von einem Italiener erzogen worden, Antonio Bonfini aus Ascoli Piceno, und war mit einer neapolitanischen Prinzessin verheiratet – Beatrix von Aragon. König Matthias sammelte, holte Künstler an seinen Hof, gründete eine Universität in Preßburg, besaß eine berühmte Bibliothek. Mit seinem Tod fielen sein politisches und sein künstlerisches Reich in sich zusammen, schon 1490 gab es die Universität nicht mehr, von den Kunstwerken blieb wenig. Die erhaltenen Porträts sind natürlich zum Teil idealisiert, doch diejenigen, die einander gleichen, zeigen einen Mann von entschlossenem Ausdruck, kräftig, ja schön. Eine Dynastie konnte er nicht gründen. Er war seinem Vater gefolgt, sein älterer Bruder war früh gestorben, der Thronfolger starb noch vor seinem Vater Matthias, ein unehelicher Sohn hatte keine Chance, berücksichtigt zu werden.

Ungarns Krone fiel an den böhmischen König Ladislaus, einen Jagiellonen. Und in Wien regierte wieder Friedrich III., der freilich wenig Freude an seiner Hauptstadt hatte. Sie hatte ihn schon mehrfach geärgert, Graz, Wiener Neustadt, zuletzt Linz zog er vor. Am 19. August 1490 zog sein Sohn Maximilian in Wien ein, belagerte die Hofburg und hatte sie in Windeseile zurückerobert. Wer damals ein Kind war, hatte noch einiges vor sich. 39 Jahre später ging es in Wien abermals um Sein oder Nichtsein.

Bei Mohács hatten die Türken die Ungarn vernichtend geschlagen. Der Weg nach Wien schien frei und viel versprechend. Man beschloss, ihn zu nehmen. 1529 brachen die Türken auf. In Wien wurden in heftiger Hektik Häuser abgedeckt, um am Dachboden Geschütze aufstellen zu können, zwischen den Türmen mussten Mauerteile gepölzt und Wehrgänge gezimmert werden. Und im letzten Moment reinigte man den Stadtgraben, der durch Jahrzehnte als Mistplatz gedient hatte und somit weitgehend zugeschüttet gewesen war.

Zu einem ernsthaften Einsatz der kaiserlichen Donauflottille wäre es im Spätsommer 1529 wohl gekommen, man hätte ihn dringend benötigt. Aber sobald sich die Nachricht verbreitete, ein großes türkisches Heer werde demnächst vor Wiens Mauern ankommen, zog die Mannschaft der 28 Boote den Rückzug dem Heldentod vor. Die verlassene Miniflotte wurde verbrannt und versenkt, der Feind hätte sie ja wohl andernfalls für seine unchristlichen Zwecke eingesetzt. Wäre sie ihm in die Hände gefallen, die Türken hätten damit vielleicht ihre Artillerie donaubergwärts nach Wien befördert, die sie in Ungarn zurücklassen hatten müssen. Es genügte, was sich auch ohne die Artillerie vor den Stadtmauern der Residenzstadt zusammenbraute: 150.000 Soldaten mit 22.000 Kamelen und einer Donauflotte von 400 Schiffen ließen in Wien Herz und Hoffnung sinken. Widerstand schien aussichtslos.

Diese erste Türkenbelagerung, kommandiert von allerhöchst Seiner Majestät dem Sultan in Person, begann Ende September – und war Mitte Oktober beendet. Das war ein, auch vom beginnenden Herbstwetter begünstigter, Glücksfall, denn die Verteidiger der Residenzstadt waren nicht viele. Ihrem Kommandanten Niklas Graf Salm begegnen wir bald wieder, wenn es um Schloss Orth geht, in Niederösterreich.

Sosehr diese Tage im frühen Herbst 1529 für die sosehr gefährdete Stadt, deren Befestigungen seit dem 14. Jahrhundert nicht modernisiert worden waren, und für die freiwillig oder unfreiwillig zurückgebliebenen Bewohner grauenhaft gewesen sein mögen, so sehr waren sie harmlos, gemessen an dem, was sich 154 Jahre später abspielte.

Ein Zeitzeuge erzählt sehr lebendig von den ersten Tagen der Türkenbelagerung im Juli 1683, leider kennen wir seinen kompletten Namen nicht. Sein Tagebuch hat er als »Anselm Freiherr von P.« geführt, das Inkognito konnte niemals gelüftet werden.

Am 8. Juli 1683 war die Armee unter Großwesir Kara Mustafa noch im Anmarsch, erst am 14. Juli war Wien eingeschlossen. Aber die schnelle Vorhut war da – in Regelsbrunn, Petronell, Maria Ellend, entlang der Donau, kam es zu Brandschatzung und Massenflucht, alles strömte hinter die scheinbar sicheren Mauern der Hauptstadt. Der frühere Offizier von P., der nach einer Beinverletzung seinen Soldatenberuf nicht mehr ausüben konnte, half bei den Maßnahmen des Stadtkommandanten, wo es ihm eben möglich war – und wollte dann zu seinem kleinen Landgut auf der anderen Donauseite. Aber er kommt nicht dahin – die Flüchtenden, die sich nach Norden zu retten hoffen, verstopfen die Brücke.

Doch auch sie werden abgedrängt, das Militär hat es eilig, und so schildert Anselm von P.:

»Durch den Roten Turm konnt ich mich neben deme vielen Fluchtgefährt grad durchschmiegen zur Schlagbrucken hin, über die aber hätt ich heil nit auf die Insel hinüber mögen (meint = können), ist da stundenlang die kayserliche Kavallerie vom Lothringer von St. Marx her überrn Rennweg und die Stubentorbrugg an der Stadt vorbey zur Tabor-Au ins Lager eingeruckt. 10.000 Mann! Das schreibt sich so hin, aber man mueß das sehen und hören: die Gäuler mit denen Dragonern und Kürassiren sanft auf und ab in gutem Ritt, den Lanzenwald mit blitzende Spitz, die eisenschwarzen Helm und Küraß, Stegreif und Sporen, die Kartuschen und Musketenschlösser funkelnd, dazu das Wiehern und das Trappeln …« Der alte Soldat wird wehmütig, weil er nicht mehr mitziehen kann. »… und so geht's durch Staub und Glut in die Au hinüber, den vollen Tag lang.«

Herzog Karl V. von Lothringen war mit seinem Reiterheer bei Regelsbrunn, Petronell, unversehens in ein heftiges Gefecht mit einer Übermacht von Krimtataren geraten. Seine Savoyendragoner konnten die Osmanen zwar in die Flucht treiben, aber daraufhin zog der Herzog in Eile von Schwechat nach Wien und bezog ein Lager in der Leopoldstadt und am Tabor.

Zu dieser Zeit ist das Türkische Heer schon nahe. Ein ähnlich beredtes Zeugnis, jedoch aus feindlicher Sicht, liefert das Tagebuch, das der Zeremonienmeister der Hohen Pforte, des Sultans Mehmed IV., geführt hat.

»Samstag, 10. Juli. Am frühen Morgen wurde aufgebrochen und in der fünften Stunde darauf der Lagerplatz bei Ungarisch-Altenburg erreicht. Der Marsch führte über die ganze Strecke am Donauufer entlang; das gegenüberliegende Ufer, also die Insel von Komorn, bot sich dem Blick als eine allenthalben mit Wäldern bedeckte Hügellandschaft dar.«

Und weiter zieht das osmanische Heer, immer am Donauufer entlang, über Hainburg – »… kamen zur Zeit des Sonnenuntergangs … schon Boten mit lebenden Gefangenen und abgeschnittenen Köpfen und brachten die frohe Kunde, daß die Palanke im Sturm genommen worden sei.« Palanke – damit sind befestigte Siedlungen gemeint.

Kara Mustafa Pascha (1634 – 1683)

Am 14. Juli ist Wien vom Belagerungsheer umringt und der Großwesir ruft: »Wohlan denn, man bringe also die Geschütze in Stellung, und der Kampf soll beginnen!«

Er beginnt für Kara Mustafa sehr verheißungsvoll – »Gegen Abend trafen von den ungarischen Magnaten Zrinyi und Rakóczy Boten ein, und auch von Batthyány und Draskovich kamen Abgesandte mit der Meldung ihrer Unterwerfung und Huldigung.«

80.000 Wiener sind geflohen, der Kaiserhof hat sich nach Linz, danach nach Passau verlagert. Wer von Geschichte nichts versteht, nennt auch diese Entscheidung Flucht – aber es war die einzige und also die richtige Möglichkeit, der Residenzstadt und allem hinter ihr liegenden Land zur Rettung zu verhelfen. Ein in seinen Stadtmauern eingesperrter Kaiser und seine politischen und militärischen Ratgeber hätten doch keinerlei Möglichkeiten mehr gehabt, neue Allianzen zu bilden, Rettungsmaßnahmen zu ergreifen.

Für die Zurückgebliebenen beginnt eine grauenhafte Zeit. 60 Tage müssen die belagerten Wiener und ihre herbeigeeilten Helfer durchhalten. Die Verteidigung kommandiert Ernst Rüdiger Graf von Starhemberg, der noch nach Jahrhunderten einen legendären Ruf hat, wie auch der Bürgermeister, Johann Andreas Liebenberg. Dieser hat einen Obelisken mit goldenem Porträt gegenüber der Universität am Ring, nahe der Löwelbastei, dem Hauptangriffsziel der Janitscharen. Jener ist im Besitz eines eindrucksvollen Grabmals in der Schottenkirche auf der Freyung im I. Bezirk und einer Gasse im IV. Bezirk – und lebt weiter im Gedächtnis derer, die unverdrossen die vielen Stufen zur Türmerstube des Stefansturms emporsteigen. Wer knapp vor dem Ziel ist, sieht die Stelle, von der aus der Graf Tag für Tag seinen Beobachtungsposten bezog.

Der 12. September bringt endlich die Rettung für die Wiener, die Katastrophe für die Osmanen. Am Vortag hatten die alliierten Truppen die Höhen von Kahlenberg und Leopoldsberg besetzt – Kontingente aus Bayern, Baden, Hessen, Venedig, Schwaben, Franken und vor allem Polen. Den Oberbefehl hatte König Jan III. Sobieski von Polen inne, seine gewaltig von den Hängen durch Wälder und Weingärten herabstürmende Kavallerie entsetzte die Türken, der Chronist notierte: »12. September. Am frühen Morgen kam die Meldung, daß die Truppen der unseligen Giauren in Stärke von zweihunderttausend Mann über den Berg am Donauufer anrückten …« So viele waren es nicht, aber immerhin hatten sich um die 60.000 Soldaten

Wien liegt im Kampf. Radierung von Romeyn de Hooghe 1683

versammelt, ihre Kommandeure trafen sich in Schloss Stetteldorf bei Tulln zu einem letzten Kriegsrat, Jan Sobieski, Karl von Lothringen, Ludwig Wilhelm von Baden. Und der osmanische Tagebuchautor, wir kennen seinen Namen nicht, beschreibt die Panik:

»Jedermann im Heere packte nur sein leichteres Gepäck zusammen und ließ seine sonstige Habe im Stich … Die Giauren aber bemächtigten sich des Schatzes, der Zelte, der Munition, des Kriegsgeräts und sämtlicher Geschütze.«

Eine andere osmanische Quelle, ihr Autor ist »Mehmed, der Waffenträger«, berichtet:

> »Die vielen tausend Gefangenen, die die Giauren vorfanden, befreiten sie von ihren Fesseln, und die Reichtümer, die sie erbeuteten, sind gar nicht zu beschreiben … Allah bewahre uns vor Unheil, es war das eine Niederlage und eine Katastrophe, wie sie das Reich seit seinem Bestande noch niemals erlitten hatte.«

Was heute Brigittenau und Leopoldstadt heißt, der 20. und der 2. Bezirk von Wien, war damals »Der Untere Werd«. Die Zweite Türkenbelagerung hatte diesen Stadtteil verwüstet zurückgelassen, nun begann er, sich zu erholen.

Eng verbunden ist die Geschichte des Unteren Werd mit der Geschichte der Wiener Juden. Hier findet sich kaum ein Ruhmesblatt für die Hauptstadt der Habsburger. Auch der Name der »Leopoldstadt« deutet nicht, wie man vielleicht glauben könnte, auf besondere Toleranz und Hilfe durch Kaiser Leopold I. hin – in seiner Regierungszeit wurden Wiens Juden wieder einmal vertrieben, 1670. Anstelle der Neuen Synagoge wurde eine katholische Kirche erbaut.

Aber dem Kaiser wurde schließlich nach und nach klar, dass er mit den Juden besser dran war als ohne die Juden – und er gestattete einer begrenzten Zahl die Niederlassung. Zu ihnen zählte an erster Stelle Samuel Oppenheimer, ein Freund des Prinzen Eugen, der sich nun einen eindrucksvollen Wohnsitz im Zentrum erbauen ließ. Kaiser Leopold hatte gelernt – als 1700 antisemitische Unruhen ausbrachen und der Pöbel jüdische Wohnsitze erstürmte und plünderte, so eben auch jenen Samuel

Der Leopoldstädter Tempel von Rudolf v. Alt

Oppenheimers, wurde der Rädelsführer gehenkt, die Komplizen kamen in strenge Haft.

Zu dieser Zeit war die Donau schon wieder weitergezogen, gen Norden. Auf fünf Kilometer Länge durchströmte sie die Auen, an ihren Ufern standen die Dörfer Jedlesee, Stadlau, Floridsdorf – wenn sie nicht gerade wieder lagen, statt zu stehen, ihnen machte das häufige Hochwasser am meisten zu schaffen.

Zu einer Zeit, da sie außenpolitisch von Sorgen umringt war, kam Maria Theresia auf den Gedanken, man müsse endlich eine Donaulösung finden. 1741 war die Vorstadt Landstraße in der Donauflut untergegangen. 1744 hatte Friedrich II. von Preußen den Zweiten Schlesischen Krieg vom Zaun gebrochen und zur selben Zeit zerstörte die Donau die Leopoldstadt. Der Krieg wurde nach anfänglichen österreichischen Erfolgen verloren, und auch die Donau war nicht zu besiegen.

Noch in der Regierungszeit der Kaiserin begann man, einen Damm zu bauen, nach Plänen des Cameral-Ingenieurs Johann Sigismund Hubert. Den Beginn des Baus hat sie noch erlebt, 1776, den Abschluss nicht mehr, 1785. Dafür blieb ihr auch der Misserfolg des Schutzdamms erspart – schon 1787 wurde er vom nächsten Hochwasser fortgespült. Dennoch bekam der mäßig erfolgreiche Techniker sein Denkmal – der Hubertusdamm trägt seinen Namen.

> *»Ich will ein Liedchen bringen, doch glauben Sie mir auf Ehr,*
> *der Inhalt is' sehr traurig, 's wird manchen 's Herz g'wiß schwer.*
> *Anno achtzehnhundertdreißig war eine Wasserg'fahr,*
> *doch war's gewiß noch braver wie's zweiundsechzger Jahr.«*

Die Moritat schildert die Schrecken des Hochwassers. Nach vielen gescheiterten Plänen und verworfenen Ideen, hydrotechnischen Untersuchungen und hoch besetzten Kommissionssitzungen war keine Lösung zustande gekommen – so musste eben »etwas passieren, damit etwas geschieht«.

»Passiert« ist eine besonders schlimme Überschwemmung im Jahr 1862, vor allem der kleineren Vorstädte, Leopoldstadt, Rossau, Liechtenwerd. Die Erinnerung an den Eisstoß von 1830 mit seinen schrecklichen Folgen war in Wien noch wach – damals hatte es 74 Tote und 681 zerstörte Häuser und am Ende auch noch eine Choleraepidemie gegeben.

Bevor wir noch einmal zu einem Eisstoß und seinen Folgen kommen, eine Erklärung – was ist das, wie entsteht das? Im Jänner 1830 war die Temperatur bis minus 22 °C gesunken, die Donau war – wie schon oft – zugefroren. Die Eisschichten wurden ständig dicker, verschoben sich gegeneinander, brachen, eine Scholle drängte sich über die nächste. Setzte nun nach einigen Wochen das Tauwetter ein, dann fielen die befreiten gewaltigen Eisschollen über die Bauten an den Ufern her, knickten die Brückenpfeiler, das aufgestaute Wasser drang in die schon beschädigten Häuser und füllte die Gassen und Straßen.

1862 aber war Wien in Aufbruchsstimmung – die Stadtmauern waren gefallen, die Stadttore wurden geschleift, ein Bauboom hatte eingesetzt, die Bevölkerung hatte sich schnell vermehrt. Und da kam es also wieder zur Wasserkatastrophe. Nun jedoch war man auch endlich technisch in der Lage, wirksame Lösungen zu finden.

Zwischen 1870 und 1875 wurden die kleineren Seitenarme zugeschüttet, ein großer Teil dennoch als stilles Wasser erhalten, als Erholungslandschaft – die Alte Donau, und der alte Wiener Arm wurde zum heutigen Donaukanal, das Hauptbett wurde verlegt. Auch der Wienfluss musste sich fügen. Wer heute in der schönen Jugendstilarchitektur des Stadtparks auf das arme Rinnsal blickt, das da unten in Richtung Donaukanal schleicht, vermag sich wohl nicht vorzustellen, dass dieses nur 34 Kilometer lange Flüsslein früher durchaus die Kraft hatte, den Park und das Erdgeschoß von Schloss Schönbrunn zu überschwemmen. Die Wien konnte innerhalb von Stunden auf die 2.000fache Wassermenge anschwellen!

Zur großen Donauregulierung gehörte auch die Schaffung eines 450 Meter breiten Überschwemmungsgebietes, des Inundationsgebietes, in dem Bauverbot herrschte. Eine weitere Möglichkeit, den Eisstoß zu besiegen, fand der Techniker Wilhelm von Engerth, eine Art Tor inmitten des Flusses bei Nußdorf, das den riesigen Schollen den Weg in die Stadt verwehren sollte, das sogenannte Sperrschiff. Der vielbegabte Schlesier hatte eine Lastzuglokomotive für die junge Semmeringbahn erfunden, er war ein beliebter Hochschullehrer, er war der Chefkonstrukteur der Hallen für die Weltausstellung 1873, der Rotunde. 1884 starb er im Badener Stadtteil Leesdorf. Mit seinem Sperrschiff, von Otto Wagner später auf den letzten Stand gebracht, gelang ihm tatsächlich der Sieg über die tödlichen Gefahren des Eisstoßes. Nun konnte man am Ufer stehen, die technischen Leistungen der Gegenwart preisen und den Eisstoß als ästhetisches Phänomen erleben. Dieses Erlebnis wurde den Wienern im Winter 1929 zuteil.

Seit man begonnen hatte, die Temperaturmessungen zu notieren, 1775, war zum ersten Mal eine Kälte von minus 29 °C beobachtet worden. Mitte

Februar 1929 war die Donau von der Wachau bis Preßburg zugefroren, auf einer Länge von mehr als 40 Kilometern.

»Der Frost und seine Folgen sind allgemein Tagesgespräch, und die neueste Sehenswürdigkeit, das seit vielen Jahren nicht mehr geschaute Schauspiel des Eisstoßes, war gestern das Wanderziel vieler Tausender von Menschen.« Die Neue Freie Presse bietet am 11. 2. 1929 einen Sensationsbericht.

»Mit der Straßenbahn, mit dem Auto, zu Fuß – die Bundesbahn hatte nach Heiligenstadt sogar einen Sonderzug in Betrieb gestellt – strebte alles der Donau zu, um ein anschauliches Bild einer Polarlandschaft zu bewundern. Es ist ein aufregend schönes Schauspiel …« – das man noch wochenlang bewundern konnte. Bis zu zehn Meter hoch türmten sich die Eismassen, und erst am 15. März war das Tauwetter stärker. Um 13.00 Uhr setzte sich der Eisstoß in Bewegung. Befürchtungen, nun könnte es wie früher zu einer Überschwemmung kommen, wurden selbstbewusst von den Fachleuten negiert – man war sich des Inundationsgebiets und seiner Wirkung zu Recht sicher.

Mit dem Eisstoß von 1929 kam also endlich die Erlösung aus einer permanenten Bedrohung seit Jahrhunderten. Die Überschwemmung des Jahres 1501 soll die schlimmsten Folgen der Stadtgeschichte gehabt

Der große Eisstoß: Wien 1929, Motto »Verkühle dich täglich!«

haben. Was damals unerklärbare Katastrophe war, das war nunmehr ein Schauspiel.

Wenige Jahre später hatte Wien ein neues Wahrzeichen. Am 10. Oktober 1937 wurde die Reichsbrücke eröffnet. Sie ersetzte die Kronprinz-Rudolf-Brücke, die seit 1876 gedient hatte.

Das Eröffnungsfest wurde als Staatsakt gestaltet, das junge Österreich konnte alle irgend möglichen, eben auch technischen, Erfolge dringend brauchen. Die Feier, in Anwesenheit von Bundespräsident Miklas, Kardinal Innitzer und der Regierung, wurde im Radio übertragen, ein eigenes Reichsbrückenlied besang den Erfolg. Zudem war ja die Gestaltung der neuen Brücke absolut gelungen. Wenn man sich dem Zentrum näherte, wirkte sie wie ein Rahmen für den in der Ferne stehenden Stephansdom.

Der 1. August 1976 gehört zu jenen Tagen, die man sich, hat man sie auf die eine oder andere Weise miterlebt, ein Leben lang merkt. Eine persönliche Erinnerung also:

Ich saß im Hotel in Caserta bei Neapel und wartete eine PKW-Reparatur ab. Telegiornale, die RAI-Nachrichten, brachte gleich zwei verwirrende Berichte. Am Nürburgring war Niki Lauda schwer verunglückt.

Und dann folgte noch eine zweite für Österreicher besonders interessante Nachricht, die ich nicht sofort begreifen konnte. Man sah zwar im Bild etwas Merkwürdiges, aber ich stand noch unter dem Eindruck des Laudaberichts und hatte nicht aufmerksam genug zugehört, hier konnte es sich nur um einen Irrtum handeln. Da war viel fließendes Wasser zu sehen, angeblich die Donau, und irgendwelche Betontrümmer – ?? Merkwürdig.

Aber es war kein Irrtum. Noch am selben Tag begann eine Wanderung der Wiener zur Reichsbrücke wie zu Zeiten des Eisstoßes. Gegen 05:00 Uhr früh war die Brücke eingestürzt – zu einer Zeit, da, zumal an einem Sonntag, kaum Verkehr herrschte. Die wenigen Autofahrer auf der Brücke überlebten das Unglück bis auf einen Fahrer des ORF, der in seinem Kleinbus ums Leben kam. Der Autobus der Stadtwerke aber, der ebenfalls mitsamt seinem Chauffeur in die Donau gestürzt war, steht, restauriert und fahrtüchtig, im Wiener Straßenbahnmuseum im dritten Bezirk. Die Schaulust der Wiener führte zu ziemlichem Gedränge und schnell auch zu regelrechtem Devotionalienhandel mit Ansichtskarten, Betonbrocken und Nieten. Bei der nicht mehr existierenden Schallplattenfirma Ariola erschien ein neues Reichsbrückenlied, das nicht wie sein Vorgänger die Brücke pries, sondern

Wien Innenstadt, Blick von St. Stephan zum Graben und zur Peterskirche

ihr Ende verspottete: »Heute gemma Bruck'n schaun, schaut's, wie sich die Leute stauen!«

Wenn wir schon bei einem im Grunde tragischen Ereignis sind, bleiben wir gleich beim Thema. Etliche Kilometer südwärts, am anderen Ende von Wien, haben sie ihre letzte Ruhestätte gefunden – Menschen, deren Schicksal wir nicht kennen, angeschwemmt von den Wassern der Donau, noch nicht einmal den Namen wusste und weiß man – der Friedhof der Namenlosen. Bis 1940 hat er seine Funktion bewahrt, seither gibt es hier keine Bestattungen mehr, obwohl ein Grab die Jahreszahl 1953 trägt. Beschreibungen dieses Friedhofs gibt es in großer Zahl – weil er ja angeblich so typisch für Wien ist! Die Stadt der schönen Leich', Totenkult, Morbidezza … Ach, es stimmt ja nicht. Auch in Paris oder Genua liebt man seine Prunkfriedhöfe, die Selbstmordstatistik weist andere Städte als führend aus, in der Reihung der Länder liegt Österreich ohnehin weit abgeschlagen hinter Weißrussland, Litauen, Ukraine, ja sogar hinter Japan, Belgien, Finnland – und der Schweiz.

Einen Friedhof der Namenlosen gibt es nicht nur in Wien, den gibt es auch in Venedig am Lido, auf der Insel Helgoland und anderswo.

Ganz nahe, am gegenüberliegenden Ufer der Donau, hat eine große Schlacht stattgefunden, die Tausende und Abertausende ums Leben gebracht hat. In den Geschichtsbüchern nimmt sie einen merkwürdig unsicheren Rang ein. In Frankreich, dem Gegner in diesem Jahr 1809, wird sie nicht einmal erwähnt. Dabei hatten die Franzosen ein Heer von fast 100.000 Mann aufgeboten, die Zahlenangaben schwanken.

Und der eine oder andere Historiker ist der Meinung, es habe sich nur um die Zerstörung einiger von den Franzosen gebauten Pontonbrücken gehandelt, nicht um eine tatsächliche Schlacht. Das ist angesichts einiger trockener Zahlen nicht haltbar. Von den jedenfalls 90.000 Mann der Armee Napoleons blieb fast ein Drittel auf dem Schlachtfeld, die Verluste der Österreicher beliefen sich auf rund 24.000 Mann. Diese etwa 54.000 toten oder verwundeten Menschen als eine Marginalie, als Randbemerkung zur Geschichte abzutun, ist historisch falsch, und es ist zynisch.

Erzherzog Carl war ab 1801 Präsident des Hofkriegsrates, das entspricht dem späteren Kriegsminister, und in den Kriegen gegen Napoleon Generalissimus der österreichischen Armee. Er hatte schon im Juni 1796 einen Erfolg gegen eine französische Armee errungen, bei der Stadt Wetzlar in Mittelhessen. Der französische General Jourdan war zwar besiegt worden, aber das war ohne Folgen geblieben.

Im Jänner 1809 meldeten französische Spione, und mitten in der Ballsaison ging das Gerücht von Ohr zu Ohr, es werde bald wieder Krieg geben. Eine neue Koalition, die fünfte, dieses Mal mit Großbritannien alleine, machte den Österreichern Hoffnung. Im April ging es los – und schon am 12. Mai bezieht der Kaiser der Franzosen wiederum die ihm von der ersten Einnahme Wiens 1805 vertrauten Räume des Kaisers von Österreich in Schloss Schönbrunn. Am 13. Mai halten die siegreichen Franzosen unter General Oudinot am Stephansplatz eine Parade ab, die Magistratskasse wird beschlagnahmt.

Zu dieser Zeit ist Österreichs Armee unter Erzherzog Carl auf dem Weg nach Wien – ein mühevoller Weg. Nach einer großen Niederlage bei Regensburg gegen die Franzosen unter Marschall Davoût und dem Kaiser der Franzosen selbst zog sich das geschlagene Heer zurück. Über Schärding, abermals geschlagen, Polling – ebenso, erreichte ein Teil der Österreicher Linz. Die Hauptarmee, vom Generalissimus geführt, soll sich bei Linz mit der Nachhut vereinigen. Im nahen Ebelsberg kommt es am 3. Mai zu einem furchtbaren, erbitterten Kampf, der zwar nur einen halben Tag dauert, aber als die »Tragödie von Ebelsberg« in die Geschichte eingeht.

Beide Seiten haben durch Tod, Verwundung oder Gefangenschaft bei diesem Treffen an die 12.000 Mann verloren. Henri Beyle, ein Stabsoffizier, der sich als Stendhal Weltruhm erschrieben hat, notierte damals in sein Tagebuch: »Seitdem weiß ich, was Schaudern ist. Kenner versichern, der Anblick von Ebelsberg wäre tausendfach gräßlicher als der aller sonstigen Schlachtfelder …«

Und nun ging es nach Wien – am rechten Donauufer die Franzosen, am linken die Österreicher. Vom Marchfeld aus wollte Erzherzog Carl weiter nach Wien marschieren, über die Donau, und Napoleon zur Entscheidung am rechten Ufer zwingen. Doch der Generalquartiermeister Baron Wimpffen – diese Funktion entsprach der späteren des Generalstabschefs – drängte zum Kampf am linken Donauufer. »Wenn die Franzosen die Schlacht verlieren, so ist bei der Erbitterung des Landvolks, auf deren Wirkung jedoch erst nach einem glücklichen Erfolg zu rechnen ist, die französische Armee gewiß ganz aufgerieben.«

Wimpffen riet also zum Zaudern, zum Abwarten. Das hatte manchen Vorteil: Der Marsch einer ganzen Armee über die Donau mit improvisierten Brücken, Schiffsbrücken, Pontonbrücken, war gefährlich genug. Man solle lieber den Übergang Napoleons über den Fluss abwarten. Seine Behelfsbrücken könnte man auf vielfache Weise bekämpfen. Die letzte Verbindung zwischen Wien und den Donauinseln, die Taborbrücke, war ja auch noch gesprengt.

Ein Blick auf Wien und die Donau 1809: Ab Nußdorf war keine Rede mehr von einem Strom, da waren viele Rinnsale, Nebenarme, und dazwischen Inseln – Tabor, Prater, Schwarzlackenau, Lobau. Bei der Lobau bot sich der Übergang über den Strom von der rechten auf die linke Seite und ebenso umgekehrt klar an – hier gab es die geringsten Hindernisse, die Distanz war nicht so groß wie an anderen Stellen. Zudem gab es auf den Inseln im Strom dichte kleine Wälder und Gebüsche, die den Österreichern auf der gegenüberliegenden Seite den Blick auf das anrückende französische Heer nicht gestatten würden. Das Ziel dieser Überquerung waren zwei Dörfer, die heute zum 22. Wiener Bezirk gehören – Aspern und Eßling.

Am 19. Mai 1809 begannen französische Pioniere, eine Brücke zu schlagen, es war 17 Uhr. Man hatte nicht an solche Situationen gedacht, sie nicht eingeplant, und nun fehlte es an technischer Ausrüstung und

Der Übergang der Grande Armée über die Donau bei Wien.
Joseph S. Desfontaines, Wellington Museum London

Material. Um nicht aus einem Buch über das Thema Donau ein militärhistorisches Werk zu machen, also in Kürze: Ein Teil der Franzosen hatte den Brückenübergang geschafft, Marschall Masséna bestieg den Kirchturm von Aspern und suchte die Österreicher. Er sah nur ein kleines Korps, das beim Bisamberg biwakierte. Also nahm er an, Erzherzog Carl sei mit der Hauptarmee abgerückt, und berichtete das so seinem Kaiser. Napoleon war enttäuscht. Er würde nun das flüchtende Heer verfolgen müssen, die schnelle Entscheidung, auf die er gehofft hatte, werde es nicht geben – dachte er. Doch in Wirklichkeit war Österreichs gesamte Armee nahe – sie hatte in der Nacht andere Stellungen bezogen, hatte nicht biwakiert und so hatte Masséna auch nur die fernen Lagerfeuer vom Bisamberg sehen können.

Am nächsten Morgen aber zeigte das Tageslicht den Spähern auf dem Kirchturm von Aspern die anmarschierenden Österreicher – sie schätzten sie auf 80.000 Mann.

Obwohl die Behelfsbrücken durch ihren improvisierten Charakter, die von einer kleinen Truppe unter dem Pionier-Hauptmann Friedrich von

Magdeburg verursachten Brände, durch die donauabwärts treibenden, losgelösten und angezündeten Schiffsmühlen und die durch die Schneeschmelze des Frühjahrs ansteigende Donau immer wieder zerstört waren, hoffte Napoleon in seinem Quartier in der Lobau, seine komplette Armee im Laufe des Tages auf das linke Donauufer zu bringen – wo Masséna in Aspern kommandierte, Lannes in Eßling. Es war der 21. Mai, Pfingstsonntag, am frühen Nachmittag begann die Schlacht.

Caroline Pichler, Schriftstellerin, deren Lebenserinnerungen unserer Phantasie immer sehr hilfreich sind, notierte:

»Es war ein wunderschöner Frühlingssonntag, als plötzlich ferner und doch lauter Kanonendonner an unsere Ohren schlug – das Kanonieren dauerte fort, wurde immer stärker, häufiger, – es war eine Schlacht … Was uns aber noch mehr als der ununterbrochene Kanonendonner von der Wichtigkeit des Gefechtes überzeugte, war die ungeheure Anzahl blessierter Franzosen, welche in den beiden Schlachttagen, 21. und 22. Mai, und noch mehrere Tage nachher zu Fuß oder auf Wagen durch die Marxer-Linie und bei der Leopoldstadt hereinkam.«

Den Österreichern gelang es, das Dorf Aspern einzunehmen – die Franzosen eroberten es zurück, das wiederholte sich mehrmals. Der Kampf setzte sich in die Nacht fort, ständig brachten die Franzosen weitere Teile ihres Heeres vom rechten ans linke Donauufer.

Der nächste Tag war wie der vorige vom wechselnden Schlachtenglück geprägt, nur Eßling wurde von den Franzosen ohne Unterbrechung gehalten. Um 4 Uhr Nachmittag verstummten die Kanonen, Napoleon hatte sich zum Rückzug entschlossen.

Generalissimus Erzherzog Carl sah, dass sich die Franzosen zurückzogen – und vermied trotz des Drängens seines Stabes die Verfolgung. Zwar verbreitete sich schnell die Nachricht vom österreichischen Erfolg, doch ihn zu nutzen sieht sich Carl außerstande. Sein Bruder Kaiser Franz gratuliert ihm mit einem Dankschreiben, nennt ihn »Retter des Vaterlands« und ist erleichtert. Diese Erleichterung sollte sich schon bald geben – wenige Wochen später kommt bei Wagram der gewaltige Rückschlag.

Doch noch wird gefeiert. Hauptmann Magdeburg, dem die Österreicher die wiederholte Zerstörung der französischen Brücken verdanken, freilich in Zusammenwirken mit dem Hochwasser der Donau, ist einer der Helden des Tages.

Joseph Haydn, der sich angewöhnt hatte, sein Kaiserlied »Gott erhalte …« täglich zu spielen, erfuhr vom Ausgang der Schlacht, spielte seine Melodie ein weiteres Mal und sagte nachher »So habe ich das Lied schon lange nicht gespielt.« Um sich vor der französischen Soldateska zu schützen, hatte er schon Anfang Mai an seinem Haus in Wien ein Schild anbringen lassen »Joseph Haydn, membre de l'Institut«.

2012 ist das Buch »1812. Napoleons Feldzug in Russland« erschienen. Da schreibt Adam Zamoyski über die Reaktion des Kaisers der Franzosen auf die Nachricht von Wellingtons Sieg in Spanien: »Der Rückschlag selbst war von geringer Konsequenz, sein Propagandawert aber umso gewaltiger, wie dem Kaiser wohl bewusst war. Alle seine Feinde würden Mut fassen, wie sie es schon nach Aspern getan hatten …« Dabei war Napoleon selbst an den Kämpfen in Spanien nicht beteiligt, in Aspern war er der Feldherr gewesen!

Napoleon stellte den Schlachtverlauf anders dar, als er tatsächlich war. Er erklärte, er habe ab dem 20. Mai die Oberhand behalten, am 23. Mai habe er freiwillig die schon für ihn siegreiche Schlacht abgebrochen, auf den Rückzug gedrängt. Dass, zum Beispiel, der für Napoleon besonders wichtige Marschall Lannes, sein Freund, in diesen Tagen fiel – davon war keine Rede. Und neben den zahllosen gefallenen Namenlosen waren außer dem Marschall Lannes auch eine Reihe weiterer Generäle auf dem Schlachtfeld geblieben.

Wer durch die Lobau flaniert, in Jedlesee spazieren geht, die Museen in Aspern oder Eßling besucht, wird auf viele Erinnerungen an die Tage stoßen, die den Kaiser der Franzosen den Nimbus der Unbesiegbarkeit gekostet haben. Da gibt es Wegweiser und Hinweistafeln wie »Reitstall Mühlau« – in der Mühlau hat Napoleon übernachtet, »Eßlinger Furt«, »Lobau-Naturlehrpfad«, und es gibt einen Napoleon-Rundwanderweg. Er beginnt beim Brückenkopf in der Lobau, führt am französischen Hauptquartier vorbei über die alte Militärstraße zum Friedhof der Franzosen, an den ein Gedenkstein erinnert. In dieses Massengrab sollen 2.000 bis 3.000 gefallene Soldaten gekommen sein. Auch das Pulvermagazin wird von einem der Gedenksteine aus dem Jahr 1859 markiert, der Weg schließt ab mit der Stelle, an der Napoleon sein Heer auf dem Weg nach Deutsch-Wagram über die Donau geschickt hat.

Immer wieder sind hier Hinweise auf das Nationalparkhaus Wien-Lobau zu sehen – hier beginnt der Nationalpark Donau-Auen, auch er Ergebnis eines Kampfes, wenn auch anderer Art. Er reicht von der Oberen Lobau, noch in Wien also, durch Niederösterreich bis an die slowakische Grenze. Das Haus ist ganz und gar Natur – ein Holzbau, kein Beton, dafür Geräusche der Au, Tierlaute. Das Maß des Baus und sein Plan schaffen dem Besucher ein Wohlbefinden, das Haus entspricht der Sehnsucht, der Forderung nach einem Psychotop, einem Seelenwohnort, analog zum Biotop. Dass es da überhaupt steht und dass es erdacht und errichtet werden konnte, ist ein kleines Wunder. Eine sehr frühe Bürgerinitiative hat sich gegen den Staatswillen, ja gegen die Staatsmacht durchgesetzt.

1983 hatte die oberste Wasserbehörde Österreichs der Österreichischen Donaukraftwerke AG bestätigt, bei dem geplanten Kraftwerk Hainburg handle es sich um einen »bevorzugten Wasserbau«. Schon Ende Dezember 1984, der Behördenweg war ungewöhnlich schnell durchlaufen worden, begann man mit den Rodungsarbeiten bei Stopfenreuth, dieser Teil der Au gehört zur Gemeinde Engelhartstetten. Aber so einfach sollte es nun nicht werden.

Schon im Mai 1984 hatte, mit Nobelpreisträger Konrad Lorenz als Galionsfigur, eine Gruppe Prominenter in Tierkostümen – Peter Turrini als Rotbauchunke – ihre Initiative für ein Volksbegehren zur Rettung der Donauauen vorgestellt. Zur selben Zeit wird von der Gewerkschaft eine Demonstration für den Kraftwerksbau organisiert, Arbeitergruppen ziehen über den Heldenplatz.

Die Österreichische Volkspartei ist in der Opposition und entschließt sich zu einer Resolution – Ja zur Erhaltung der Aulandschaft! Die mächtige Kronenzeitung ist derselben Ansicht. Das Thema beherrscht die privaten und öffentlichen Diskussionen, im Laufe des Jahres spitzen sich die gegnerischen Ansichten zu.

Die österreichische Hochschülerschaft hat dann die entscheidende Idee gehabt – ein Sternmarsch in die Au, am 8. Dezember 1984 und mitten in die laufenden Rodungen, an dem rund 8.000 Menschen teilgenommen haben. Etliche hundert von ihnen verlassen auch am Abend dieses Tages die bedrohte Landschaft nicht.

Die Rodung wird unterbrochen. Am 19. Dezember aber nimmt ein Großaufgebot von Polizei und Gendarmerie Stellung, unter seinem Schutz wird weitergearbeitet. Nun eskaliert die Auseinandersetzung – 3.000 Aubesetzer gegen 800 von der Regierung gesandte Exekutivbeamte, die ihre Schlagstöcke einsetzen, 19 Verletzte sind die Folge. Doch am Abend des Tages ist ein Gebiet groß wie zwei Fußballfelder gerodet.

Und am selben Abend demonstrieren 40.000 Menschen in Wien gegen die Regierung. Bundeskanzler Sinowatz lenkt ein – am 21. 12. wird ein Weihnachtsfriede ausgerufen.

Im Jänner untersagt das Höchstgericht die weitere Rodung während der laufenden Einsprüche, im März hat das Lorenz-Volksbegehren seinen Erfolg, an die 400.000 Unterschriften. Der Wasserrechtsbescheid wird vom Verwaltungsgerichtshof aufgehoben, die Donauauen sind gerettet. Eine weitere Folge – aus der Bürgerbewegung wächst eine neue Partei, die Grünen.

Die gerettete Au wird uns jetzt noch länger begleiten. Bevor wir uns von Wien verabschieden, ist noch ein dankbarer Gedanke an Johann Strauß Sohn fällig, dem die Donau ihren grandiosen Ruhm verdankt. Zwar wird immer wieder diskutiert, wie blau oder doch eher grün oder was immer die Donau sei – aber sein ewiger Walzer hat dem Strom halt den weltweit blauen Ruf eingebracht – blue danube, Danube bleu, Danubio blu etc. ad inf. In der Praterstraße 54 hat der Walzerkönig den Welterfolg erdacht – und er selbst war auch eine Art Kind der Donau. Sein Großvater hatte inmitten der vielen kleinen Schüttinseln ein einfaches Gasthaus besessen, in dem Johann Strauß der Vater als kleiner Bub erste musikalische Eindrücke aufgenommen hat. Und Strauß der Jüngere musste als Fünfjähriger mit seinen Eltern aus dem damaligen Wohnhaus der Familie vor dem Hochwasser von 1830 flüchten. Die Donau hat Johann Strauß Sohn nie ganz losgelassen. Außer »An der schönen, blauen Donau« schrieb er auch »Donauweibchen« und »Vom Donaustrand«.

Rund um den Meister des Donauwalzers haben sich auch merkwürdige Mythen gebildet. Am Ufer des sogenannten Donaukanals stand der ungemein beliebte »Gasthof zum Lamm«, in dem angeblich Jacques Offenbach seinen Kollegen Strauß auf den Gedanken gebracht haben soll, Operetten zu komponieren. Das stimmt genauso wenig wie die Behauptung, der berühmteste aller Walzer habe seine Heimat nicht in Wien, sondern in Paris, dort sei er komponiert worden. Und dann gibt es auch noch die Geschichte mit dem Kompliment von Johannes Brahms – aber die ist wahr. In der zur Gedenkstätte gestalteten Wohnung in der Praterstraße ist der Beweis zu sehen. Der große Wahlwiener Brahms war dem Urwiener Strauß in lebenslanger Freundschaft verbunden – ein Fächer an der Wand bezeugt das, ein Autographenfächer. Man hat damals getrachtet, möglichst viele Prominente auf seinen Fächer schreiben zu lassen. Johann Strauß hatte seiner Stieftochter Alice die ersten Takte, den weltberühmten aufsteigenden Dreiklang des Donauwalzers auf den Fächer notiert – und darunter findet sich das Autogramm von Johannes Brahms mit der Bemerkung »Leider nicht von Johannes Brahms«.

1961 kam es in Wien zu einem Gipfeltreffen zwischen dem Russen Nikita Chruschtschow und dem Amerikaner John F. Kennedy. Die Mutter des US-Präsidenten hat damals ihren von anderen Sorgen geplagten Sohn gebeten, nach Wien mitkommen zu können, und er hat es ihr ermöglicht. Rose Kennedy war voll seliger Erinnerungen an die Hauptstadt von Österreich, und sie schrieb in ihr Tagebuch: »Nun bin ich nach fünfzig Jahren wieder in Österreich.« Seit 1911 war zwar allerhand passiert, doch die Erinnerung war sehr lebendig:

»Was mir am deutlichsten im Gedächtnis geblieben war, das war das große Vergnügen, das es mir bereitete, eines Abends auf einem kleinen Dampfer

Das Direktionsgebäude der DDSG, aufgelassen und dann geschleift 1980. Davor die legendäre »Hebe«

die Donau hinunterzufahren und nach den Klängen des Donauwalzers zu tanzen. Während ich dieses niederschreibe, frage ich mich, ob der junge Mann, mit dem ich damals getanzt habe, je nach Wien zurückgekommen ist und ob auch er sich noch an den Abend im Jahre 1911 erinnert, als wir jung, ausgelassen und sorgenfrei die Nacht durchtanzten.«

VON WIEN
AN DIE PORTA
HUNGARICA

Wir verlassen nun die Stadt an der Donau, oder nahe der Donau, oder wie auch immer, und es geht zum Schwarzen Meer. Einen Wegbegleiter wollen wir nicht am Schanzl sitzen lassen, dem heutigen Schwedenplatz, Franz Grillparzer. Er reiste am 27. August 1843 mit einem Dampfschiff ab in Richtung Konstantinopel, »um 4 Uhr nachmittags«, mit einem einzigen Grund – er wollte seine Schwermut und seine Hypochondrie bekämpfen. Das ist zum Teil gelungen, wir wollen ihn hin und wieder auf dieser Reise wiedertreffen.

Kaum hat man Wien, Aspern, Eßling hinter sich gelassen, steht man schon wieder vor einer Erinnerung an Napoleon. Schloss Orth hat eine große Vergangenheit – zum ersten Mal ist es 1201 in den Akten erschienen. Dann gab es viele Besitzer – und 1821 eine Dame, mit der man hier wohl nicht gerechnet hat. Am 13. Oktober 1815 starb in Pizzo, Kalabrien, der

Die »Hebe« noch in Betrieb, Donaukanal

181

Marschall von Frankreich Joachim Murat. Im Zuge seiner bunten Karriere war er Gouverneur von Paris, Großherzog von Berg und Cleve – und auch König von Neapel gewesen, was der wahre König, nicht von Napoleons, sondern in seinem Verständnis von Gottes Gnaden, nicht zu ästimieren vermochte, um einen Begriff aus seiner Welt zu gebrauchen.

Ferdinand I. von Bourbon hatte seine Herrschaft einige Jahre lang auf Sizilien beschränken müssen, nun kam er heim. Nach Napoleons Sturz schloss Murat einen Pakt mit dessen Feinden und schließlich kehrte auch er zurück nach Neapel. Seine kleine Armee wurde aber geschlagen, Murat kam in Gefangenschaft, dann vor das Standgericht und endlich vor das Hinrichtungspeloton der Neapolitaner.

Seine Witwe Caroline war Napoleons jüngste Schwester. Die junge Witwe, 1782 geboren, lebte nun mit ihren vier Kindern in der Villa Campo Marzo bei Triest und nahm Titel und Namen einer Gräfin Lipona an, Li-po-na, was einem veränderten Na-po-li entspricht. 1818 hat sie Schloss Orth erworben – hat aber von dieser Erwerbung kaum Gebrauch gemacht. Wenige Jahre später kam das Schloss in den Besitz von Graf Moritz Fries, und der wiederum verkaufte es an das Erzhaus. Bis zum Ende der Monarchie war Orth ein besonders beliebter Jagdaufenthalt.

Es hat eine tausend Jahre lange Geschichte, von einer Feste über ein Kastell in der frühen Neuzeit, vom Habsburgerschloss und Verwaltungszentrum bis zur simplen Aufgabe als Getreideschüttkasten und endlich in der heutigen Funktion als Zentrum des Nationalparks Donau-Auen. Im Jahr 1021 kam Orth als Schenkung an das bayrische Kloster Weihenstephan und blieb im Besitz der katholischen Kirche bis 1803, zuletzt unter Regensburger Herrschaft. Diese übergab Orth immer wieder als Lehen, etliche der Lehensnehmer waren markante Persönlichkeiten in Österreichs Geschichte. 1487 hat der ungarische König Matthias Corvinus Schloss Orth übernommen, ab 1520 war Niklas Graf Salm der neue Herr. Mit dem Jahr 1803 und dem Reichsdeputationshauptschluss wird Orth aus dem kirchlichen Besitz gelöst, Graf Moritz von Fries erwirbt die Herrschaft, verkauft sie an Gräfin Lipona, nach nur drei Jahren kommt es 1821 zum Rückkauf. Der nächste Besitzer ist Kaiser Franz I., Orth ist nun Teil des habsburgischen Familienfonds.

Die alljährliche Hirschjagd im Orther Gebiet ist im November 1887 der Grund für prominenten Besuch. Kronprinz Rudolf hat mehrere Verwandte eingeladen, darunter seinen künftigen Nachfolger als Thronanwärter, Erzherzog Franz Ferdinand, seinen Schwager Prinz Leopold von Bayern und die Prinzen Philipp und August von Coburg. Der Hofballmusikdirektor hat für den abendlichen musikalischen Rahmen gesorgt – Carl Michael Ziehrer hat die Schrammeln eingeladen. Vier Abende lang spielt das berühmte Quartett für die allerhöchsten Herrschaften auf. Mit ihm kommen die bekanntesten Wiener Sänger und Pfeifer dieser Tage – Bratfisch, Hungerl, Brady, der Baron Jean und andere. Den jagdlichen Anlass nahm Johann Schrammel wahr, um einen Marsch »Jagdabenteuer« zu komponieren, und sein Bruder Josef Schrammel schrieb zu Ehren der ebenfalls anwesenden Kronprinzessin Stephanie einen Walzer – »Die Rose von Orth«.

Kronprinz Rudolf war an allen vier Abenden in allerbester Laune. Er hatte Erfolg auf der Jagd, zufriedene Gäste, die geliebte Wiener Musik. Er summte mit, bestellte sich seine Lieblingslieder und ernannte den als Vortragenden anwesenden Bratfisch zu seinem Leibfiaker. Die Zeitungen brachten umfangreiche Berichte über diese Orther Tage, die wiederum sehr zur Popularität des so wienerischen Kronprinzen beitrugen – »Als echter Sohn der Kaiserstadt beherrscht er auch den Dialekt vollkommen …« stand in der Neuen Freien Presse.

Zwischen dem Schlossbau und der Donau erwartet die Besucher das besondere Erlebnis des Au-Freigeländes – auf kleinstem Raum trifft man auf den Reichtum der Natur. 13 verschiedene Arten von Molchen, Unken, Kröten, Fröschen leben hier, unter natürlichen Bedingungen. Rotbauchunken, Teichfrösche, Springfrösche, Laubfrösche. Im Wasser und auf schwimmenden Ästen, am Ufer sind sie zu finden.

Auf dieser Schlossinsel gibt es aber auch unerwartete Bewohner – das einst in der Au beheimatete Ziesel, ein typischer, heute beinahe ausgestorbener Bewohner der Steppe. Zwischen Mooreichen und von Bibern zernagten Baumstümpfen, Wildblumenwiesen, Amphibientümpeln und Sumpfschildkröten gibt es auch eine Unterwasser-

Beobachtungsstation, von der aus man direkt in die lebendige Welt der Donau blicken kann.

Und wer irgendwann genügend Natureindrücke gesammelt hat, kann im Schloss selbst durch die Jahrhunderte seiner Geschichte spazieren.

Schon bei dem Gedanken an die fröhlichen Schrammelabende in Orth kann man gut auf eine wirklich naheliegende Idee kommen – in dieser Landschaft gedeiht herrlicher Wein.

Ein umfangreiches Weinbaugebiet dem Schloss gegenüber, am rechten Ufer, hat sich klugerweise für einen Ortsnamen entschieden, der ihm am ehesten zu weitem Ruf verhelfen konnte – Carnuntum.

Die römische Großstadt hat in den ersten Jahren des dritten Jahrtausends eine glanzvolle Neubelebung erfahren. Und mit ihrem Wiederaufstieg hat auch der Wein seit Ende der Achtzigerjahre nach einer eindrucksvollen Steigerung seiner Qualität eine ebenso eindrucksvolle Absatzsteigerung erzielt. Göttlesbrunn, Arbesthal, Höflein, Prellenkirchen, Berg sind nun Ziel der Kenner, allesamt Orte, die früher nicht einmal als Geheimtipp galten. Heute, auch mit Hilfe von EU-Förderungen, erlebt der Weinbau dieser Carnuntumregion eine Blüte wie noch nie. Wie wirklich noch nie – unsere Vorfahren in den Kasernen und privaten Quartieren zwischen 200 und 400 würden sich wundern!

Die Lehm-, Schotter- und Sandböden bringen ganz verschiedene Sorten mit sich, das Klima zwischen dem Donaustrom und dem nahen Neusiedlersee ist günstig. Hier wachsen vor allem der Grüne Veltliner, der rote Zweigelt, der rote Blaufränkische. Dem historischen Erbe trägt man Rechnung mit Wanderungen und Schiffstouren auf den Spuren der Vergangenheit »von den Reben der Römer in die Gegenwart«, und diese Gegenwart hat es in sich! Die Weingüter dieses Gebiets veranstalten einmal im Jahr die »Carnuntum Experience«, eine Veranstaltungsreihe, bei der die Weinhauer und die Kulturschaffenden zusammen wirken mit dem Nationalpark Donau-Auen und dem archäologischen Park.

Kaum eine Wiener Schulklasse wird dem Besuch in der Antike entgangen sein.

»Julia puella est …« und der Mitteilung, dass eine gewisse Julia ein Mädchen ist, folgte bald der Wandertag ans Donauufer bei Petronell, nach Carnuntum, römisches Niederösterreich. Da waren kniehohe Mäuerchen zu sehen, die kindliche Phantasie war sehr gefordert, aber … Nein, wir beginnen mit dem Anfang.

Die Realenzyklopädie für das katholische Deutschland hat viele Bände und bietet sehr viel Wissen – des Jahres 1847. Unter dem Stichwort Carnuntum findet man – nichts, es gibt keinen Eintrag. Macht man sich heute auf diese Suche und zieht Google und Wikipedia zu Rate, kann man sich des Informationsansturms nicht erwehren. Das ist verständlich, denn hier trifft man auf den ganz seltenen Fall einer nicht durch spätere Jahrhunderte überbauten, zugebauten Siedlung, die einzige zwischen Regensburg, Castra Regina, und Belgrad, Singidunum. Man muss nicht unter späteren Bauwerken, bei ängstlicher Beachtung der Statik, graben, muss nicht unerwartet beim Straßenbau zutage tretende antike Bauteile in Rettungsgrabungen zumindest wissenschaftlich erfassen, bevor man weiterbaut. Freigelegtes Mauerwerk kann freigelegt bleiben, muss nicht alsobald wieder zugeschüttet werden. Und auch die Luftbildarchäologie wird durch das weite freie Gelände begünstigt.

Hier, nahe von Wien, mag man sich ganz leicht in einer archäologischen Szene im heutigen Italien wähnen, und von da ist die Phantasie schnell in der Antike. Das liegt nicht unbedingt an den originalen Mauerresten oder an den rekonstruierten Bauten von heute, auch wenn das den Eindruck natürlich heftig unterstützt – das liegt an der Flora dieser Gegend, an ihren Bäumen vor allem. Das liegt an der Straße, die baumgesäumt im Schatten an einer alten Parkmauer entlangführt, an den schlanken Zypressen, die hügelauf, hügelab den Blick begleiten.

Zum ersten Mal erfahren wir von einem Lager Carnuntum im Jahre 6 n. Chr., da errichteten römische Soldaten ein Winterlager, das dem Kampf gegen die Markomannen diente. Dieses germanisch-suebische Volk hat Rom immer wieder zu schaffen gemacht, hat die nordöstliche Grenze fast nie zur Ruhe kommen lassen, prägt auch die Geschichte Carnuntums.

Das erste Lager entstand unter dem Kommando des Feldherrn, des späteren Kaisers Tiberius, der gegen den König der Markomannen Marbod ins Feld gezogen war. Der Geschichtsschreiber Veleius Paterculus, der selbst als Soldat an diesem Feldzug teilnahm, schreibt darüber: »In Germanien gab es nichts mehr zu besiegen als den Stamm der Markomannen.«

Wo exakt dieses frühe Lager errichtet wurde, das wissen wir nicht. Aber es war sehr wichtig – schon 15 n. Chr. ließ Tiberius, mittlerweile Kaiser, eine Eliteeinheit, die XV. Legion, von Emona, dem heutigen Laibach, in das neue Lager versetzen.

Zuerst errichtete man ein Lager mit Holzbauten, Erdwällen. Unter Kaiser Claudius (41–54 n. Chr.) wurde ernsthaft gebaut, und ab da lässt sich der Aufstieg der jungen Siedlung, mit allen Rückschlägen, bis ins frühe Mittelalter verfolgen.

Aus dem Lager entwickelte sich schnell eine städtische Siedlung, mit öffentlichen Gebäuden, Straßen, Versorgungswesen, Tempeln.

Um das Jahr 130 n. Chr. wurde aus der Siedlung auch im Sinne des Römischen Rechts eine Stadt – Kaiser Hadrian erhob sie zum municipium. Damit musste ein Stadtrat mit einhundert Mitgliedern gebildet werden, eine Gruppe von Stadtverwaltern übernahm die Leitung.

Im 2. und 3. Jahrhundert erreichte Carnuntum seine bis dahin größte Ausdehnung, ungefähr 130 Hektar. Die Bewohner waren Unternehmer, Kaufleute, oder Verwandte der ganz nahe ihrem Dienst obliegenden Soldaten, auch Veteranen. Und es gab eine große Zahl von Handwerkern und Künstlern.

Diese prosperierende Entwicklung war auch dadurch begünstigt worden, dass Carnuntum nach der Teilung Pannoniens im Jahr 106 zur Hauptstadt von Oberpannonien erhoben worden war. Nun saß hier ein Statthalter mit allem offiziellen Prunk und der entsprechenden Entourage – es gab also Interesse an Repräsentation, im Bauen, in der Kleidung, in der Gestaltung gesellschaftlicher Anlässe. So brauchte man den Import der Luxuswelt des Mutterlandes, von Südfrüchten bis zu hochwertigen Weinen und Gebrauchsgegenständen, und man erzeugte selbst. Wertvoller Gold-, Silber-, Bronzeschmuck wurde in Carnuntum hergestellt, der Bernstein – hier

Carnuntum
Rekonstruierte römische Häuser im Freilichtmuseum Petronell-Carnuntum

verlief die Bernsteinstraße – von der Ostsee wurde verarbeitet, es gab Gemmenschneider und Steinbildhauer, Töpfer, Färber, Schuhmacher.

Aber es kam auch zu Rückschlägen. 171 kamen die Markomannen wieder, sie fielen über die blühende Stadt her und zerstörten sie weitgehend. So musste Marc Aurel aufbrechen, die Weltstadt Rom verlassen und an die äußerste Grenze seines Reichs ziehen. Er blieb drei Jahre lang, in denen Carnuntum wiederaufgebaut wurde. Dieser Wiederaufbau vollzog sich in erster Linie durch die zum Markomannenkrieg hierher verlegte Legio XIV., die Gemina Martia Victrix. So übte das Militär eine Funktion aus wie auch heute – an sich für den Kampf, für Verteidigung und Angriff, gedacht, hatten die Soldaten plötzlich zivile Aufgaben zu erfüllen.

Der heutige Wissensstand über Carnuntum und seine Entwicklung und ebenso der Zustand der historischen Bauten und Straßen hat mit dem Beginn des 21. Jahrhunderts einen großen Fortschritt erfahren. Planung und Vorbereitung der niederösterreichischen Landesausstellung 2011 mit dem Thema »Erobern, Entdecken, Erleben im Römerland Carnuntum« brachten großes Interesse sowohl im Bereich der Wissenschaft als auch des Tourismus. Also gibt es von Seiten der öffentlichen Hand größere finanzielle Mittel, es gibt Sponsoren, und manches Projekt, das jahrelang nur Wunsch und Hoffnung auf die Zukunft war, kann plötzlich realisiert werden.

Seit der 2. Hälfte des 19. Jahrhunderts hat man in Carnuntum-Petronell und in Deutsch-Altenburg gegraben, gesammelt, geforscht. Die nach und nach erfasste Fläche war beeindruckend, aber eben vor allem für die Fachleute. Wo sich Straße und wo Vorraum befand, was ein niederer Mauerrest und was Teil einer Heizanlage war, das konnte der betrachtende Laie nicht erkennen. Das ist jetzt anders. Mit der Schubkraft der Landesausstellung wurde das Projekt Carnuntum in seiner Gesamtheit neu erdacht, und so ist nun mit Recht die Rede von der »wiedergeborenen Stadt der Kaiser«.

Die wichtigsten Architekturformen eines römischen Stadtviertels der Kaiserzeit wurden rekonstruiert – eine öffentliche Therme, ein Bürgerhaus und eine prachtvolle Stadtvilla. Man könnte diese Gebäude bewohnen und nutzen – sie verfügen über Fußbodenheizungen und funktionstüchtige Küchen, sind mit Möbeln ausgestattet. Die Planung war ausgerichtet auf den Zeitraum der ersten Hälfte des 4. Jahrhunderts n. Chr. Zu dieser Zeit dürfte die Stadt von etwa 50.000 Menschen bewohnt gewesen sein, die gesamte bewohnte Fläche betrug rund 10 Quadratkilometer. Freigelegt wurden bisher, seit den ersten Grabungen 1870, nur rund 0,5 %, man kann sich also noch auf einiges freuen!

Im Inneren der Therme

Diese Jahrzehnte zwischen 300 und 350 n. Chr. waren nicht nur für Carnuntum und Pannonien, sie waren für die gesamte römische Welt von Bedeutung. Am 11. November 308 fand hier die sogenannte Kaiserkonferenz statt, drei römische Kaiser diskutierten die Zukunft des Reichs.

Kaiser Diokletian war ein bedeutender Reformer. Das hatte das riesige Land auch dringend nötig – immer wieder gab es Kaiser und Gegenkaiser und oft auch nicht nur diese zwei. Zwischen 235 und 285 hatte das Römische Reich 70 Kaiser, von denen kaum einer eines natürlichen Todes starb. Diokletian hatte 293 n. Chr. das Tetrarchensystem eingeführt, das »Vier-Herrscher-System«. Zwei Oberkaiser – genannt Augustus – wurden von zwei Unterkaisern unterstützt, den Caesaren, die auch einmal die Nachfolge antreten sollten. Aber das klappte schon 306 nicht mehr – und es kam wieder einmal zum Bürgerkrieg.

Nun berief Diokletian die Konferenz von Carnuntum ein, die sein System stärken sollte. Dieses Ziel erreichte er nicht ganz, aber eine weltpolitische, bedeutsame Folge hatte das Kaisertreffen durchaus, denn als Augustus für Ostrom wurde Galerius eingesetzt, der 311 mit dem Toleranzedikt von Nikomedia der Christenverfolgung ein Ende bereitete.

Marc Aurel war also nicht der einzige römische Kaiser, der über diese Straßen ritt. Außer den Herren der Kaiserkonferenz und dem Philosophen auf dem Thron war auch Septimius Severus in Carnuntum – zuerst als Oberbefehlshaber der Pannonischen Legionen, ab dem 9. April 193 als Kaiser. Seine Soldaten hatten ihn nach dem Tod von Kaiser Pertinax zu dessen Nachfolger erhoben.

Und dann – Kaiser Probus! Die Winzerumzüge im südlichen Niederösterreich sind selten geworden, bis in die Siebzigerjahre gab es sie allenthalben. Und stets war dieser Probus ihr Mittelpunkt, umgeben von Legionären, also verkleideten Weinbauern und Briefträgern, kurze weiße Hemden, Sandalen, Holzschwerter, und dann auf einem Ackergaul, eventuell auf einem Fass – der Kaiser Probus. Jedes Kind wusste – ihm verdanken wir den Wein!

Naja, sogar Kinder können sich irren. Schon die Kelten haben an der Donau Weinbau betrieben, und die römischen Legionäre haben es ihnen sofort nach ihrer Ankunft im 1. Jahrhundert gleichgetan. Probus regierte nur sechs Jahre, von 276 bis 282, dann wurde er in Sirmium, in der Vojvodina im heutigen Serbien, ermordet.

Woher aber sein legendärer Ruhm in Weintrinkerkreisen? Er kommt von einer kurzen Bemerkung in der »Historia Augusta«, Kapitel Probus-Biografie, verfasst um 400 n. Chr., knapp vor Torschluss also. Da lesen wir: »Gallis omnibus et Hispanis ac Britannis hinc permisit … etc.«, zu Deutsch: »Er erlaubte allen Galliern, Spaniern und Briten, Reben zu besitzen und Wein herzustellen.« Probus dürfte, um seinen Legionären, Veteranen und deren Familien eine Freude zu machen, die Beschränkungen aufgehoben haben, die vordem die Weinproduktion außerhalb des Mutterlandes behindert hatten.

Eine lange Strecke am rechten Donauufer nimmt dieses große römische Gebiet ein, mit seinen vielen imposanten Zeugnissen der Antike – dem Heidentor, dem Amphitheater von Petronell, der antiken Zivilstadt, und weiter die Straße entlang bis zur antiken Lagerstadt von Bad Deutsch Altenburg mit einem zweiten Amphitheater und dem Museum Carnuntinum mit seinen reichen Beständen. Zum Zeitpunkt, da dieses Buch entsteht, kann man Carnuntums Nachbarn Schloß Petronell nicht kennenlernen, es wird restauriert, wird gerettet. Seit Jahrhunderten in Besitz der Grafenfamilie Abensperg-Traun, wurde es 2006 von einer Firma übernommen, die Konzepte für Immobilien erstellt, und soll zu einem Hotel und Veranstaltungszentrum werden.

Die Abensperg-Traun stammen aus Oberösterreich, aus dem Traungau. Sie gehören zu den sogenannten Apostelgeschlechtern, also zu jenen Familien, die schon, wie die Häuser Liechtenstein und Starhemberg, unter den Babenbergern bestanden haben. Ihnen gehörten und gehören bis heute etliche andere Schlossbauten von Bedeutung, wie Maissau und Traun, aber auch die Burg Rapottenstein und das Stadtpalais in der Wiener Innenstadt.

Die niedere Mauer des Schlossparks, genannt Tiergartenmauer, begleitet die Bundesstraße. In ihr stecken viele römische flache Ziegel. Was hat der Park dahinter nicht alles erlebt! Die Kreuzfahrer Kaiser Friedrich Barbarossas haben hier 1189 gelagert, die osmanischen Heere sind 1529 und 1683 hier durchgezogen – und haben das Schloss in Brand gesteckt. Ab 1690 wurde es wieder aufgebaut, von Otto Ehrenreich von Abensperg und Traun (1644–1715). Im Türkenjahr 1683 war er Landmarschall von Niederösterreich.

Seine frühbarocke Fassade im Innenhof ist der Renaissance noch sehr nahe, seine Noblesse erinnert an Villen im Veneto. Das ist nicht verwunderlich, denn hier waren fast nur Künstler aus Italien am Werk, vor allem die Baumeister Domenico Carlone und Carlo Canevale.

Hainburg

Grillparzer trägt zu Beginn seiner Reise in sein Tagebuch ein: »Die Wasserfahrt langweilig. Erst zwischen Petronell und Hainburg wird die Gegend angenehm.«

In Wien in der Lobau sind wir zum ersten Mal dem Nationalpark Donau-Auen begegnet – jetzt kommen wir an seinen Abschluss bei Hainburg. Der größere Teil des weitläufigen Parkgebiets liegt am nördlichen, dem linken Ufer. Gegründet aber wurde der Nationalpark am südlichen Ufer, auf dem Schlossberg der Stadt Hainburg am 27. 10. 1996 mit der feierlichen Unterzeichnung eines Vertrags. Damit war nun der schon lang wieder eingekehrte Friede besiegelt.

Über eine Fläche von 9.300 Hektar erstreckt sich das geschützte Gebiet, 25% davon ist Wasser. Dass die frühe Bürgerbewegung der Jahre 1984/85 die Hainburger Au retten konnte, im Widerstand gegen den Innenminister, die Polizei, den zuständigen niederösterreichischen Landesrat, war ein Glück. Der Auwald ist belebt von 700 Arten verschiedener höherer Pflanzen, von 100 Brutvogel- und 30 Säugetierarten, hier leben 8 Reptilien-, 13 Amphibien- und mehr als 50 Fischarten.

Das Wahrzeichen der alten Stadt ist das Wienertor, das größte mittelalterliche Stadttor Europas. Der Buckelquaderbau, das eigentliche Tor, ist 20 Meter hoch, gebaut um die Mitte des 13. Jahrhunderts. Den jüngeren oberen Teil bekrönt ein hohes Dach, er ist 11 Meter hoch, aus der 2. Hälfte des 13. Jahrhunderts. Der mächtige Bau verfügt über kleine Durchgänge für Fußgänger, über unwesentlich größere für Fahrzeuge. Und das war ja auch der Sinn solchen Bauwerks – niemanden hereinlassen! Oder wenigstens fast niemanden, denn Handel wurde hier an der Donau und der Bernsteinstraße immer betrieben.

Hainburg nennt sich die »Mittelalterstadt«, und wenn man bedenkt, dass der Ort schon im Nibelungenlied erscheint, und wenn man zudem die lange Stadtmauer mit ihren drei Toren, 15 Türmen gesehen hat, wird man auch selbst dieses Kosewort verwenden. Dabei ist es ver-

Hainburg. Das Wienertor

191

wunderlich, dass der Stadt dieses Aussehen erhalten blieb! Der Zeremonienmeister der Hohen Pforte hat, nach unserem Kalender, unter dem Datum »Montag, 12. Juli« in sein Tagebuch geschrieben:

>»Der Großwesir brach frühmorgens auf, hielt nach drei Stunden Rast für die Mahlzeit, und zog dann weiter zu seinem hohen Zelt. Dort wurden ihm zweihundert Köpfe und zehn Gefangene gebracht, die in der Palanke Hainburg erbeutet worden waren; die Überbringer erhielten Ehrengewänder und Geldgeschenke.« Und schon einen Tag früher hatte er zum Thema Hainburg notiert: »Der Großwesir sandte Befehl, die Festung zu schleifen und niederzubrennen; da aber der Bote sich unterwegs aufhielt, war sie, bis er ankam, bereits in Brand gesteckt und mit Mauern und Toren dem Erdboden gleichgemacht worden.«

»Mit Mauern und Toren …«, da werden wohl die Boten ein wenig geflunkert haben, den Ehrengewändern und Geldgeschenken zuliebe.

Zu den wenigen Menschen, die unter Tausenden das Massaker überstanden haben, gehörte ein Mann namens Thomas Haydn, Wagnergeselle. Er war der Großvater eines Genies und eines sehr großen Talents – Joseph Haydn und Michael Haydn. Wer weiß, welche künftigen Großeltern bei solchen Katastrophen über die Klinge gesprungen sind, deren Enkel nun nicht ins Leben finden konnten … In diesem Fall ist es immerhin gut ausgegangen. In anderem Falle müsste ganz Deutschland eine andere Hymne singen.

Am 31. März 1732 wurde Joseph Haydn in Rohrau, Niederösterreich, wenige Kilometer von der Donau entfernt, geboren. Sein Vater Matthias war von Beruf Wagner, wie eben auch der Großvater. Mit fünf oder sechs Jahren wurde der Sohn nach Hainburg geschickt, zu seinem Vetter Johann Matthias Franck.

Ob er wirklich ein Vetter oder nicht ein noch entfernterer Verwandter war, weiß man nicht, sicher ist – er war Schulrektor. Dort war auch die Großmutter zuhause, die ebenfalls die türkische Katastrophe überlebt hatte. Joseph wohnte bei Franck, in der Ungargasse 3.

1739 dürfte er im Chor mitgesungen haben, der aus Anlass der Ankunft des kaiserlichen Kommissars Karl Joseph von Kronstorf die Motette »Veni Sancte Spiritus« aufführte. Nur wenige Wochen später darf er dem Kapellmeister am Stephansdom zu Wien vorsingen, Georg

Reutter. 1740 nimmt man ihn auf Grund dieses Vorsingens in den Kreis der Chorknaben der Wiener Dompfarre auf. Hainburg hat also Schicksal gespielt.

Rohrau ehrte den großen Sohn schon zu seinen Lebzeiten. Der Grundherr Graf Carl Leonhard IX. von Harrach hat ihm 1793, da war der Komponist erst 61 Jahre alt, im Schlosspark ein Denkmal errichten lassen.

In Eisenstadt, damals Westungarn, hatte Haydn 1766 ein Haus erworben, von dem er sich nach dem Ende seiner Dienstzeit bei den Fürsten Esterházy wieder getrennt hat. 1797 bezog er das erst kürzlich gekaufte Haus in Wien, in der Vorstadt Gumpendorf. Dort ist er 1809 gestorben.

>>Im Osten unserer Stadt zieht eine weite Ebene gegen die sanftblauen ungarischen Berge hin und ist geschnitten oder gleichsam mit Silberbächen eingelegt durch den vielarmigen, viel gewundenen Strom der Donau, deren Glanz noch erhöht wird durch den dunkelgrünen Saum ihrer Auen und durch das Laub ihrer Inseln, die wie dunkle, weithingehende Flecken in das wallende Silber gestreut sind. Nördlich des Stromes, bis gegen Mähren hin, zieht sich das Marchfeld ...<< (Adalbert Stifter, >>Ausflüge und Landpartien<<)

Bei Hainburg führt eine Brücke ans nördliche Donauufer, in eine Landschaft, die sowohl >>Kornkammer<< als auch Gemüselieferant ist, ein traditionelles Jagdgebiet, das Marchfeld. Hier leben Bisamratten, Störche und die seltene Vogelart der Großtrappen.

Noch einmal wollen wir die Poesie dem Herausgeber der >>Monarchie in Wort und Bild<< überlassen, dem Kronprinzen Rudolf:

>>Zwischen den Gebirgszügen nördlich der Donau breitet sich das reiche Marchfeld aus mit seinen wogenden Kornfeldern und südlich liegt das Wiener Becken, diese schön bergumschlossene Niederung, in welcher fruchtbarer Boden, rauschende Bäche, sumpfiges Heideland und dichte Feldgehölze in bunter Mannigfaltigkeit einander ablösen. Zwischen diesen beiden Ebenen strömt majestätisch die Donau hindurch und bildet Inseln und weiße Schotterbänke und fast undurchdringliche Auwälder – ein mannigfaltiges wildes Gebiet nahe der Weltstadt!<<

In der Literatur erscheint diese Landschaft immer wieder, wie bei Franz Grillparzer in dem Drama »König Ottokars Glück und Ende«:

Das Feld, das rings sich breitet, heißet Marchfeld.
Ein Schlachtfeld, wie sich leicht kein zweites findet,
doch auch ein Erntefeld, Gott sei gedankt!

900 Quadratkilometer groß ist das Marchfeld, eine der großen Ebenen Österreichs. Im Norden schließt das Weinviertel an, im Osten der Marchfluss, im Süden – die Donau. Das pannonische Klima prägt diese Landschaft – kalte Winter, aber dafür milde, niederschlagsarme Sommer. Die »wogenden Kornfelder« des Kronprinzen gibt es auch heute, auch der Weinbau spielt eine Rolle. Aber seine wirkliche Bedeutung für Wien, für Österreich, ja für Europa hat das Marchfeld auf dem Gebiet der Geschichte.

Markomannen, Quaden, Langobarden und Jazygen – ein Reitervolk aus der heutigen Ukraine – bedrohten von hier aus das Römische Reich, die Donau war ihnen ein überwindbares Hindernis. Mit ihnen hat der Ärger begonnen, ein Schlachtfeld blieb das Marchfeld durch die Jahrhunderte, hier wurde mit Pfeil und Bogen geschossen, mit Kanonen – und in Zeiten des Friedens mit Jagdgewehren.

»Es kann der Frömmste nicht in Frieden leben, wenn es dem bösen Nachbarn nicht gefällt«, Friedrich von Schiller, »Wilhelm Tell«, 4. Akt.

Von den Problemen mit den unruhigen Nachbarn war schon in Vindobona die Rede und vom Philosophenkaiser, der durch diese zum Militarismus gezwungen wurde. Und Kriege haben auch die folgenden Jahrhunderte dieser Gegend bestimmt.

1260 triumphierte bei Groißenbrunn der König von Böhmen Ottokar II. Přemysl über König Bela IV. von Ungarn. 1268 gründete der siegreiche Böhme nahe dem Schlachtfeld die Stadt Marchegg, als Siegesdenkmal. Mit diesem Erfolg begann sein Aufstieg in den Ländern an der Donau, nachdem er an der Moldau und in Prag schon erfolgreich war. Doch er war ein klarer Fall für das sogenannte Peter-Prinzip – »In einer Hierarchie neigt jeder Beschäftigte dazu, bis zu seiner Stufe der Unfähigkeit aufzusteigen«. So hat das Laurence J. Peter 1969 in New York formuliert – das früher schon zu erkennen, hätte manchem Politiker lange vor 1969 gut getan. Ottokar Přemysl jedenfalls rannte, besser wohl, er ritt, zielsicher in sein Unglück. Er war nicht bereit, sich dem gewählten deutschen König Rudolf unterzuordnen, ihn anzuerkennen.

Denkmal für die Schlacht bei Dürnkrut und Jedenspeigen

Nun war er ja wirklich nicht nur aus altehrwürdigem böhmischen Geschlecht, Sohn von König Wenzel I., er hatte einen Herrschaftsbereich mit dem Zentrum Prag auf verschiedene Weisen erworben, der dem Traum der Slawen von einem mächtigen Großreich sehr nahe kam.

Der Konflikt Ottokars mit Rudolf führte am 26. August 1278 zu der entscheidenden Schlacht an der March, bei Dürnkrut und Jedenspeigen. König Ottokar hatte ein Heer aufgestellt, dessen Stärke ungefähr 30.000 Mann betragen haben dürfte, Böhmen und Mährer, Ritter aus Meißen, Thüringen, Brandenburg, Bayern, Schlesien und Polen.

Rudolfs Heer hatte am 14. August bei Hainburg die Donau überquert und war bis Marchegg vorgerückt. Zu seinen Verbündeten zählten vor allem der König von Ungarn Ladislaus, die heerespflichtigen Adeligen Österreichs, der Erzbischof von Salzburg – mit 300 schweren Reitern, Kontingente aus Basel, dem Elsass und Schwaben. Sein Heer war annähernd gleich stark, aber ganz anders gegliedert. Hier gab es nicht so viele schwere Reiter wie beim Böhmen, dafür aber von den verbündeten Ungarn gestellte leichte Reiter. Diese Kumanen waren ungemein schnell, zielsichere, wendige Bogenschützen und beherrschten eine andere Kampftaktik. Sie kamen auf Schussweite an den Gegner heran, schossen ihre Pfeile ab und wendeten, den Nachkommenden Platz zu machen, die nun ebenfalls für den Feind mit seiner traditionellen Nahkampftaktik nicht zu fassen waren.

Zwischen 09:00 Uhr früh und dem frühen Nachmittag entschied sich hier das Schicksal Europas. Die Niederlage des Königs von Böhmen war vollständig – 12.000 Mann hatte sein Heer verloren. Ottokars Leichnam wurde dem siegreichen deutschen König auf einer Bahre gebracht. Hätte nicht der Habsburger, sondern der Przemyslide den Sieg davongetragen, die Geschichte Österreichs, ja Europas wäre eine andere geworden.

Der Schlachtplan Rudolfs ist in die Kriegs-, in die Weltgeschichte eingegangen. Die Kombination seiner schweren Ritter, die in ihrer im Turnier trainierten Hieb- und Schlagtechnik erfahren waren, mit den verwirrenden Kumanen und ihrer neuen Taktik führte zu hoher Bewunderung. Dazu kam eine Phase der Schlacht, die durch eine vorausblickende Entscheidung Rudolfs geprägt war – in ernster Bedrängnis wurde eine Reserve schwerer Ritter, mit denen der Böhme nicht gerechnet hatte, aus dem Hinterhalt in die unbedeckte Flanke des Gegners losgeschickt – und brachte die Entscheidung.

Der Historiker Kurt Peball resümiert zum Schicksal von Rudolfs Gegner: »Über Böhmen aber blieb der Schatten des Königsdramas liegen mit allen seinen von König Przemysl Ottokar II. nicht erfüllten Hoffnungen und Sehnsüchten.«

Hatte also hier im Marchfeld der Aufstieg des Hauses Habsburg begonnen, so kam es in geringer Entfernung, rund 35 Kilometer Luftlinie, 641 Jahre und 9 Monate später zum letzten Augenblick dieser Epoche. Kaiser Franz Joseph I. ist mitten im Weltkrieg gestorben, am 21. November 1916. Auf den Thron folgte ihm sein Großneffe Erzherzog Karl Franz Josef, als Kaiser von Österreich nunmehr Karl I., als König von Ungarn Karl IV.

Er trat die Regierung von Problemen umringt an, die nach zwei Jahren zum Ende seines Reichs führten. Seine ehrenhaften Versuche, einen Separatfrieden zu schließen, scheiterten an den Verbündeten. Am 3. November 1918 legte Österreichs Armee die Waffen nieder, am 11. November trat Karl zurück. Er hatte noch vier Wochen zuvor mit seinem »Völkermanifest« versucht, das Steuer herumzureißen, zu spät. Österreich-Ungarn zerfiel.

Zu diesem Zeitpunkt hielt sich die kaiserliche Familie noch in Schloss Schönbrunn auf, nun begann der stationenreiche Weg ins Exil. Erste Etappe – Schloss Eckartsau im Marchfeld.

In der Nacht des 11. November kam Karl mit den Seinen an, mit sieben Wagen begann dieser Weg in eine unsichere Zukunft. Zwei Tage später erschienen der Fürst-Primas von Ungarn Kardinal Csernoch und Fürst Esterházy und nahmen König Karls Verzicht auf die Regierung entgegen. Abgedankt hat Karl aber weder als Kaiser noch als König.

Das Schloss, das an den »Rosenkavalier« von Richard Strauss denken lässt, hat eine wehrhafte Vergangenheit. Der Vorgängerbau war eine Trutzburg mit breitem Wassergraben, Sitz der Ritter Eckartsau seit 1180. Diese Eckartsauer erinnern an eine der ersten Stationen auf unserer Donaufahrt, denn sie waren dem Hochstift Regensburg lehenspflichtig.

Als das Geschlecht erloschen war, gab es einen häufigeren Besitzerwechsel, bis 1720, in diesem Jahr erwarb Franz Ferdinand Graf Kinsky Herrschaft und Schloss Eckartsau. Er über-

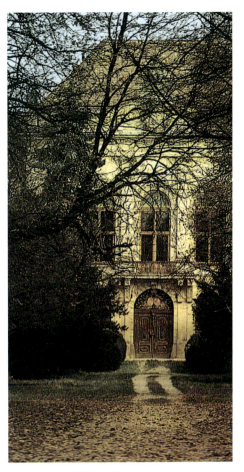

Schloss Eckartsau,
die letzte Residenz der Habsburger

nahm drei Jahre später das höchste Amt Böhmens, die Hofkanzlerwürde. Die weite Strecke von Prag bis Eckartsau hatte er nur selten zurückzulegen, sein Amtssitz war ja Wien. Die böhmische Hofkanzlei in der Wipplingerstraße wurde zwischen 1709 und 1714 von Johann Bernhard Fischer von Erlach errichtet, der Sohn dieses Stars des Bauwesens seiner Zeit, Joseph Emanuel Fischer von Erlach, bekam einige Jahre später den Auftrag zur Erneuerung von Schloss Eckartsau. Das mittelalterliche Gebäude wurde komplett umgebaut. Auch andere große Künstler des Barock haben hier Bedeutendes geschaffen. Von Daniel Gran stammt das Deckenfresko »Dianas Aufnahme in den Olymp«, ein Jagd-Thema für ein Jagdschloss. Eine zweite Diana erscheint unter den Skulpturen des Giebels, die der kaiserliche Hofbildhauer Lorenzo Mattielli geschaffen hat.

Kaiser Franz I., geboren als Erbprinz Franz Stephan von Lothringen, hat das Schloss 1760 erworben, 1797 wurde es in den habsburgischen Familienfonds eingegliedert.

Danach hat Eckartsau eine schwere Zeit durchmachen müssen, Kaiser Franz II.(I.) hatte andere Sorgen als Jagdvergnügungen im Marchfeld, ihn hielten Napoleon und die finanziellen Sorgen davon ab. Sein Sohn Kaiser Ferdinand hatte mit Ausflügen in die Natur an sich schon nichts im Sinn, dessen Nachfolger Franz Joseph I. bevorzugte zur Erholung wie zur Jagd das Salzkammergut und die Steiermark. Schloss Eckartsau verfiel, ein Teil wurde abgetragen. Erst der Thronfolger Erzherzog Franz Ferdinand nahm sich des barocken Baus wieder an.

Er war ja an sich ein begeisterter Bauherr und Kunstsammler. Alleine von seiner großen Weltreise brachte er einen wahren Schatz mit – rund 17.000 Objekte –, das Völkerkundemuseum in Wien verdankt ihm tausende Exponate. Er war Stammgast des Antiquitätenhandels, besuchte Souvenirhändler, wo immer er hinkam, und hatte einige besonders bevorzugte Gebiete. So sammelte er alles, was mit der Person des Heiligen Georg zusammenhing, des Schutzpatrons des Rittertums. Als Bauherr war er an allen seinen Wohnsitzen am Werk – im Belvedere und in Konopischt, in Chlumetz und Artstetten, in Blühnbach – und eben auch in Eckartsau. Dabei traf sich hier die eine seiner Leidenschaften mit einer anderen. Er war ein passionierter, ja manischer Jäger. Die exakt geführten Jagdlisten geben eine Gesamtzahl von 274.511 erlegten Wildtieren an.

Franz Ferdinand ließ die abgetragenen Schlossteile wieder aufbauen, restaurieren, und bedachte dabei auch Details, und so erwachte Eckartsau zu neuem Leben.

Der Erzherzog wusste dabei sehr genau, was er tat. Er hatte die Gewohnheit, bei seinen zahlreichen Käufen nicht wahllos nach eigenem Gutdünken vorzugehen, sondern hervorragende Fachleute zu Rate zu ziehen. Er war gegenüber dem Antiquitäten- und Altwarenhandel äußerst misstrauisch, intervenierte oft und konnte sogar in mehreren kriminellen Fällen erfolgreich einschreiten. Der Verkauf österreichischen Kulturguts ins Ausland schmerzte ihn, lieber erwarb er selbst kirchliche oder profane Kunst, wenn sich ein Händler oder anderer Anbieter nicht a priori von ihm einschüchtern ließ. So erwarb er auch vieles für Eckartsau, und auf diese Weise war das Schloss gerettet.

Hier war mehrmals der deutsche Kaiser Wilhelm II. zu Gast, auch er ein begeisterter Jäger. Freilich war das einer der wenigen Punkte, in denen der

Hohenzoller und der Habsburger miteinander übereinstimmten. Wilhelms Biograf John C. G. Röhl schreibt, der Erzherzog-Thronfolger sei durch Wilhelms Scherze »fürchterlich tief verletzt« gewesen. Der Gegensatz zwischen den Herren sei nach einigen Bemerkungen Wilhelms »unüberbrückbar« geworden. Nach einem Gespräch in Pest habe der deutsche Kaiser geäußert, er hätte Franz Ferdinand nicht für so gescheit gehalten, und bei einem Zusammentreffen auf dem Bahnhof von Berlin habe Wilhelm II. gesagt: »Bilde dir nicht ein, dass ich zu *deinem* Empfang gekommen bin, ich erwarte den Kronprinzen von Italien.« Die Eckartsauer Fotos vermitteln einen ganz anderen Eindruck. Am 28. Juni 1914 starb Franz Ferdinand mit seiner Gemahlin Sophie in Sarajewo. Viereinhalb Jahre später starb die Monarchie.

Die kaiserliche Familie befand sich nun ab dem 12. November scheinbar in Sicherheit – aber eben nur scheinbar. Immer wieder gab es heikle Situationen, so kam einmal der Kutscher ohne Wagen und ohne Pferde von einer Einkaufsfahrt zurück, man hatte ihn überfallen und den Wagen geplündert.

Der englische König wollte dem besiegten Gegner und dessen Familie das Schicksal der Zarenfamilie ersparen. General Tom Bridges

Kaiser Karl und Kaiserin Zita,
im Vordergrund der Thronfolger Otto

wählte einen Offizier aus, Colonel Edward Lisle Strutt, der am 22. Februar 1919 den Befehl bekam: »Sofort nach Eckartsau reisen und Kaiser und Kaiserin moralische Unterstützung der britischen Regierung geben.« Der Oberst reiste nun von Venedig, wo er die letzten Tage im Hotel Danieli verbracht hatte, ab, und kam nach 60stündiger Fahrt in Wien am Südbahnhof an. Er hat ein Tagebuch geführt, das 1968 veröffentlicht wurde. Da findet sich viel Persönliches: »1. März 1919. Führte den Hof zu einem Spaziergang aus und verirrten uns alle in den Wäldern. Fanden schließlich den Weg zurück, indem wir dem Lauf der Donau folgten.« Strutts Tätigkeit beschränkt sich aber natürlich keineswegs auf Spaziergänge. Es geht um die Sicherheit, Rote Garden sollen im Marchfeld unterwegs sein, es gibt große Sorgen um ärztliche Versorgung, auch die Beschaffung von Nahrungsmitteln stellt den Oberst vor große Probleme. Er sorgte mit einer kleinen Truppe von zehn österreichischen Polizisten und seinem Offiziersdiener für einige Hoffnung auf Sicherheit für die ehemalige Kaiserfamilie. Das Schloss war eben keine Festung.

In Eckartsau versuchte der österreichische Staatskanzler Karl Renner den »ehemaligen Träger der Krone«, wie man ihn nun nannte, zur Abdankung zu bewegen, aber er wurde nicht einmal zu einem Gespräch empfangen. Wenig später wurde das Habsburgergesetz erlassen, das zwar diejenigen Mitglieder des Hauses Habsburg als Staatsbürger akzeptierte, die sich zur Republik bekannten, die anderen aber des Landes verwies. Dem Kaiser drohte die Internierung, also wurde die Abreise ins Ausland vorbereitet, die Staatskanzler Renner zu verhindern suchte. Der Kaiser müsse formell abdanken, sonst werde er das Land nicht verlassen dürfen.

Auch dieses Hindernis konnte Oberst Strutt beseitigen, mit Hilfe eines – bestellten – Telegramms aus London. Darin wurde angekündigt, dass im Falle weiterer Weigerungen seitens der österreichischen Regierung die Ententemächte ihre Lebensmittellieferungen einstellen würden.

Am 23. März wurde um zehn Uhr – es war ein Sonntag – in der Schlosskapelle, die »bis zum Ersticken mit Menschen gefüllt war, die Messe gelesen … Der Bischof las die Messe, der siebenjährige Otto ministrierte. Am Ende sangen alle die österreichische Volkshymne – vielleicht zum letzten Mal in Gegenwart eines österreichischen Kaisers.«

Strutt ließ den früheren k. k. Hofzug in den Bahnhof Kopfstetten kommen, die Eckartsau nächstgelegene Station. Dort bestiegen am 23. 3. 1919 Kaiser Karl und Kaiserin Zita mit dem Thronfolger Otto und dessen klei-

Vor der Abfahrt des Zugs ins Schweizer Exil – Bahnhof Kopfstetten

neren Geschwistern einen Salonwagen, die wenigen Begleiter, die Reste des Hofstaats und die Engländer, einen weiteren. Auf dem Bahnsteig hatte sich eine große Gruppe von Marchfeldbewohnern eingefunden – »Der Zug fuhr um fünf Minuten nach sieben Uhr an. Während der Abfahrt war in der Menge ein leises Stöhnen zu hören. Ich begab mich zu den Majestäten und führte sie in den mittleren Salonwagen. ›Nach siebenhundert Jahren‹, sagte der Kaiser traurig zu mir.«

Hier in Kopfstetten sind sie also zu Ende gegangen, diese nicht ganz siebenhundert Jahre.

»Sagen Sie, Herr Ober, was genau ist ein Kaiserschmarren, woraus besteht so was?«

»Aus Milch, Mehl, Eiern, mein Herr, dann braucht man noch Kristallzucker, Staubzucker und etwas Salz.«

Am Nebentisch saß Egon Friedell, und nun beugte er sich zu dem Gast und ergänzte:

»Und sechshundertfünfzig Jahre Habsburg.«

Nicht nur Schloss Eckartsau, auch andere Marchfeldschlösser haben intensiv Geschichte erlebt. 1693 ließ sich Ernst Rüdiger von Starhemberg, der die Verteidigung Wiens gegen die Türken kommandiert hatte, wenige Kilometer nördlich der Donau ein Jagdschloss erbauen. Es wurde Schloss Engelhartstetten genannt, wie der Ort, auf dessen Grund es steht. Schon 1725 wechselte es den Besitzer und blieb in der Hand der Sieger im 1683 ausgebrochenen osmanischen Krieg – Prinz Eugen von Savoyen war der neue Schlossherr. Im Schlosspark waren noch die Reste der verfallenen Burg Grafenweiden zu sehen, das neue Jagdschloss bekam auch einen neuen Namen – Niederweiden.

Starhemberg hatte den Bau von einem Prominenten planen lassen – Johann Bernhard Fischer von Erlach. Damit war auch Prinz Eugen zufrieden, alles blieb, wie es war, und erst nach dem Tod des Savoyers bekam das Schloss sein heutiges Aussehen. Niederweiden und das nahe Schloss Hof waren Teil des ungeheuren Erbes, das mit dem Tod des Prinzen am 21. April 1736 einer Nichte in den Schoß fiel – Eugen hatte kein Testament gemacht. Anna Viktoria von Savoyen konnte mit dem Geld viel, mit den gesammelten Kunstwerken und Büchern nichts anfangen. Nach und nach löste sie den gesamten Besitz auf. Die europaweit gerühmte Bibliothek, 15.000 Bände, fand immerhin als Ganzes in die erst wenige Jahre zuvor fertiggestellte Hofbibliothek.

Maria Theresia kaufte Niederweiden und ließ es von ihrem bevorzugten Architekten Nicola Pacassi renovieren. Der verspielte charmante Charakter des Schlösschens stammt aus dieser Zeit um 1765.

Nur wenige Kilometer entfernt ist Schloss Hof. Dieses größte Marchfeldschloss hat Prinz Eugen zusammen mit Niederweiden erworben, 1725. Er ließ die alte Burg durch einen modernen Schlossbau ersetzen, den Johann Lucas von Hildebrandt ausführte, der dem Savoyer auch das Schloss Belvedere in Wien, das Winterpalais in der Himmelpfortgasse und Schloss Ráckeve bei Budapest gebaut hat.

Hof hatte für Eugen deutlich erkennbare große Bedeutung. Er widmete sich selbst den umfangreichen Arbeiten für den Schlossbau und den Park, hier konnte er sein künstlerisches Gefühl auch auf diesem Gebiet, der Gartenkunst, wirken lassen. Zeitweise beschäftigte er in Schloss Hof achthundert Gartenarbeiter, die für die Gestaltung der sieben Terrassen, der Zierbrunnen, für die Wasserleitungen arbeiteten. Auch dieser Plan stammte von Hildebrandt, man hat die Fundamente ausgegraben und den Plan des Garteninspektors Anton Zinner aus den Jahren der ersten Parkgestaltung wiederentdeckt.

Prinz Eugen erwies sich hier einmal nicht als habsburgisch-österreichischer Feldherr, sondern als Sohn Savoyens, als halber Italiener, halber Franzose. Der Garten, wie er ihn nun in Hof anlegte, hat seine Vorläufer in Italien, vor allem aber in Frankreich. Er ist Beweis für die Macht seines Herrn, Teil des architektonischen Gesamtkonzepts, durchgeplant und gestaltet bis in winzige Details. Nach dem Vorbild des Franzosen André Le Nôtre wurde in Potsdam und Dresden, in Wien und Hannover und Salzburg gegärtnert, wurden Broderiebeete – wie Stickarbeiten – angelegt, Boskette symmetrisch gestutzt, Grotten und Wasserspiele geschaffen. In einem britischen Bericht aus der Gesandtschaft in Wien nach London heißt es 1733: »Der Prinz liebt sein Landhaus so sehr, daß ihn nichts davon abhalten kann, dorthin zu gehen, wenn er es sich einmal vorgenommen hat.«

Zwischen 1726 und 1730 hatte man gebaut. Hunderte Handwerker und Taglöhner waren am Werk, vom Savoyer häufig besucht und beobachtet. Man kam von Wien auf angenehme Weise hierher, über die Donau und dann in wenigen Minuten zu Pferd oder im Wagen.

Bernardo Bellotto, genannt Canaletto »Schloss Hof«

Keine Anekdotensammlung über Prinz Eugen lässt die Geschichte aus, die ein weiteres Mal seine Anständigkeit, sein soziales Denken, wie das heute heißt, beweist. Einer seiner Verwalter machte den Bauherrn aufmerksam, dass man nicht so viele Arbeiter brauche, dass doch zu viele Leute in Schloss Hof beschäftigt sind, man könne getrost die Hälfte entlassen und sparen. Da soll Eugen zur Antwort gegeben haben: »Meint Er, ich brauche vielleicht Ihn? Braucht man irgendeinen Menschen in der Welt? Wenn er denkt, es sei gestattet, die Menschen verhungern zu lassen, die man nicht mehr braucht, wer soll den Ihn und mich vor dem Verhungern schützen?«

Schloss Hof hat im 19. Jahrhundert das Interesse seiner kaiserlichen Besitzer eingebüßt. Ab 1898 diente der Bau mit dem weitläufigen, nun verkommenden Garten dem Militär, als Lager, Reitschule und zur Ausbildung. Das Mobiliar wanderte in die Depots.

Das Ende der Marchfeldschlösser schien 1945 gekommen zu sein – sie lagen in der sowjetischen Zone, wurden geplündert und teilweise zerstört. Doch als nach 1955 der erste Schock vorbei war, besann man sich und so gewannen die Schlossbauten ihre versunkene Schönheit wieder. Mit der Landesausstellung zum 250. Todestag von Prinz Eugen war auch Hof aus einer Ruine wieder zu einem Schloss geworden, und in den Jahren seither kam es zur Restaurierung und Rekonstruktion der sieben Parkterrassen.

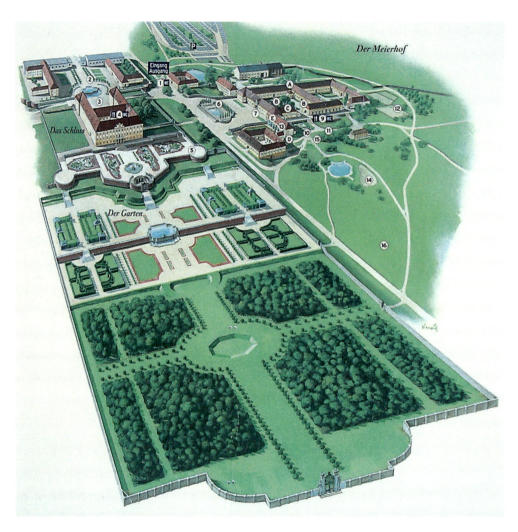

Schloss Hof. Die Gartenterrassen

Von Schloss Hof geht der Blick weit hinüber in die frühere ungarische Hauptstadt, nach Preßburg, nun Bratislava. Dort hatte die jüngste Tochter Maria Theresias, Marie Christine, ihre Residenz, dort lebte sie 14 Jahre lang mit ihrem Mann Herzog Albert von Sachsen-Teschen, der Statthalter von Ungarn war. Sie war der Liebling ihrer kinderreichen Mutter und wurde nicht der Politik zuliebe verheiratet, ihr wurde eine Liebesehe zugestanden. Geheiratet haben Mimi – so wurde sie in der Familie genannt – und Albert in der Schlosskapelle von Hof.

Eine Artikelüberschrift in einer Tageszeitung: »Donau trifft Neusiedler-see«. Hier wird berichtet von einem 97 Kilometer langen Radweg, der die Donau-Region Petronell-Carnuntum mit dem Neusiedlersee verbindet. Diese Verbindung zwischen dem großen Fluss und dem großen See ist ein alter Traum der Menschen, die dazwischen leben. Es gab immer auch Gerüchte, Sagen, Märchen, die diesen Traum zur Wahrheit machen wollten.

Ein junger Handwerker auf der Walz habe seinen Wanderstab verloren, er sei in den See gefallen und verschwunden. Das war nun arg, denn der Stock war hohl und in der Höhlung hatte der junge Mann sein Erspartes versteckt! Aber wie groß waren das Erstaunen und dann die Freude, als der Wanderstab wieder auftauchte – von den Wellen der Donau ans Ufer gespült! Jaja, die alte unterirdische Verbindung zwischen den Wassern, oder doch die Hilfe einer guten Fee?

1736 ist die »Oesterreichische Chorographie oder Landsbeschreibung der Alten Zeiten vor und unter den Römern« erschienen, »in Wienn, gedruckt bey Johann Ignatz Heyinger, Univ. Buchdr.« Der Untertitel kündigt weiters an – »Auch welcher Gestalt Oesterreich diesseits der Donau unter die Römer kommen, und in derselben Provintz verwandlet worden.« Und hier findet sich die geheimnisvolle Verbindung Donau–See. Das »IV. Capitel« gibt »Nachricht vom Lacu Peisone, der Neusiedler-See«. Der Name »Lacus Peiso« gehe auf Plinius zurück, wohingegen »sonsten aber insgemein Neusiedler-See, auf Hungarisch förto genennet wird«. Und jetzt kommt es:

> »Unter Regierung des ermelten Kaysers Galerii war die Gegend um den Neusiedler-See noch ein lautere Wildnuß, die dann dieser Kayser ausreutten und den Neusiedler-See in etwas abzapffen, und durch einen Canal in die Donau leiten lassen. Ohngefähr An. Ch. 470 wurden die Schwaben bey diesen See von denen Gothen häßlich geklopffet, wovon weiters unten in diesen Capitel.«

Und damit ist das Thema abgeschlossen. Die hier genannte Schlacht, in der die »Schwaben von denen Gothen häßlich geklopffet«, also schwer geschlagen wurden, ist tatsächlich von großer Bedeutung gewesen. Die Goten konnten damit ihre Stellung in Pannonien festigen, 469 hatten sie die Sueben in der Nähe des Flusses Bolia besiegt. Welcher Fluss damit gemeint ist, weiß man nicht, er muss im ungarisch-slowakischen Grenzgebiet gedacht werden.

Und eben dort sind wir nun – an der Porta Hungarica, der Hainburger Pforte. Die Donau verlässt Österreich, nach 321,5 Kilometern, und tritt nun für die nächsten 22,5 Kilometer in die Slowakei über, bald bleibt sie wohl mit ihrem nördlichen Ufer im Land, ihr südliches aber gehört Ungarn, auf einer Länge von 275,2 Kilometern.

Bei Theben, heute Devin, einst Dévény, erreicht die Donau linksseitig die Slowakei, ebenso wie zuerst auch rechtsseitig, doch schon nach wenigen Kilometern beginnt hier Ungarn.

Auf einem an der Mündung der March in die Donau aufragenden Kalksteinfelsen ragt empor, was von der Burg geblieben ist, immer noch eindrucksvolle, malerische Trümmer. Obwohl Theben leer stand und auch nicht mehr von strategischer Bedeutung war, hielten die französischen Truppen es für notwendig, das einstige Bollwerk im Jahre 1809 zu sprengen.

VON THEBEN
NACH MOHÁCS

Zehn Kilometer nach Theben erreicht die Donau Preßburg, Pozsony, Presporok, seit 1919 Bratislava, die Hauptstadt der Slowakei, von 1536 bis 1783 Ungarns Hauptstadt. Dann wurden auf Befehl Josefs II. die ungarischen Kronjuwelen nach Wien gebracht, die Verwaltung nach und nach wieder in das alte, wiederaufgebaute Ofen transferiert.

Die Stadt liegt zu beiden Seiten der Donau, ist nur 60 Kilometer von Wien entfernt, früher konnte man von Wien nach Preßburg mit der Straßenbahn fahren. Nunmehr gibt es den Twin City Liner, das ist ein – also, das muss man aufschreiben, merken kann man sich das nicht: ein Schnell-

Preßburg, Aquarell von Klaus Seitz

katamaran in Leichtbauweise (Aluminium), Waterjetantrieb mit Turboeffekt. Preßburg/Bratislava ist wieder ganz nahe.

Wenn man im bequemen Fauteuil sitzend in die Donau-Auen blickt, die das Schiff mit 60 Kilometer pro Stunde durcheilt, braucht man viel Phantasie, um sich vorzustellen, wie das früher war. Leopold Mozart schrieb am 10. Dezember 1762 seinem Freund Lorenz Hagenauer nach Salzburg: »... Morgen gehen wir also nach Preßburg, allein mehr als 8 täge gedenke ich gar nicht allda auszuhalten ...«

Ja, das hatte er so vor, aber – Der Mensch denkt, Gott lenkt – oder in den Worten Leopold Mozarts, wiederum an Freund Hagenauer: »Homo proponit, Deus disponit. Den 20ten gedachte ich von Presburg aufzubrechen und den 26ten von Wienn abzugehen, um am NeuenJahrsAbend in Salzburg einzutreffen.«

Doch da bekam Vater Mozart so schlimme Zahnschmerzen, dass er nicht hätte reisen wollen, selbst, wenn er gekonnt hätte. Aber er hat nicht gekonnt –

> »Bey diesem traurigen Umstande mußte ich mich mit dem trösten, daß wir ohne hin wegen der ungewöhnlich stark eingefalldenen Kälte im arrest waren; denn die flügende Brücke wurde ausgehoben ... mit kleinen schiflein, sage ich, konnte man nur etwa das Post Paquet über die Donau bringen ... Ich mußte demnach warten, bis die Nachricht kam, daß die March (ein wasser, das nicht groß ist) zu gefrohren war. Ich nahm also am hl. Abend umb halbe 9 uhr Morgens von Presburg Abschied und kamm auf einem ganz besonderen Weg um halbe 9 uhr Nachts in Wienn in unserem quartier an. wir reisten diesen tag nicht sondderlich bequemm, indem der weeg zwar ausgefrohren, allein unbeschreiblich knoppericht und voller tiefer gruben und schläge war; denn die Ungarn machen keinen weeg. Hätte ich in Presburg nicht einen Wagen kaufen müssen, der recht gut gehängt ist, so hätten wir ganz gewiß ein paar Rippen weniger nach Hause gebracht. Den wagen muste ich kauffen, wenn ich anders wollte, daß wir gesund nach Wienn kommen sollten. Denn in ganz Presburg war kein 4sitziger geschlossner Wagen bey allen Landkutschern anzutreffen.«

Die Ungarn machen keinen »weeg« – das meint natürlich, dass dort und damals der Straßenbau nicht in Blüte stand. Der »gut gehängte« Wagen ist nach gegenwärtigem Verständnis gut gefedert, und das war noch sehr lang sehr wichtig für die Familie Mozart – mit diesem Preßburger Wagen hat sie ihre dreieinhalb Jahre dauernde Europareise absolviert. Das Konzert hat der sechsjährige Wolfgang Amadé im Palais Palffy gegeben, das ist heute Sitz der österreichischen Botschaft. Das Schloss von Preßburg hat eine sehr lange und sehr wechselvolle Vergangenheit. Einen glanzvollen Auftritt hatte es, als Maria Theresia in der ersten Phase der Schlesischen Kriege nach Pozsony kam, um Ungarns Adel um Hilfe zu bitten. Die schöne junge Königin von Ungarn trug den kleinen Thronfolger am Arm, Josef, und schon waren die magyarischen Kavaliere gerührt. Sie hielt eine Ansprache in der offiziellen Sprache des Landes – Latein. Die Begeisterung kannte keine Grenzen und es kam zum berühmten »Vitam et sanguinem«-Schwur. »Leben und Blut« für – also für wen? Die Adeligen zogen ihren Pallasch, hoben ihn gen Himmel und riefen »Vitam et sanguinem pro rege nostro!« – »Leben und Blut für unseren König!« Denn Maria Theresia war offiziell nicht die Königin, sondern der König von Ungarn.

Das Schloss bewahrte seinen Glanz noch für einige Zeit, solange der Statthalter von Ungarn, Herzog Albert von Sachsen-Teschen mit seiner Frau, Erzherzogin Marie Christine, hier residierte. Dann verlor es an Bedeutung. Unter Josef II. diente es als Priesterseminar, danach wurde es eine Kaserne.

1811 brannte das Schloss ab, ja aus. So stand es als arme Ruine da, bis man 1953 mit dem Wiederaufbau begann, der 1968 abgeschlossen war. Heute ist es Sitz des slowakischen Parlaments und beherbergt zudem das Historische Museum.

Franz Grillparzer hat am Ende des ersten Reisetags eine wenig angenehme Nacht im Roten Ochsen verbracht – die Stadt aber gefällt ihm:

> »Darauf durch die Stadt geschlendert. Sie ist doch hübscher und städtischer, als es im ersten Augenblicke scheint. Unter den Frauenzimmern mitunter auffallend hübsche … Die Aussicht von der Ruine herab ist wunderschön … Über die Schiffbrücke in die sogenannte Aue. Ein entzückend schöner Spaziergang. Ich erinnere mich kaum, in der Nähe einer Stadt dergleichen gesehen zu haben. Auffallend die allgemeine Eleganz … Übrigens gefällt mir Preßburg. Selbst in Wien wird die Gefälligkeit gegen wegunkundige Fremde nicht weiter getrieben.«

Knapp hinter Bratislava verlässt am linken Ufer die Kleine Donau den Hauptstrom. Zwischen ihr, der Donau und der Waag liegt die Schüttinsel, die größte Flussinsel Europas. Sie ist durch ihren riesigen Grundwasserspeicher ein bedeutendes Wasserschutzgebiet.

Von der Grenze an bis etwa einhundert Kilometer im Ungarischen gab es auch einmal eine heute seltsam anmutende Sehnsucht – Goldwäscherei. Man hat viel Geduld gebraucht, um aus den mächtigen Sandmassen ein wenig Gold herauszuwaschen. Wer sich damit befasst, muss Sachkenntnisse mitbringen – und Erfahrung. Die Uferbewohner wissen, dass zwar hin und wieder eine neue Überschwemmung vielleicht etwas Hoffnung für den Glücksritter bringt – aber es lohnt sich nicht. Ein Zeugnis grenzenloser Geduld findet sich in der Schatzkammer von Stift Klosterneuburg, im zweiten Saal. Der Kelch aus Donaugold soll acht Kilogramm schwer sein – und wenn die Angabe stimmt, dass man aus 40 Zentnern Donausand ein Gramm Gold gewinnen kann, dann macht das – also, rechne, wer mag. Auch dazu braucht es Geduld.

In unseren Tagen lässt man sich gemütlich über die Wellen tragen – siehe oben, Waterjetantrieb mit Turboeffekt. Noch um 1900 waren die reißende Strömung und die Donaulaunen auch in diesem Stromabschnitt eine ernste Gefahrenquelle. Die Kaufleute waren froh, dass die wachsenden Möglichkeiten der Eisenbahn ihren Transporten mehr Sicherheit gaben.

Doch der ungarischen Regierung wurde immer mehr klar, welche Bedeutung die Donau als Transportweg in den Westen und Norden hatte.

Der sogenannte Ausgleich mit Ungarn führte zu höherem Selbstbewusstsein der Magyaren, hatte vielfache Folgen – eine umfassende Gründerzeit. So entschloss man sich zu einer aufwendigen Donauregulierung, die ein Befahren auch bei niedrigerem Wasserstand ermöglichen sollte. Das Landes-Wasserbau-Inspectorat setzte die durchschnittliche Breite des Strombetts fest: Zwischen Theben und Preßburg lag sie bei 340 Metern, auf dem Weg nach Süden stieg sie laufend an und beim Abschied vom Ungarland lag sie bei 470 Metern.

In Komorn lohnt es sich, an Land zu gehen. Allerdings wird man mit diesem Ortsnamen nicht weit kommen. Der Ort ist seit langem zweigeteilt, die Stadt am linken Ufer, dem slowakischen, heißt heute Komárno, die am rechten ist ungarisch und heißt Komárom.

Die Städte sind einander und miteinander verbunden durch zwei Donaubrücken – und den Stolz auf ihre heroische Vergangenheit. Komorn wurde niemals von den osmanischen Heeren erobert.

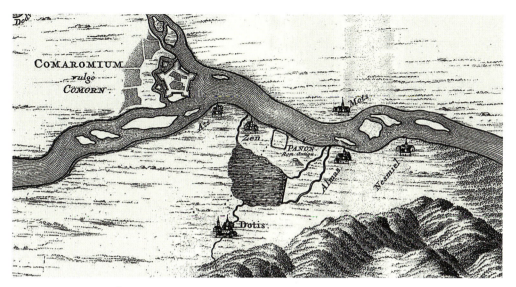

Europas größte Festung – Komorn im Kartenwerk des Grafen Marsigli, 1726

Die Wehrhaftigkeit hatte ihre Gründe – Komorn besaß die modernsten Befestigungsanlagen der Monarchie. Im 16. Jahrhundert hat hier ein bedeutender Italiener gebaut – Pietro Ferrabosco, dem das Land eine ganze Reihe wichtiger Bauten verdankt: Györ, Fünfkirchen, seine Festungsanlage, die Hofburg in Wien sowohl den Amalientrakt als auch das Schweizertor, Weitra im Waldviertel sein Schloss.

Im 17. Jahrhundert wurde in Komorn eine zweite Festung errichtet, und auch sie ist erhalten geblieben. Komorn war bis zum Ende von Österreich-Ungarn von großer militärischer Bedeutung. Hier lagen wichtige Einheiten verschiedener Waffengattungen: Infanterie, Festungsartillerie, Reitende Artillerie, Husaren, Haubitzen, das Sappeurbataillon Nr. 5, das waren den Pionieren verwandte technische Spezialisten. Dazu kam um die Mitte des 17. Jahrhunderts das Tschaikistenbataillon, eine Flussmarine, und Komorn war Werft und Hauptstützpunkt dieser Truppe. Hier wurden die Tschaiken, das waren leichte Kanonenboote mit einem schweren und mehreren leichten Geschützen, gebaut und in Stand gehalten. So war also Komorn vom Militär geprägt, auch in seiner Geschichte, bis zum Winter 1918.

Am 7. April 1820 wurde in Temesvár Georg Klapka geboren. Er trug einen böhmischen Namen, er war Banater Schwabe. Und er wurde ein eminent patriotischer Magyar.

Das kann man werden, auch wenn man nicht durch Geburt dazu prädestiniert ist. Der große ungarische Komponist Franz Liszt konnte nicht Ungarisch. Und der Höhepunkt der magyarischen Lyrik, Petőfi Sándor, ist als Alexander Petrovics zur Welt gekommen und war Slowake.

Also Klapka: 1838 trat er, mit 18 Jahren, in die k. k. Armee ein, und 1848 entschied er sich für die ungarische Revolution. Er wurde mit erst 28 Jahren Generalstabschef, seine Pläne brachten der Revolutionsarmee große Erfolge. Der Revolutionsführer höchstselbst, Kossuth Lájos, ernannte Klapka zum General. Dann wurde er für kurze Zeit Kriegsminister, Artúr Görgey löste ihn ab. Und Klapka übernahm das Kommando von Komorn. Damit begann seine große Zeit, die ihn zum ungarischen Volkshelden wachsen ließ.

In Komorn erfuhr er von der Niederlage bei Temesvár, die das Heer der Aufständischen am 9. August erlitten hatte, und von der Kapitulation Artúr Görgeys, der, mit diktatorischer Macht ausgestattet, den Kampf am 13. August in Világos in Transsylvanien endgültig aufgegeben hatte. Aber er wollte es nicht glauben – und kämpfte weiter.

Klapka war gegen die österreichischen Belagerer sehr erfolgreich – bei mehreren Ausfällen aus der Festung eroberten seine Soldaten Munition, Nahrungsmittel, Futter, und die Erfolge machten den Kommandanten sicher.

Der Neffe

Er erwog einen Feldzug nach Wien, um dort die Reste der Revolution zu retten, und er kam bei seinen Ausfällen bis über die Grenze nach Niederösterreich. Erst zu Ende September streckte er, nach langen Unterhandlungen, die Waffen. Aber – er übergab sie nicht. Seine Mannschaft und die Offiziere marschierten in militärischer Ordnung ab, es gab nicht die demütigende symbolische Übergabe der Säbel.

Noch mehr Militärgeschichte? Am 24. April 1873 kam in Komorn Theodor Körner zur Welt – er war der Großneffe von Theodor Körner. Und er bekam den Namen des Großonkels. Der Neffe wurde österreichischer Bundespräsident, der Onkel hat eine abenteuerliche Biografie.

Theodor Körner der Ältere, geboren 1791 in Dresden, gestorben 1813 bei Gadebusch in Mecklenburg, hatte in den 22 Jahren seines Lebens die Kerze an beiden Enden angezündet. Er kam aus bürgerlichem Haus, das Goethe und Schiller nahestand, er machte sich in jungen Jahren, andere hatte er ja nicht, einen Ruf als Dichter, schrieb Freiheitslieder gegen Napoleon, Komödien für das Wiener Burgtheater, war umworbener Dauergast im Salon der Familie Arnstein-Pereira. Als Mitglied des Lützowschen Freicorps fiel er am 26. August 1813.

Als Hauptmann Körner, stationiert in Komorn, im April 1873 Vater wurde, bekam der Sohn den Namen des Großonkels, Theodor, ein programmatischer Name. Und tatsächlich wurde aus dem Knaben ein besonders erfolgreicher Offizier, im Generalstab bis 1918, in der Ersten Republik zum General ernannt. Dass er dem Widerstand gegen das Naziregime angehörte, brachte ihn für kurze Zeit ins Gefängnis, er kam wieder frei, und wurde im April 1945 Bürgermeister von Wien. 1951 wählte man ihn als Kandidaten der SPÖ zum Bundespräsidenten, er übte das Amt bis zu seinem Tod im Jänner 1957 aus. Der letzte Weg des »roten Generals« über die Ringstraße ließ Erinnerungen an das Begräbnis von Kaiser Franz Joseph wach werden.

Die männlichen Mitglieder der Familie haben alle Uniform getragen – der Vater und sein Bruder, der jüngere Sohn, der ältere Sohn – alle Lehárs. Vater Franz und Onkel Anton, Franz jun. und sein Bruder, auch ein Anton. Franz Lehár sen. war in Komorn stationiert, als Militärkapellmeister beim Infanterieregiment Nr. 50, und er wurde am 30. April 1870 Vater eines Sohnes, dem er seinen eigenen Vornamen gab. Franz der Jüngere kam in Komorn in der Nádor utca zur Welt, bald aber verließ die Familie die Stadt an der Donau und es ging weiter –

Der Onkel

Körner war ebenso wie Lehár ein Tornisterkind, so nannte man in der Monarchie die Söhne und Töchter der ständig in andere Garnisonen verlegten Offiziersfamilien. Franz der Vater blieb bis zu seinem frühen Tod, er wurde nur 50 Jahre alt, Militärkapellmeister, in Ödenburg, Klausenburg, Budapest, Preßburg, Wien, Sarajewo … Und der Sohn hatte kein anderes Ziel – dem Vater wollte er nachfolgen. Und wirklich war er zwölf Jahre lang in der gleichen Funktion am Werk. Er war der jüngste Militärkapellmeister der k. u. k. Armee, und er übte diesen Beruf bis zum 32. Lebensjahr aus. Drei Jahre später, 1905, feierte er den immensen Erfolg der »Lustigen Witwe« – und blieb Zivilist.

In der Geschichte der Operette hat auch er einen Namen von Gewicht – Jokai Mor, Maurus Jokai, geboren in Komorn. »Der Gesang ist die Weltsprache schlechthin« war sein Motto. Aber auch ohne Gesang hat Jokai sich in die Geschichte der Literatur Ungarns eingeschrieben, der »ungarische Balzac«. Manche seiner Werke haben die Moden, haben die Jahrzehnte überdauert – »Ein ungarischer Nabob«, »Die beiden Trenck«, aber vor allem »Saffi«. Diese Novelle ist die Basis des Librettos für einen Welterfolg, für den »Zigeunerbaron« von Johann Strauß Sohn.

Das österreichische Bundesheer der Zweiten Republik ehrt ihn, auch durch Benennung einer Kaserne. In jenem der Ersten Republik hat er noch selbst gedient, Franz Heckenast. Unter dem Kaiser war er zuerst Militärschüler, dann Artillerieoffizier, und 1920 wurde er in das Bundesheer der jungen Republik als Major übernommen. Beim Einmarsch der deutschen Armee im März 1938 war er Oberstleutnant – und er verweigerte als überzeugter Katholik den Eid auf Adolf Hitler. Am 15. März wurde er zwangspensioniert, bald danach holte man ihn ab. Im KZ Buchenwald wurde er ermordet.

Komárom und Komárno haben zu einer modernen Identität gefunden. Jene ist bekannt für ihre Brauereien, hier hat auch die Telekommunikation Fuß gefasst, mit einem Betrieb des Konzerns Nokia, und sie verfügt über einen wichtigen Donauhafen. Diese ist Sitz kultureller Einrichtungen, vor allem einer modernen Universität.

Die Festung im Luftbild – Brückenkopf Waag

Bologna liegt nicht an der Donau. Aber vieles über die Donau liegt in Bologna. »Das wird Sie interessieren, als Österreicher!«, sagt der Museumswärter und öffnet eine weitere Türe. »Da hat ein alter österreichischer General seine Pension in Bologna verbracht und der Universität seine Sammlung von Schiffsmodellen geschenkt.«

»Marsigli, Aloys Ferdinand Graf von«, so beginnt die Eintragung in den 7. Band des Lexikons von 1849. »Österreichischer General, geboren zu Bologna 1658, studierte zu Padua, Rom und Neapel, begleitete 1680 den venetianischen Consul nach Konstantinopel, trat dann in kaiserlich-königliche Kriegsdienste.«

Marsigli kämpfte bei Raab gegen die Türken, geriet in Gefangenschaft, wurde bald aber bei einem Gefangenenaustausch befreit und bekam den Rang eines Obersten. Er stieg weiter auf, wurde General, und übernahm im Spanischen Erbfolgekrieg das stellvertretende Kommando der Grenzfestung Altbreisach.

Das war nicht irgendeine Festung, das war ein Kleinod der Festungsbaukunst, Ludwig XIV. von Frankreich sehr am Herzen gelegen. Der berühmte

Vauban hatte hier nach den modernsten Regeln seiner Zeit gebaut – aber 1700 mussten die Franzosen nach dem Frieden von Rijswijk Breisach dem Reich übergeben.

Nun belagerten der Herzog von Burgund und Marschall Tallard die Festungsstadt – sogar Marschall Vauban selbst war wieder aufgeboten. Er kannte seine Schöpfung natürlich genau, ihre Pläne, und es gelang ihm, den Belagerten die Wasserzufuhr zu blockieren. Nach wenigen Tagen kapitulierte Breisach, der Kommandant Graf Philipp von Arco legte sich dem Herzog von Burgund zu Füßen und küsste ihm die Hand. Das war wohl etwas zu viel, Prinz Eugen schrieb: »Ich kann nicht begreifen, wie es mit dieser imposanten Festung geschehen und zugegangen ist. Breisach ist auf schändliche Weise verlorengegangen.«

Arco kam vors Kriegsgericht, wurde zum Tode verurteilt und auf dem Marktplatz von Bregenz enthauptet. Und sein Stellvertreter? Er hatte Glück. »Weil beide die Festung zu geschwind an die Franzosen übergaben«, setzt das alte Lexikon fort, »verlor Arco am 15. Februar 1704 den Kopf und Marsigli wurde, mit Zerbrechung seines Degens, aller Würden entsetzt.« Also unehrenhaft aus dem Dienst entlassen … Aber er hatte wie gesagt Glück. Denn bei den Wissenschaften fühlte er sich ohnehin besser aufgehoben. Die französische Akademie machte ihn zu ihrem Mitglied, es folgte ein weiterer Ausflug zum Militärdienst – 1709 übernahm Marsigli das Kommando über die Truppen des Papstes. Das gab er schnell wieder auf und lebte ab 1712 ausschließlich der Wissenschaft. Sein Hauptinteresse galt der Ozeanographie und Geologie, und daneben der Donau. Er verfasste ein Werk in sechs Bänden »Danubius Pannonico – Mysicus, observationibus geographicis, astronomicis, hydrographicis, historicis, physicis perlustratus. Den Haag und Amsterdam, 1726«, mit 288 Kupferstichen.

Schon früh hatte er sich in den Wissenschaften betätigt. Als er mit 22 Jahren den Botschafter von Venedig an den Hof des Sultans begleitete, nutzte er die Gelegenheit und nahm Kontakt mit osmanischen Wissenschaftlern auf. Am Bosporus studierte er die Strömungsverhältnisse. Als er nun in kaiserliche Dienste getreten war, trachtete er, durch Teilnahme an Spähtrupps und bei Aufgaben zur Rekognoszierung nicht nur Militärisches zu erkunden. Eine Fülle wissenschaftlicher Notizen, aber auch die genauen Kenntnisse der römischen Verkehrsverhältnisse an der Donau waren die Folge. Nach seinen Jahren am Hof des Papstes blieb er der Wissenschaft treu.

»Unter den nützlichsten wissenschaftlichen Untersuchungen verlebte M. sein Alter und starb am 2. November 1730«. Seine Bibliothek und seine Sammlung von Instrumenten, Mineralien und antiken Kunstwerken vermachte er seiner Heimatstadt Bologna, wodurch sie auch späteren Wissenschaftlern zur Verfügung stand und steht.

Der große dunkle Raum ist voll von Buchregalen, von übervollen Buchregalen. Dazwischen die Schiffsmodelle – Sammler und Antiquitätenhändler werden diesen Augenblick nicht vergessen. Galeonen, Fregatten, Corvetten, jedes Modell zwischen 100 und 200 Zentimeter lang, detailreich – und in der Mitte aufzuklappen, man kann das gesamte Innenleben, das Leben der Matrosen kennenlernen. Dann merkt man sich leicht den Namen des »alten österreichischen Generals«, bis man ihn schließlich in der Donau-Literatur wiedertrifft.

Zurück in die Donau: Die militärische Vergangenheit von Komorn lässt an die Ursprünge des Ungarlandes denken – Kampf, Raubzüge durch halb Europa, geführt mit äußerster Brutalität. Die römische Macht war längst Geschichte, ungeschützt lagen weiter Teile des einstigen Weltreichs vor den Hunnen, den Awaren und schließlich den Magyaren. Das Denkmal der Landnahme, der Ankunft der Stammesfürsten und ihres Anführers Árpád auf dem Hösök-Tére in Budapest, dem Heldenplatz, will und kann einen – historisierenden – Eindruck dieser Krieger geben, mit ihren merkwürdigen Waffen und ihrem wilden Aussehen. Jahrhunderte dauerte es, bis endlich Otto der Große in der Schlacht auf dem Lechfeld bei Augsburg mit einer gewaltigen Streitmacht den Ungarn erfolgreich entgegentrat.

Dieser Erfolg war nicht nur ein militärischer, er war zuerst vor allem ein politischer. Was das »Heilige Römische Reich« hieß, war ja kein geschlossenes Ganzes. Das waren viele kleinere und größere Völkerschaften, in zahllose noch kleinere Herrschaftsbereiche geteilt, ohne eigentliche Hauptstadt – der Kaiser regierte sich von Pfalz zu Pfalz durch das ganze Land. Otto gelang es, einen Heerbann aus Bayern, Schwaben, Sachsen und Franken aufzustellen – und die schweren Reiter besiegten zum ersten Mal die flinken, leichten Ungarn. Der Historiker – und Bundespräsident – Theodor Heuss nannte das Zustandekommen dieser Armee »die erste gesamtdeutsche Leistung«.

Der Sieg hatte weitestreichende Folgen. Das deutsche Reich konnte beginnen, sich zu entwickeln, man konnte in Ruhe Ordnung machen. Ein eigener Herrschaftsbereich hatte nun die Aufgabe, über Gefahr aus dem Osten zu wachen – die Ostmark.

Und auch diese Gefahr selbst erkannte die Zeichen der Zeit – die Ungarn gaben ihr Nomadendasein auf, und statt Europa zu verheeren, begannen sie, ihr Land zu kultivieren. Wo das römische Strigonium an der Donau gewacht hatte, baute der Magyarenfürst Géza einen Palast, deutliches Zeichen moderner, neuer Wohnkultur. Bis dahin waren ja Zelte und Planwagen die Wohnungen der Ungarn gewesen. Und Géza orientierte sich, wie fast immer die Unterlegenen, an den Siegern. Dafür stand ihm eine eher lange Regierungszeit zur Verfügung – 25 Jahre, von 972 bis 997. In dieser goldenen Epoche bereitete der Vater Géza vor, was der Sohn Vajk danach vollenden konnte. Fürst Géza ließ sich vom Westen beraten, führte seine zum Teil noch in altem heidnischem Götterglauben – oder eben in gar keinem Glauben – verfangenen Landsleute dem Christentum zu. Und aus dem heidnischen Vajk wurde der christliche Stephan. Aus dem römischen Strigonium wurde – man ahnt die Verwandtschaft der Namen – das magyarische Esztergom, im Deutschen Gran.

Franz Grillparzer ist zu Schiff vorbeigekommen: »Gran mit seinem im Bau befindlichen Riesendom, dessen Lage ich mir übrigens imposanter gedacht habe.«

Die erste Kathedrale Ungarns ist hier errichtet worden, der Bischof erhielt den Titel Primas von Ungarn. Diese Kathedrale ist der in den Himmel aufgenommenen Gottesmutter Maria und dem heiligen Adalbert von Prag geweiht. Sie ist die größte Kirche Ungarns und auch eine der größten der Welt. Der heutige Bau wurde 1856 geweiht, zur Weihe schrieb Franz Liszt die »Missa solemnis zur Einweihung der Kirche in Gran, für vier Solis-

Der Dom von Esztergom

ten, gemischten Chor und Orchester«. Sie wurde ein großer Erfolg für den Komponisten. Liszt hatte sich eine Musik abverlangt, die »weihevoll, stark und wirksam« sein sollte. Das ist ihm gelungen. Er habe diese Messe »mehr gebetet als komponiert«, sagte er.

Bis zur Fertigstellung des mächtigen Baus dauerte es noch bis 1869. Und weil in Ungarn stets alles bedeutend sein muss, ist auch das Bild am Hauptaltar etwas Außergewöhnliches – das größte, auf einer einzigen Leinwand gemalte Gemälde der Welt. Hier ist die letzte Ruhestätte der Erzbischöfe Ungarns, in diesem Dom liegen die Gebeine des legendären Kommunistengegners József Mindszenty, des Kardinals im Revolutionsjahr 1956. Sein Leichnam wurde im Mai 1991 von Mariazell nach Esztergom überführt.

Von 997 bis 1038 regierte, wirkte, reformierte König Stephan I. Was noch da war an den alten Macht- und Familienstrukturen aus der Zeit von Großfürst Árpád, 890–907, wurde ausgelöscht. Eine Verwaltungsreform teilte das ganze junge Land in Grafschaften, jede von einem Comes, also Graf, geleitet, der freilich nicht unbedingt tatsächlich Graf, aber immerhin königlicher Verwalter war. Auch heute noch heißen die Bezirke Comitate, Grafschaften.

Passau regierte aus der Ferne mit. Zehn Bischofssitze wurden gegründet. Und für jeweils zehn Kirchen musste eine Kirche gebaut werden. Der König wusste sich durchzusetzen – manchmal mit etwas eigenwilligen Mitteln. Als der Abt von San Giorgio Maggiore, Gerardo, aus Venedig aufbrach, um ins Heilige Land zu pilgern, wählte er den Landweg, und so kam er auch nach Ungarn. Dort ist er auch geblieben, wenngleich nicht gerade freiwillig. König Stephan hatte gehört, dass der Mann mit seinem guten Ruf in der Nähe war, und da er einen Erzieher für seinen Sohn brauchte, war Gerhards Reise zu Ende. Er blieb, was blieb ihm übrig. Er wurde Bischof von Csanád, brachte dem Thronfolger das Christentum und anderes bei, starb einen Märtyrertod und wurde als Szent Gellért der Stadtheilige von Budapest. Auf ihn kommen wir später noch einmal zu sprechen, besser, zu lesen.

Grillparzer gefällt die Reise: »Die Gegend bezaubernd, Wissegrad, Waizen. Man begreift die hochstrebenden Ideen der Ungarn, wenn man ihr Land sieht. Ich habe mich ein wenig mit ihren Superlativen ausgesöhnt.«

1316 wechselte die Residenzwürde von Esztergom nach Visegrád. Eine Siedlung gab es an dieser Stelle schon zur Zeit der Römer, sie errichteten an dem strategisch wichtigen Bogen, den die Donau südwärts schlägt, ein Lager, Castrum ad Herculem. Als die Legionäre diese Festung am Donauknie aufgaben, folgten ihnen slawische Bewohner in die verlassenen Mauern – und gaben ihnen den Namen. Visegrád bedeutet Hohe Burg, einfach eine sachliche Bezeichnung, die zur Verwirrung immer wieder erscheint, den Namen gibt es bei Prag, gibt es auch in Serbien.

König Béla IV. erbaute um 1250 an der Donau eine Wohnburg, und auf der Höhe ein Kastell.

Karl Robert, der erste König aus dem Hause Anjou, nach dem Tod des letzten Arpaden und ab seiner Thronbesteigung Karl I., bezog die Hochburg auf dem Berg über dem Donaustrom.

Die ältere Burg, am Donauufer gelegen, begann er auszubauen, kaum hatte er die Stephanskrone auf dem Haupt, schon im ersten Jahr, 1308. Sie sollte künftig der königliche Palast sein, Karl hatte den erhabenen Ausblick

Visegrád

über Strom und Umland erkannt und richtete in seiner neuen Residenz eine Hofhaltung ein, die sich bald eines bedeutenden Rufs erfreute.

Erzbischof Oláh Miklos von Esztergom (1493–1568) hat mehrere berühmte Bücher geschrieben, auch »Hungaria et Attila«. Darin rühmt er Visegrád mit enthusiastischen Worten und in vielen Details: »In Front des Ortes, gegen Morgen zu, ist die Königsburg, mehr als man sagen kann, schön und reich, strahlend durch Paläste und wahrhaft königliche Gebäude, die zur gleichen Zeit vier Königen mit ihrem Hofstaat bequeme Wohnung darbot.«

Damit meint der Autor die Gipfelkonferenz im Jahre 1335, bei der es gelang, den Deutschen Ritterorden mit dem König von Polen zu versöhnen, und damals wohnten tatsächlich vier große Herren, begleitet von zahlreichen nicht ganz so großen, in der schon umfangreichen Schlossanlage: Johann von Böhmen, Kasimir von Polen, Stephan von Bosnien und Karl von Luxemburg, der spätere Kaiser Karl IV.

Erzbischof Oláh wird nicht müde, den Glanz von Visegrád zu rühmen:

> »Der Hof ist mit Steinplatten gepflastert und in gleichem Abstand mit Linden bepflanzt, die im Frühling höchste angenehm duften und einen heiteren Anblick geben. In der Mitte ist ein Brunnen, mit

bewundernswerter Kunst aus rotem Marmor gearbeitet, mit den Bildnissen der Musen geziert. Auf der Spitze sitzt Cupido auf einem Gefäß aus Marmor, aus dem er Wasser gießt, welches ebenso schmackhaft wie kalt von einer Quelle des nahen Berges durch Kanäle geleitet, mit fröhlichem Geräusch in das Becken rauscht. Dieser Brunnen ist von Matthias Corvinus gebaut, wie alle Gebäude, die ich beschreibe. Die Alten haben mir erzählt, daß Matthias, wenn er Triumphe feierte, aus diesem Brunnen abwechselnd roten und weißen Wein fließen ließ, der kunstreich auf dem Berg in Kanäle geleitet wurde.«

War Visegrád also schon zur Zeit der Königskonferenz so prächtig, wie wundervoll muss es dort erst ausgesehen haben, nachdem Matthias Corvinus seinen florentinischen Kunstsinn zu weiterem Ausbau nutzte?

Merkwürdig, dass das »Handbuch für Donaureisen, Jubiläumsausgabe, Preis 50 Groschen«, 1935 der DDSG für Visegrád nur Informationen bietet wie: »2 Gasthöfe mit Fremdenzimmern – Lohnfuhrwerk. Donaufreibad – Paddelstation – Zillenfahren – Anlegestelle für Boote etc.«

Dazu kommt eine knappe Beschreibung der kleinen Stadt von den Römern bis zu Karl von Anjou – »… erbaute sich 1320 neben der Donau das neue Schloß, nachdem ihm das alte vom Berge, das noch von den Slawen stammte, zu klein geworden war.« Darauf folgt eine ausführliche Schilderung einer schrecklichen Begebenheit – »Zu dieser Zeit erfolgte jene in Balladen und Schauspielen oft behandelte Tragödie der Gräfin Clara von Zach …« Was war geschehen? Karl von Anjous Gemahlin war die Schwester des Thronfolgers von Polen, und der hatte sich in eine Hofdame verschaut, an eine ernsthafte Liaison war nicht gedacht. Um dem Bruder zum Subjekt seiner Begierde zu verhelfen, ersann die Königin die eine oder andere List, jedenfalls fand sich die junge Gräfin plötzlich in der Gewalt des Polen, der diese Gelegenheit entsprechend wahrnahm. Der vor Wut rasende Vater fiel über die Königin und ihre Mittagsgäste mit dem Schwert her, verfehlte die Kupplerin, hieb ihr nur vier Finger ab, erschlug zwei ihrer Höflinge, und knapp bevor er den König selbst erreichen konnte, wurde er mit einem Beil niedergeschlagen, geviertelt. Der Hauptteil der Rache für das gestörte Mittagsmahl fiel nun auf die arme Clara, die gefoltert und geblendet wurde, und an ein Pferd gebunden durch die Straßen zu Tode geschleift. Wer immer von der Familie des Grafen Zach noch zu finden war, erfuhr in den nächsten Wochen ein ähnliches Schicksal, noch viele Jahre später wurde hingerich-

Visegrád. Die Burg

tet, wer immer als Zachfamilienmitglied erkannt wurde. Der Reiseführer wundert sich abschließend: »Sonderbarerweise nahm das Volk dieses späte Blutbad ruhig hin.«

Und damit ist die Visegrádstelle im »Handbuch für Donaureisen« beinahe ans Ende gekommen. Seltsam, wo bleibt der so gerühmte Palast? Keine Erwähnung einer doch bedeutenden Touristenattraktion … ? Die Antwort liegt in der Jahreszahl – 1935 konnte man noch nicht ahnen, dass zu Silvester 1934 ein Visegrádforscher, der Architekt Johann Schulek, von tiefen Gewölben und alten Mauern etwas gehört hatte, die gerade erst entdeckt worden waren. Seit dem Frühling 1935 sind die Archäologen nun am Werk, und was sich in diesen Jahrzehnten seither gefunden hat, bestätigt glänzend den Bericht von Erzbischof Nicolaus Oláh, den man schon für ein Fantasieprodukt zum Lob des Matthias Corvinus gehalten hatte.

Die Touristen, die heute nach Visegrád kommen, erleben ein eindrucksvolles Treppenhaus, steinerne Sitzbänke, gotische Spitzbögen, den Innenhof mit einem Springbrunnen, einen Arkadengang im Parterre, einen im ersten Stock, und im zweiten Stock auf der Terrasse ist der Marmorbrunnen wiedererstanden, den der Erzbischof beschreibt.

König Matthias Corvinus.
Denkmal in Cluj – Klausenburg, früher Kolozsvár

Die Hochburg, Fellegvár, liegt über dem Palast, ist über eine lange Treppe, viele, viele Stufen, und durch den Wald zu erreichen. Wer gerne Stiegen steigt, geht weiter – nur noch etwas mehr als 200 Stück und schon ist man beim Ostturm, dafür hat man aber den denkbar schönsten Blick auf die Donau und die Umgebung.

In der Fellegvárburg hat die Infotainmentbewegung zugeschlagen, eine Tourismusagentur hat Ratschläge erteilt. Hier mag man, wenn man mag, zwischen Prinzessinnen, Kronenträgern, Bischöfen, servierendem Bubikopfpersonal, Unmengen von Kuchen, Weintrauben, Brathendln, Fasanen, unter Schwerterdekorationen und Anjouwappen, fotografiert werden, alles aus Kunststoff und Stoff.

Das große Museum im Király palota, fast an der Donau, ist ganzjährig geöffnet, jenes in der Hochburg ist von 15. November bis 15. März geschlossen, in beiden Fällen trifft man nicht auf Kunststoff.

Schon der Geograf Bel, der zur Zeit Kaiser Karls VI. schrieb, preist die Schönheiten von Visegrád und nennt den deutschen Namen Blenden- oder Plintenburg – »weil die Pracht des Schlosses jeden Beschauer blende.«

Doch zu dieser Zeit kann von der Pracht nicht mehr viel übrig gewesen sein. Denn die Zerstörung der florentinischen Vision des großen Hunyádi Matyas, vulgo Matthias Corvinus, und seiner neapolitanischen Frau fand schon statt, als die Osmanen das Land in Besitz nahmen. Janitscharen haben 1543 der Schlossanlage ein Ende bereitet. Und kaum hatte man die Türken vertrieben, ließ Kaiser Leopold I. 1701 zerstören, was noch irgendwie an eine Festung erinnerte. Was kann der Herr Professor Bel, dessen Name sich in keinem Lexikon finden lässt, also gesehen haben? Nichts.

Das alte Waitzen heißt, seit die deutsche Sprache in Ungarn zur Fremdsprache geworden ist, Vác, und die Budapester Nobelstraße heißt konsequent nicht mehr Waitzener Straße, sondern Váci utca. Das Handbuch für Donaureisen der DDSG 1935 spricht von Vác als Bischofssitz und »Sommerfrische«.

Wer in den Siebzigerjahren in Budapest Bekannte hatte, bekam früher oder später den Tipp, nach Szentendre zu fahren. Die ungarische Hauptstadt war wie auch das ganze Land noch immer starr wie nach einem Schock. Das hatte mehrere Gründe, man konnte es verstehen.

Da war der Schock von 1920, vom Friedensvertrag von Versailles. Ungarn hatte in den letzten Wochen des Weltkriegs nicht mehr mitspielen, nur mehr, wenn überhaupt, für seinen eigenen Boden, seine Völker, kämpfen wollen. Und das war danebengegangen. Die Siegermächte waren nicht bereit, diesen Separatismus als Protest gegen die Habsburgermonarchie, den Krieg, den deutschen Generalstab anzuerkennen. Zudem – Ungarn wurde nicht zu den Friedensverhandlungen des Jahres 1919 eingeladen. Es war die Zeit der kommunistischen Räterepublik unter Führung von Béla Kun, und mit solchen Partnern wollte man in Paris nicht verhandeln. Ungarn verlor den Großteil seiner Fläche, wurde reduziert auf nur noch ein Drittel. Alle anderen Landesteile beanspruchten die den Siegern verbundenen Nachfolgestaaten.

Der Dampfer Szentendre passiert Szentendre

Der nächste Schock kam durch das Ende des Zweiten Weltkriegs, die Rote Armee, das Kippen aus einer nationalistischen Politik in den internationalen, von der Sowjetunion gesteuerten Kommunismus. Und als sich das Land besann, sich zum Widerstand aufraffte, das Undenkbare wagte und versuchte, sein Schicksal selbst zu entscheiden und sich gegen die sowjetische Übermacht erhob, folgte der nächste Schock. Wieder wurde in Budapest geschossen, die Geheimdienstleute von der AVO kehrten zurück, die Regierung ging ins Gefängnis oder wurde, wie der populäre Staatspräsident Imre Nagy, hingerichtet.

Damals war nicht einmal der nationale Freudentag des Heiligen Stephan von irgendeiner Art Glanz geprägt, die alte Eleganz der Straßen, Geschäfte, Kleidung längst passé. In diesem Land der Rinderherden und des Tokajer, der vielen Paprikasorten, des Knoblauchs und der köstlichen Zwiebeln, der weltberühmten Küche des Károly Gundel, des Gulyás und der Hortobagy-Palatschinke konnte man nicht mehr gut essen, ja, man konnte überhaupt nicht essen. Es war schwer, ein halbwegs brauchbares Gasthaus zu finden. Wenn man also inmitten der Freudlosigkeit, nach dem Besuch der wenigen Budapester Museen in ihrer grauen Tristesse, auf irgendetwas hoffte, das an das alte wunderbare Ungarn erinnerte, dann bekam man eine einzige Antwort – Szentendre. Und war dann für zwei Stunden gerettet.

Man muss unterscheiden, zwischen Städtchen und Insel. Wir wollen uns der kleinen alten Stadt nähern.

Als durch das Ende der permanenten Türkenbedrohung, die Eugenschen Gegenschläge, der Osten Österreichs, Ungarn, der halbe Balkan durcheinandergewirbelt wurden, gab es zahllose Veränderungen, in jeder Hinsicht, wirtschaftlich, politisch, militärisch, kulturell. Vertriebene zogen durch das Land, Heimkehrer waren unterwegs, von den Zeitläufen entvölkerte Gegenden wurden neu besiedelt. Und so waren die Jahrzehnte nach 1683 für viele Landschaften und Siedlungen Beginn einer Prosperität, wie auch für Szentendre. Der Krieg und die Revolution von 1956 hatten das Städtchen nicht zerstört, man konnte es also herzeigen. Das geschah tatsächlich ausführlich, auch im Film, eine ideale Kulisse für magyarische Nostalgie. Steile Gässchen, niedere Häuser mit gepflegten Vorgärten, nicht die baulichen Veränderungen und Verirrungen der kommunistischen Baubefehlshaber, schön war es hier. Ich erinnere mich sogar an ein gutes Gasthaus, große Seltenheit damals.

Und es gab und gibt mehr Kirchtürme, als man in so kleinem Ort erwarten kann – sieben Kirchen. Denn die neuen Siedler brachten auch ihre

Pfarrer mit, ihre Pastoren, ihre Popen. Sie vor allen anderen hatten hier das Sagen. Die Serben kamen in großer Zahl, und so gab es hier auch einen serbisch-orthodoxen Bischof. Sie lebten friedlich zusammen, die verschiedenen Religionsbekenntnisse, die verschiedenen Völker – Ungarn, Deutsche, Serben, Griechen, Dalmatiner. Dazu hat vielleicht die Weinkultur von Szentendre beigetragen, die hier lange Tradition hat. Der innere Friede brachte äußeren Glanz – der Handel blühte auf, die Flüchtlinge bauten. Und so sind diese Kirchen innen katholisch, mit aller nur möglichen Pracht ausgestattet, oder orthodox mit dem Ikonostas, der traditionellen Wand von Bildern, von Ikonen. Außen aber – alles barock, weil aus dem frühen 18. Jahrhundert.

Das war nicht immer so. Um die Mitte des 18. Jahrhunderts bröckelte der Glanz, Überschwemmungen machten viele Häuser unbewohnbar, die Menschen suchten eine Zukunft an anderen Orten. Die Stadt verfiel. Dazu kam um die Mitte des 19. Jahrhunderts wie in halb Europa so auch hier die Reblaus, die zur Zerstörung der wirtschaftlichen Basis wesentlich beitrug.

Im späten 19. Jahrhundert entdeckte die Kunst das träumende Städtchen, Maler siedelten sich an. Eine neue Blüte folgte, bis es im Kommunismus wieder grau wurde. Doch eben dagegen hat man sich hier zu helfen gewusst, abermals mit Hilfe der Kunst. Diesmal befahl die Politik die Wiederentdeckung und förderte sie mit aller Kraft. Maler, Bildhauer und Keramiker bekamen leerstehende Häuser, die Stadt renovierte sie, Galerien wurden eingerichtet, und so wurde es in Szentendre bald wieder schön, wie kaum irgendwo in dem gequälten Land.

Neben mehreren Kunstmuseen findet man hier auch ein Weinmuseum, das alle 20 Anbaugebiete Ungarns repräsentiert. Dann gibt es auch noch das Szamos Marcipán Múzeum, und wäre all das nicht genug, so gibt es auch noch in der nahen Umgebung etwas Besonderes. In vier Kilometern Entfernung liegt das Freilichtmuseum, bei dem von liegen keine Rede sein kann, so lebendig ist es: viele Bauernhäuser, Mühlen, Kirchen, ein ganzes Dorf von der Theiß, Ställe, und all das mit beinahe täglichem Veranstaltungsprogramm, sonntags mit Musik.

Buda erlangte 1783 wieder den Hauptstadtrang. Die Burg war gar nicht so wichtig, denn auch Esztergom und Visegrád waren ja höchst eindrucksvolle Königssitze gewesen. Preßburg freilich, das ungarische Pozsony, improvisierte Hauptstadt, konnte da nicht mithalten. Dennoch blieb es die Krönungsstadt, noch Jahrzehnte nach der Vertreibung der Türken aus Ungarn. Doch die Kraft, die von der Kirche ausging, die König Béla IV. im 13. Jahrhundert gegründet hatte, der Königskirche des großen Matthias Corvinus, hatte eine so massive Anziehung, dass es ihr zuliebe zum Wechsel kam. Den islamischen Türken diente sie als Hauptmoschee, nun wurde sie im modernen Barock neu erbaut. Die wenigen gotischen Reste legte man später frei und baute abermals um, diesmal historisierend gotisch.

Und nun bekam sie auch ihre ehrenvolle Funktion zurück und wurde die Krönungskirche der Könige von Ungarn.

Die Burg, sie war weitgehend zerstört, ließ Maria Theresia von zweien ihrer Lieblingsbaumeister wiedererrichten, Nicolas Jadot de Ville-Issey und nach ihm Nicola Pacassi, denen der Ungar Ignác Oracsek zur Seite stand.

Am anderen Donauufer, in Pest, ist die Pfarrkirche lange nicht so prominent wie die weltberühmte Matyaskirche von Buda, aber älter, wenigstens in wichtigen Teilen. Dieses älteste Gebäude von Pest wurde im 12. Jahrhundert aus Steinen errichtet, die man den römischen Ruinen des einstigen Contra-Aquincum geraubt hatte. Die Südwand war überhaupt Teil der Grenzmauer des römischen Forts. Und wieso Contra-Aquincum und was ist Aquincum?

In der langen Kette von Festungen am Donauufer war diese eine der größten. Schon im frühen 2. Jahrhundert erhob Kaiser Trajan die junge Siedlung zur Hauptstadt von Unterpannonien, Kaiser Septimius Severus erklärte sie zur colonia. Und in der Tat war das römische Budapest ein kleines, noch

Buda, in Hartmann Schedels »Weltchronik«, erschienen 1493 in Nürnberg

Auf der Terrasse der Königsburg von Budapest – König Ferencz Jozsef

lange nicht ungarisches Rom – mit Forum und WC, Markt und Badeanlage, Wohnkultur und Kanalräumung.

»Der Reisende, der vom Westen kommend, nachts zu Schiffe in der ungarischen Hauptstadt anlangt, genießt einen Anblick von seltener Pracht. Das Nachtbild Budapests ist entzückend schön.«

Der Band »Ungarn I« des sogenannten Kronprinzenwerks schwärmt und macht das auch noch aus der Entfernung von vielen Jahrzehnten begreiflich:

> »Geheimnisvoll funkelnd wallen die Fluten des von der Doppelstadt eingeengten majestätischen Stroms thalwärts. Sein breit dahinwogendes Band ist von zwei sanft geschwungenen Flammenkränzen unterbrochen, den Laternenreihen, welche die Linien der Margarethenbrücke und Kettenbrücke symmetrisch in die Nachtluft hineinpunktiren.«

Grillparzer ist kritischer als der Autor des Kronprinzenwerks. Er geht in die Oper, »Zauberflöte«. Das gefällt ihm gar nicht. »Alle Tempi zu schnell. Auch dieses Werk kann durch die Aufführung langweilig werden. Neben dem Engländer zu sitzen gekommen, der die Fahrt von Preßburg mit mir gemacht. Scheint ein guter und ist ein gescheiter Mensch. Hat die beste Meinung von Ungarn, ich kaum.«

Franz Grillparzer hat auch ein Bad in der Donau genommen, in der Schwimmschule. Es hat ihm nicht die erhoffte Erleichterung »wider Leibschmerz und Durchfall« gebracht. Vielleicht deshalb ist er in seiner Meinung so ungnädig.

Er gibt dem Theater eine zweite Chance: »Gegen acht Uhr ins ungarische Theater, das ich noch nicht gesehen. Gaben den Barbier von Sevilla. Der erste Akt war eben zu Ende. Die Vorstellung schlecht zu nennen wäre niedrige Schmeichelei. Sie war unter aller Vorstellung … Abends noch im Wirtshause geärgert. Früh zu Bette.«

Die neue Technik hingegen findet Gnade: »Mein englischer Reisegefährte Mr. Smith sucht mich auf, um mir die Arbeiten an der neuen Donaubrücke zu zeigen. Erstaunenswürdig, kolossal. Verstehe nichts davon.«

Die Donau hat immer schon eine ganz andere Rolle für Budapest gespielt als für Wien. Bis zum endlich erfolgreichen Kampf gegen den Eisstoß war sie beiden Städten nicht nur Transportweg, sondern auch Drohung.

Zu den schlimmsten Katastrophen, die der Eisstoß hier verursachte, gehörte die Überschwemmung im Jahr 1838. Im März dieses Jahres kamen die Eismassen in Gran, dann in Ofen und Pest an. In Gran standen von 853 Häusern nur mehr 237, auch diese waren zum Teil schwer beschädigt. Von den rund 4.500 Häusern der Innenstadt von Pest stürzten 2.281 ein, nur 827 kamen ohne Schaden davon. Am 23. April, zu Ostern, brachte die »Allgemeine Zeitung« einen Spendenaufruf, der einen Eindruck des Schreckens geben kann: »… Viele Tausende von Menschen verloren in diesen Schreckenstagen ihre Wohnungen, ihre nützlichen Haustiere, ihre Nahrungsmittel, ihre notwendigste Habe, retteten nichts als das nackte Leben und priesen in ihrem Jammer diejenigen glücklich, die in den empörten Wogen ihren Untergang gefunden hatten …«

Der Komponist Franz Liszt, ein deutscher Ungar, verbrachte gerade einige Wochen in Venedig, begleitet von seiner Lebensgefährtin Marie d'Agoult. Er hatte am 1. April ein Konzert gegeben, kurz danach erfuhr er von der Katastrophe in seiner Heimat. In höchster Aufregung las er Marie aus einer deutschen Zeitung vor, dass »das Elend grenzenlos und furchtbar« sei, und er erklärte, er würde gerne alles hinschicken, was er besitze. Doch da er nichts weiter habe »als seine zehn Finger und seinen Namen«, so hoffe er doch, das Wiener Publikum zu begeistern und auf diese Weise eine »Riesensumme« aufzubringen.

Am 7. April machte er sich auf den Weg, verließ Venedig und reiste nach Wien. Am 10. April kam er an, bezog ein Appartement im Hotel »Zur Stadt Frankfurt« in der Seilergasse und gab in den folgenden Wochen zwölf umjubelte Konzerte, so dass der katastrophale Eisstoß immerhin für die Wiener Musikliebhaber positive Folgen hatte.

Die zugefrorene Donau hat in der Geschichte Ungarns immer wieder eine entscheidende Rolle innegehabt. Als die Mongolen unter ihrem Anführer Batu Khan, einem Nachkommen von Dschingis Khan, 1241 das Land überfielen, kam ihnen die Donau zu Hilfe. Über ihr Eis kamen sie fast bis an Österreichs Grenzen. 1242 zogen sie wieder ab, nicht wegen militärischer Probleme – ihr Großkhan war gestorben und nun ging es ums Erbe. Und als es 1458 einen neuen König für Ungarn zu wählen galt, standen die Adeligen auf der zugefrorenen Donau und drohten, das Schloss von Buda zu stürmen, würde man sich nicht für den erst 15jährigen Matthias Hunyadi entscheiden – und sie drohten mit Erfolg. Dadurch bekam Ungarn einen seiner besten Herrscher, Matthias Corvinus.

Eisstoß in Budapest

Im Gegensatz zu den vielen Inselchen der Wiener Donau vor der Regulierung gab und gibt es in der ungarischen Hauptstadt eine einzelne, langgestreckte große Insel, die ein eigener Stadtteil mit eigenem Leben ist – die Margaretheninsel. Auch dieses Leben am Strom hat sich anders gestaltet als in Wien.

War die rechte Seite, Ofen oder ungarisch Buda, geprägt von der Königsburg, dem Burgberg, der Promenade am Ufer, der Hofhaltung, so pulsierte die linke, die Pester Seite, in Handel und Wandel jeglicher Art. Die Landeplätze der Schiffe, Lagerräume, kühle Keller, Kräne, Kähne, Holzboote, dann der Töpfermarkt, der Obstmarkt – und auch wenn das Bild sich im Lauf der Jahrzehnte verändert hat, die Substanz hat sich bewahrt.

Natürlich ist heute vieles grundsätzlich anders. Maria Theresia hatte für eine Neubesiedlung der von den Kuruzzen und den Türken verheerten und entvölkerten Gebiete Westungarns gesorgt, mit fördernden Maßnahmen, denen viele Österreicher deutscher Sprache gefolgt sind. So kam in Pest der Weinbau in deutsche Hände, im Stadtteil Vízíváros gab es deutsche Handwerker, von 1742 durch 200 Jahre, bis dieses harmonische Miteinander durch die Katastrophen von 1933 bis 1945 zerstört und brutal beendet wurde.

Gesprengt wurden 1945 von den vor der Roten Armee flüchtenden deutschen Truppen auch die Donaubrücken. Die älteste und eindrucksvollste ist die Kettenbrücke, erbaut zwischen 1839 und 1849. Ihr korrekter Name ist Széchenyi Lánchíd, und sie erinnert so an den Mann, auf dessen Anregung sie errichtet wurde, Graf István Széchenyi. Er hatte 1832 die Gründung eines »Brückenvereins« veranlasst, und nach der schrecklichen Überschwemmung von 1838 Erfolg mit seiner Idee. Bis dahin hatte man hölzerne Pontonbrücken in der warmen Jahreszeit aufgebaut, im Winter wieder abgebaut. Nun entschied man sich für die modernste Bauweise, eine Eisenkonstruktion nach englischem Vorbild.

István Széchenyi kam 1791 in Wien zur Welt. Sein Heimatort war Nagycenk, Westungarn, in der Nähe von Ödenburg, Sopron. Sein Vater war ein begeisterter Magyar, der Aufklärung und modernem Denken aufgeschlossen. Er schenkte 1802 seine Sammlungen dem Staat, womit das Ungarische Nationalmuseum ebenso begründet wurde wie die Ungarische Nationalbibliothek. In diesem Geist erzogen, wurde der Sohn ein wacher, lebensfroher Patriot, der sich um Mitmensch und Natur, Wirtschaft und Reformen zuerst Gedanken, und dann verdient machte. Er überdachte und erkannte Probleme, suchte nach Lösungen, und hatte er sie gefunden, setzte er sie

durch. Der große griechische Staatsmann Perikles hat in der »Rede für die Gefallenen von Athen« gesagt – »Wer an den Dingen seiner Polis (seines Gemeinwesens) keinen Anteil nimmt, ist nicht ein stiller Bürger, sondern ein schlechter.« Das war ein Leitsatz für István Szécheny. Wo seinem Vaterland etwas fehlte, suchte er Abhilfe zu schaffen, auf den verschiedensten Gebieten.

Doch seine mit großem Einsatz geführten Kämpfe forderten ihren Preis. Schon der junge Mann nahm sich jeden Rückschlag, jeden Widerspruch sehr zu Herzen, er neigte mehr und mehr zur Schwermut. Hier beschränken wir uns auf seine Leistungen rund um die Donau, der Strom wurde ihm zum Leitmotiv, ein Leben lang. Denn nicht nur die Kettenbrücke wurde sein Werk, auch der Dampfschifffahrt nahm er sich an. Und er machte sich um die Regulierung der unteren Donau verdient, in der Enge von Kazan erinnert eine Gedenktafel an diese Verdienste.

Der Graf verbrachte die letzten elf Jahre seines Lebens in einer Nervenheilanstalt in Wien-Döbling, und er war immer noch ein Kämpfer. Er hatte die ungarische Revolution von 1848/49 verteidigt, trotz seines politischen Zwistes mit deren Anführer, Kossuth Lájos. Doch er verteidigte sie so intensiv, dass er sich mit manch wichtigem Zeitgenossen überwarf, dass er in einem in London erscheinenden Pamphlet bis zur Majestätsbeleidigung schritt, so dass man ihm die Verlegung in eine öffentliche Irrenanstalt

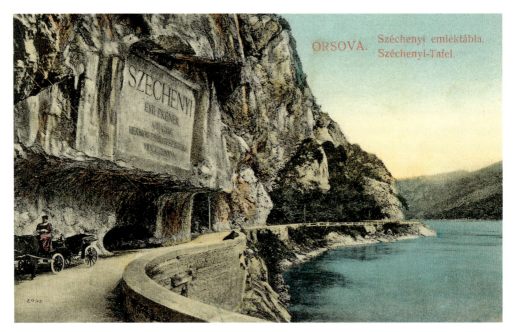

Im Kazan – Ehrentafel für István Szécheny

androhte. Am 1. April 1860 schrieb er in sein Tagebuch »Kann mich nicht retten!«. Am 8. April 1860 hat er sich erschossen. Der Kampf für seine Ideen hatte sein Leben begleitet, mit allen typischen Begleiterscheinungen wie der Begeisterung, dem Selbstzweifel.

Am 3. November 1825 hatte der junge Aristokrat nach einer Sitzung des Preßburger Landtags nur einen Satz in sein Tagebuch geschrieben: »In der Sitzung gesprochen und mich mit allen meinen Landsleuten verfeindet.« Aber selbst diese zeitweiligen Feinde mussten ihm immer wieder recht geben. Der große Gegner Kossuth Lájos selbst gebrauchte für ihn zum ersten Mal das Wort vom »größten Magyaren«. Dieser Ehrentitel ist Graf István Széchenyi bis heute geblieben.

In Pest, direkt an der Donau, steht die Große Markthalle, eröffnet 1897, eine imposante Gusseisenkonstruktion, von außen als solche nicht zu erkennen. So mutig war man denn doch wieder nicht. Das ist schade, denn alle diese Bögen, Stützpfeiler, Stiegen, Brücken sind von großer Ästhetik. Früher sind die transportierenden Güterwaggons mit ihren Gemüsebergen und Hühnern, mit Gänsen und Enten, direkt in die Markthalle geführt worden. Und auch heute noch gibt es einen Tunnel, der Boote vom Strom in die Halle bringen kann. Da findet man nun, was man sich nur wünscht – vor

allem, wenn man selbst kocht. Da gibt es Paprikaspezialgeschäfte mit dun-
kelrotem, gelbem, grünem, spitzem, süßem, scharfem Angebot, Dreibeine
und Kessel zur Herstellung dessen, was sich der Fremdling unter Gulyas vor-
stellt, was aber in Wirklichkeit Pörkölt oder Paprikás ist, Kürbisse, Marillen, Barackflaschen, Tokajer und Szürkebarát-Weine und – also, selbst hin-
gehen.

Haben die Ungarn, Budapest vor allem, ohnehin eine starke Neigung
zu technischen Neuigkeiten, so hat sich das immer schon besonders in der
Baukunst gezeigt. Da gibt es nicht nur – den Wienern werden wir es zeigen! – das nach London zweitgrößte Parlamentsgebäude Europas, das in
seiner Dimension an einen Ort erinnert, in dem wir schon waren – Esztergom. Dort steht ja – den Römern werden wir es schon zeigen! – eine
überdimensionale Kathedrale. Da gibt es, von einem englischen und einem
schottischen Ingenieur geplant und gebaut, die Kettenbrücke, Avantgarde
des Jahres 1849. Sodann der Westbahnhof, Nyugati pu, mit einer Front von
schlanken gusseisernen Säulen – die Baufirma war die Pariser Firma Eiffel,
nach der das Wahrzeichen von Paris benannt ist. Und dann – die Metro!
Die erste U-Bahn des Kontinents, geplant und gebaut zur Millenniumsfeier
1896. Zwar haben damals die Historiker gemeint, die Tausend-Jahr-Feiern

Die Große Markthalle

237

sollten korrekt schon 1894 stattfinden, aber dann hätte man nicht ein so eindrucksvolles Eröffnungsprogramm gehabt.

Und an dieser Feier durften nur Magyaren mitwirken! Doch für den U-Bahnbau hatte man sich schon für einen Konstrukteur entschieden, mit Namen Hanns Hörbiger, der war aber ein gebürtiger Tiroler. Also siedelte sich der Tiroler samt Familie, mit böhmischer Ehefrau und zwei kleinen Söhnen, in Budapest an, in der Attila ut. Und immerhin kam es auf diese Weise noch zu zwei wirklichen Ungarn, die dort geboren wurden – der ältere wurde auf Pál, also Paul, getauft, der jüngere auf Attila.

Weil es gerade um zwei Schauspieler geht – die Rettung der Großen Synagoge verdankt Budapest einem Schauspieler. Das alte und auch das neue jüdische Viertel von Budapest befinden sich außerhalb der Károly körut, in Pest, an der kleinen Ringstraße. Erst im späteren 19. Jahrhundert kamen Juden hierher, als es ihnen gestattet war, Grund zu erwerben. Koschere Lokale, Lebensmittelhandlungen, alle möglichen Geschäftslokale und Werkstätten sind entstanden, Zinshäuser und elegante Villen, kurz – ein normales Leben. Wie zur selben Zeit in Wien war die Israelitische Gemeinde angewachsen, sie zählte um 1900 rund 170.000 Mitglieder.

Durch den auch in Ungarn 1944 mit der Besetzung des Landes durch die Deutsche Wehrmacht beginnenden Holocaust, aber auch durch den magyarischen antisemitischen Faschismus selbst, verlor die Jüdische Gemeinde des Landes mehr als 500.000 Menschen, die abtransportiert und in KZs ermordet wurden.

Die Große Synagoge von Budapest wurde nach Plänen des Wieners Ludwig Förster, der auch zu den letzten Architekten der Wiener Hofburg zählte, gebaut, 1854–1859, im maurischen Stil. Ihre großzügige Restaurierung war nur möglich mit internationaler Hilfe – und hinter der stand vor allem der Schauspieler Tony Curtis, in New York geboren als Bernard Schwartz, er stammte aus Ungarn. Auch das Holocaust-Mahnmal bei der Synagoge wurde von der von Tony Curtis gegründeten Emanuel-Foundation finanziert.

Ein berührendes Denkmal sind die »Schuhe am Donauufer«. 60 Paar Schuhe aus Metall stehen am Ufer auf der Pester Seite, zum Gedenken an die von hier abtransportierten Menschen.

Um mit einer positiven Erinnerung weiter die Donau entlang zu reisen: 1867 war ein Schlüsseljahr in den ewig problembeladenen Beziehungen zwischen

Wien und Budapest. Preußen hatte Österreich politisch und, 1866, auf dem Schlachtfeld besiegt. Der Zentralismus ließ sich nicht mehr weiterführen. Nun wurde verhandelt: Beide Länder – Österreich und Ungarn – sollten als gleichberechtigte Partner in die Zukunft gehen.

Zwar saß immer noch der Revolutionsführer von 1848/49 im Exil und wetterte gegen diese Verhandlungen, Kossuth Lájos. Von Turin aus, der Hauptstadt des Königs von Piemont-Sardinien, auch kein Freund Österreichs, schlug er unentwegt vor, Ungarn möge mit Serbien und Rumänien einen Donaustaatenbund bilden, aber er kam nicht mehr durch. Seine Landsleute zogen Österreich vor, und die Verhandlungen gediehen zu einem guten Schluss, oder, da sie etwas von Geschäft und Gegengeschäft hatten, Abschluss.

Dass die magyarische Seite durch zwei Männer vertreten war, die staatspolitisch und nicht engchauvinistisch dachten, war sehr hilfreich – der gemäßigte, weitblickende Franz Deák und der große Gegner von einst, Kossuths Weggefährte, wegen Hochverrats zum Tode verurteilt, Graf Gyula Andrássy. Er war schon »in effigie« gehenkt worden, mit einer Puppe also als Symbol, da man seiner nicht hatte habhaft werden können.

1867 kam es zum sogenannten »Ausgleich« mit Ungarn, Andrássy wurde Ministerpräsident. Franz Joseph I. blickte endlich seiner Krönung zum König von Ungarn entgegen, auch bei dieser Zeremonie sah er sich genötigt, den früheren Hochverräter zu akzeptieren. Aber nun war ja alles anders.

Gekrönt wurde zum ersten Mal nicht mehr in Preßburg/Pozsony, sondern in Buda, nicht in Budapest. Das gab es nämlich erst einige Jahre später. Die Liebfrauenkirche kennt kaum jemand unter ihrem eigentlichen Namen – das ist die Matthiaskirche. Ihren Namen hat sie erst seit König Matthias Corvinus. Hier wurde schon Karl I. von Anjou gekrönt, 1309, wir kennen ihn aus Visegrád.

1541 eroberten die Türken nach weiten Teilen Ungarns auch Buda. Sie machten die Matthiaskirche zu ihrer Hauptmoschee, das blieb sie rund 150 Jahre. 1686 war die osmanische Herrschaft zu Ende, aber auch mit der Großen Moschee war es fast zu Ende. Sie wurde bei den Kämpfen beinahe komplett zerstört. Nun war sie wieder eine katholische Kirche, dem Jesuitenorden übergeben, der sie um ein Priesterseminar und ein Kloster erweiterte und zu seinem ungarischen Zentrum machte. 1904 errichtete man dem Bischof Gerhard von Csanàd, ungarisch Gellert, dem Vorkämpfer für das Christentum in Ungarn, ein Denkmal an der Stelle, an der er ermordet wurde, am Nordosthang des Gellertbergs.

Die große Zeit von Preßburg als Stadt der Könige von Ungarn war also vorüber, die Krönung Franz Josephs sollte ja in Buda stattfinden. Die Vorbereitungen erfassten das ganze Land und Wien war natürlich auch damit befasst.

Franz Liszt hatte auf Verdacht eine Krönungsmesse komponiert – aber er stieß auf Widerstand. Weshalb musste ein Ungar der Komponist sein? Ungarn beharrte. Man einigte sich auf österreich-ungarisch: Liszts Messe, bitte schön, na gut, aber dirigieren wird der Hofkapellmeister! Das war ab dem Jahre 1866 Johann Ritter von Herbeck, ein begeisterter Förderer von Anton Bruckner, auch Kapellmeister an der Hofoper. Liszt fügte sich.

Aber – er war nicht einmal eingeladen. Er stieg hinauf zur Orgel, setzte sich neben den Organisten und blieb einige Zeit. Dann verließ er mitten in der Zeremonie die Matthiaskirche. Er war schon länger Abbé, trug stets dessen lange, schwarze Kleidung, gekrönt von dem berühmten weißhaarigen, langmähnigen Haupt. Man kannte, man erkannte ihn. Sobald er die Kirche verlassen hatte und über den Weg ging, den

bald auch der neu gekrönte König nehmen würde, mit allen seinen Würdenträgern und Garden, der Königin und Pferden und Kutschen, begann der Jubel – für Liszt. Ganz alleine schritt er durch die Straßen, den alten Königsweg von Pest entlang. Die Menschen an den Seiten des Wegs stehend und an den Fenstern der Häuser jubelten ihm zu, und wer ihn noch nicht sehen konnte, aber den Jubel hörte, stimmte mit lautem »Éljen!« ein. Man nahm an, hier komme der Krönungszug. Liszt winkte und dankte, nach rechts und nach links, und es wird nun wohl weniger weh getan haben, dass er nicht eingeladen worden war.

Dunántúl – jenseits der Donau, das war im Ungarischen immer schon nicht nur ein geografischer Begriff, sondern auch ein historischer und politischer. Aus elf Comitaten, den Verwaltungsbezirken, bestand und besteht Dunántúl, begrenzt von der Donau im Norden und Osten, im Süden durch die Drau und im Westen durch das steirische Voralpenland. Von wo aus »jenseits«? Von Preßburg aus, der Stadt, die durch Jahrhunderte Ungarns Hauptstadt, die Krönungsstadt war, seit der Einnahme Budas durch die Osmanen.

Dieser Teil Ungarns hatte eine kontinuierliche, selbst von Kriegen zwar unterbrochene, aber nicht zerstörte Entwicklung, seit den Tagen der Landnahme durch König Árpád. Dunántúl war der bevölkerungsreichste, galt als der gebildetste, reichste Teil des Ungarlandes.

Von seinen um 1900 drei Millionen Einwohnern waren zwei Millionen Magyaren, 600.000 Deutsche, die übrigen Serben, Kroaten, Slovaken. Die Deutschen setzten sich im Hügelland fest, die Magyaren bevorzugten die Ebenen. Und der Chronist des Kronprinzenwerks berichtet »… wobei übrigens zu bemerken ist, daß an Anhänglichkeit für den ungarischen Staat die Deutschen und Wenden mit den Magyaren wetteifern. Die Ödenburger und Eisenburger Deutschen leben seit der Árpádenzeit in ihren jetzigen Wohnsitzen …«

Rausgeflogen sind sie dennoch, ab dem Frühjahr 1945, auch meine Familie.

Die Donau ist jetzt die Staatsgrenze zur Slowakei, und seit beide Länder Mitglied der EU sind, ist das eine erträgliche Grenze. Zwar spielt der Nationalismus immer wieder echte und weniger echte Probleme in den Vordergrund, aber das Miteinander ist am Ende doch stärker.

45 Kilometer südlich, und wir sind in Ráckeve, auf der Donauinsel Csepel. Hier findet sich die ungarische Geschichte wie im Vergrößerungsglas. Sie beginnt mit Árpád, er hat ungefähr von 845 bis 907 gelebt, und der sogenannten Landnahme im Jahr 896. Sieben magyarische Stämme mit ihren Anführern hatten sich dem Großfürsten Árpád untergeordnet, sie stehen am Beginn der Geschichtsschreibung. Wer sie selbst sehen möchte, besucht in Budapest den Heldenplatz, Hősök tére, dort sieht man sie hoch zu Ross. Sie sollen ihr erstes Zentrum in Ráckeve gehabt haben. Zur Millenniumsfeier im Jahr 1896 bekam Ráckeve sein eigenes Árpád-Denkmal.

Eugen von Savoyen.
Unbekannter Maler, ca. 1728.
Riegersburg, Niederösterreich

Die Siedlung muss damals anders geheißen haben, denn erst seit der Ankunft vieler serbischer Flüchtlinge, die sich vor den Türken im 15. Jahrhundert nordwärts zurückzogen, ist in ihrer Geschichte von den Raitzen die Rede, ungarisch »rácz«, den Serben also. Als die Türken auch die Insel Csepel einnahmen, flohen die Serben weiter nach Norden und kehrten erst wieder zurück, nachdem fast ganz Ungarn im 18. Jahrhundert zurückerobert worden war. Aus der Zeit ihrer ersten Ankunft stammt die einzige serbisch-orthodoxe gotische Kirche des Ungarlands, aus dem Jahr 1487. Und nach der Wiederkehr bekam die kleine Kirche auch noch ihren Glockenturm, 1758.

An diese Jahrzehnte und Jahrhunderte des Kriegs, der Landnahme, der Osmanen, an den ungarischen Freiheitskampf 1848/49, erinnert vieles. Die Ungarn lieben Helden, solche haben zu Pferd zu sitzen und machen sich die Schuhe nicht schmutzig in Staub und Kot. Also hat Ungarn eine beeindruckende Tradition in der Herstellung von Herrenschuhen höchster Qualität. Und – das Land hat viele Heldendenkmäler! Alleine Ráckeve!

Da ist zuerst Árpád mit seinem Denkmal, dessen Bezeichnung Großfürst im deutschsprachigen Stadtführer nicht aufscheint, dafür heißt er hier »Chieftain«, gebräuchlich für keltisch-schottische Stammeshäuptlinge. Dann gibt es ein Heldendenkmal zum Gedenken an den Ersten Weltkrieg, ferner das Haus des Helden Janos, nicht zu verwechseln mit Szent Janos, Patron der Müller und Seeleute, laut Stadtführer ein »katholischer Sankt«.

Auf dem Friedhof trifft man auf das Grab des Helden Janos, der wahrscheinlich in Ráckeve geboren, ein literarisches Denkmal durch den Nationaldichter Petőfi Sándor bekommen hat. Er war ein Hirtenbub, der zum Husarenoffizier wurde. Er hat auch seinen eigenen Held Janos-Springbrunnen.

Als die Schlacht von Zenta geschlagen war, der Friede von Karlowitz an der Donau am 26. Jänner 1699 unterzeichnet, steckte Prinz Eugen schon längst in weiteren Plänen für den Kampf gegen die Osmanen. Doch seine Forderungen nach größeren Truppen und höherer Finanzierung kamen über die Papierform nicht hinaus. Die Kassen des Kaisers waren leer. Das hatte für den Savoyer den Nebeneffekt, dass er sich erholen konnte – und er begann mit der Planung des ersten seiner Schlösser. Im Sommer 1698 erwarb er von der Witwe des Feldmarschalls Donat Heissler, er war 1696 gegen die Türken gefallen, die schmale, langgestreckte Insel Csepel in der Donau.

Das große Gut musste bewirtschaftet werden, doch es fehlten die Menschen. In das vom Krieg versehrte Land holte Eugen die geflohenen Serben, und dazu Ungarn und Deutsche. Die zweisprachigen Ortsschilder auf Csepel erzählen davon.

Der junge Gian Luca Hildebrandt, geboren in Genua, hatte für den Prinzen das Stadtpalais in Wien erbaut, 1698 war es beziehbar. Bald danach begann er mit der Planung für Schloss Ráckeve. Zwischen 1701 und 1702 wurde es errichtet – hier hat der Baumeister schon jene Zeltform für die Schlossdächer entworfen, die später auch das Belvedere krönen würden. Türkische Prunkzelte dienen symbolisch dem Bezwinger ihrer früheren Bewohner.

Die aufwendige, detailreiche, originale Kuppel wurde durch einen Brand 1814 zerstört, die rekonstruierte einfachere lässt aber immer noch ahnen, was Hildebrandt da gemeint hat.

Dem Kommunismus war das Schloss ebenso zuwider wie andere feudale Erinnerungen, es verfiel. Erst im späten 20. Jahrhundert, in Ungarn regierte schon die versöhnliche Form des Gulasch-Kommunismus, besann man sich, so auch hier. Man renovierte, suchte eine Aufgabe für das gerettete Gebäude, und machte es zum Kulturzentrum für Konzerte, Symposien, Ausstellungen.

Dem Verfall wurde endgültig Halt geboten, als der restaurierte Schlossbau eine neue Aufgabe bekam – ein Hotel. Tennis, Radwege, Wellness – zwar war Prinz Eugen kaum einmal hier auf seinem früh erworbenen Gut, aber die allgemeine körperliche Ertüchtigung wäre wohl in seinem Sinne.

Wenn man einen Ungarn nach der Stadt Kalocsa fragt, wird er schnell mit zwei Themen bei der Hand sein: Trachtenstickerei und Paprika. Von diesem Synonym für Magyarentum war schon die Rede beim Besuch der Großen Markthalle von Budapest. Aber jetzt muss etwas ausführlicher berichtet werden.

Kalocsa, Stromkilometer 1516, war einst eine Station der DDSG. Die Stadt ist eine der ältesten des Ungarlands, mit wechselnder, oft tragischer Geschichte, die vom Bischofssitz geprägt ist. König Stephan I. hat im Zuge der Christianisierung Ungarns im Jahr 1001 hier ein Bistum errichtet, das 1135 zum Erzbistum erhoben wurde. Im 13. Jahrhundert erbauten sich die Bischöfe von Kalocsa ihr erstes Schloss. Die Pracht war wie so vieles mit den Siegen der Türken zu Ende. 1529 wurde die Stadt völlig zerstört. Das Schloss blieb zwar erhalten, wurde auch militärisch genutzt, die Stadt richtete man nicht wieder auf. Und auch das Bischofsschloss wurde schließlich zerstört – die Türken wurden 1686 vertrieben und brannten zum Abschied das einzige intakte Gebäude nieder.

1775 begann man mit dem Bau einer neuen Residenz. Das war ein Zeichen des Aufbruchs, der Hoffnung auch für die Menschen, die nicht geflohen waren, nun wurde auch rundherum gebaut. Aber schon 1875 fiel fast ganz Kalocsa einem Stadtbrand zum Opfer. Wieder wurde aufgebaut, hoffnungsfroh. Und 70 Jahre später war die Stadt wieder einmal zerstört, der Zweite Weltkrieg zeigt seine Folgen bis heute. Der Bischofspalast hat sehr gelitten.

Kalocsa ist dennoch nach wie vor eines der wichtigsten Bistümer Ungarns, die Stadt ist eben den Umgang mit Katastrophen gewöhnt, hat die schlimmen Jahre überstanden. Die Wirtschaft, vor allem die Landwirtschaft, ist ungemein hilfreich. Das Umland ist fruchtbar, die Menschen leben vom Weinbau, der Donaufischerei, vom Obstbau. Und vom Paprika!

Für die Touristen hat man ein Paprika-Museum eingerichtet – nein, nicht eines, mehrere. Eines findet man in Budapest, ein zweites in Szeged, endlich auch das von Kalocsa. Dort wird auch ein Paprika-Festival veranstaltet, Mitte September, bei dem alle erhofften Klischees ihre Aufgabe erfüllen: Kutschen, kühne Reiter, Volkstanz, bunte Trachten, Peitschenknallen, eine sinnliche Veranstaltung. Aber kein Wunder, es geht ja um Paprika, wie im Museum.

Dort erfährt man, welche Sorten es gibt, es sind viele. Auch über die Erzeugung des Paprikapulvers wird man informiert, und über die Vielfalt ihrer Verpackungen. Da gibt es Säckchen und Büchsen und Dosen, allenthalben leuchtet es rot. Wir erfahren, dass die Osmanen das Gewürz als heilkräftig geschätzt haben, hören und lesen von Anbau und Ernte – aber leider alles in der Landessprache. Das Museum ist in der warmen Jahreszeit geöffnet.

Was für einen Serben die Schlacht auf dem Amselfeld bedeutet, dieser Gedanke an tiefste Kränkung, den Verlust der nationalen Freiheit, an die Niederlage im Sommer 1389 gegen die Osmanen, eben das bedeutet der Name der Stadt Mohács für einen Ungarn. Hier starb am 29. August 1526 die fast komplette Oberschicht Ungarns, der Adel, sieben Bischöfe, der junge König. Wenn jemand sich über etwas ärgert, von der Autopanne bis zur danebengegangenen Theaterpremiere, sagt man hier gerne – »Bei Mohács ist mehr verloren gegangen …«

Und das stimmt natürlich immer. Denn nicht nur rund 20.000 Ungarn blieben tot auf dem Schlachtfeld, auch die Freiheit war verloren, und das für fast 170 Jahre.

Merkwürdig ist, dass die Ungarn sich zwar kummervoll an 1526 erinnern, aber dass sie nicht erwähnen, dass bei derselben südungarischen Stadt an der Donau im Jahr 1687 Prinz Eugen, an seiner Seite Karl von Lothringen, für Revanche gesorgt und die Osmanen besiegt hat, ebenfalls an einem Augusttag. Es dürfte eine magyarische Eigenschaft sein, dem Kummer den Vorrang zu geben, eher tragische Helden zu besingen als strahlende Sieger.

Acht Kilometer südlich der Stadt liegt der Park zum Gedenken an die schreckliche Schlacht, denn an dieser Stelle hat die Archäologie einige Massengräber und darin die sterblichen Überreste von 15.000 Menschen gefunden. In einem runden, nach oben offenen Bauwerk, eingeweiht 1976, wird man über das Geschehen von 1526 informiert, sowohl aus ungarischer wie aus türkischer Sicht.

Die Idee, die hinter dieser Schlacht stand, war ja richtig – das türkische Heer auf seinem Weg nach Ofen aufzuhalten. Aber König Ludwig II. war in einer Lage, die zum Verzweifeln gewesen sein muss. Er war ein Jagellone, also polnischer Abstammung, und musste sich 1516, da war er zehn Jahre

König Ludwig II., *tot auf dem Schlachtfeld von Mohács,*
von Bertalan Szekely (1835–1910)

alt, die Stephanskrone aufs Haupt setzen lassen. Das Land lag danieder, der landesweite Bauernaufstand des Jahres 1514 hatte es verheert, im wörtlichen Sinne, und erst recht dessen Niederschlagung. Ludwigs Vorgänger Wladislaw (1490–1516) hatte das große Erbe von Matthias Corvinus aufs erbärmlichste verwaltet, die Erbverträge abgeschlossen, denen zufolge die Krone von Ungarn bald danach dem Haus Habsburg zufiel. So hatte Ludwig nicht die Bauern und nur einen Teil des Adels auf seiner Seite, und als er nun zum Kampf aufrief, gab es nur ein schwaches Echo.

Im Juli und August 1526 belagerten die Osmanen mit ihrem riesengroßen Heer die Festung Belgrad, nahmen sie ein, Vukovar, Peterwardein, Slankamen, Orşova fielen – Ungarn lag schutzlos vor den Türken. Das Gemetzel bei Mohács dauerte wenige Stunden, dann hatte die vierfache Übermacht des Sultans gesiegt. Die Herrschaft des Siegers hingegen dauerte lang, über 160 Jahre. Einen Teil des Landes regierte nun ein Habsburger, Ferdinand, Bruder Karls V., des gefallenen Königs Ludwig Schwager, Ehemann der Anna von Ungarn.

VON APATIN
ZUM
EISERNEN TOR

Bei Stromkilometer 1401 passieren wir Apatin, ab 1690 eine Stadt der Habsburgermonarchie. Die Osmanen wurden zurückgedrängt, 1689 mussten sie Apatin aufgeben, eine damals ungarische Stadt. Die Wiener Verwaltung ging schnell ans Werk. Die militärische Überwachung übernahmen Soldaten aus dem nahen Esseg, heute Osijek. Die Siedlung bekam die Funktion einer militärischen Versorgungsstation für die Truppen des Kaisers. Elf Gebäude wurden errichtet, für die Müller, Bäcker, Fischer und Schiffer und für die Wachmannschaften. 1748 wurde die Herz-Jesu-Kirche gebaut, sie steht noch. Das ist nicht selbstverständlich, doch dazu später.

Die Bäcker und Müller müssen damals eine gute Zeit gehabt haben. Die Soldaten vermehrten sich, einerseits auf die allgemein übliche Weise, die Zahl der Familien stieg an, und zur Vermehrung trugen andererseits immer mehr zivile Neu-Siedler bei, und so wuchs die Zahl der Mühlen. Sie wurden vom Wasser betrieben, Schiffsmühlen in der Donau. 1742 – 15 Mühlen, 1780 – 75 Mühlen!

Eine Donaumühle

Für die Schiffsfahrt waren das nicht angenehme Hindernisse. Solche Mühlen schwammen auf dem Wasser, am Ufer oder an einem Brückenpfeiler fixiert, eine Plattform und darauf ein Holzhaus, an einer oder an beiden Seiten Mühlenräder, Wasserräder wie bei einem Schaufelraddampfer.

Man richtete in Apatin die Endstation der »Ulmer Schachteln« ein. Dieser Begriff war ein Spottname, wegen der einfachen Konstruktion, mit einem Holzkasten zum Schutz gegen das Wetter. Den Spott brachten allerdings nicht die Donauanrainer auf, sondern die Verwandten der Ulmer im Lande Württemberg. Die Schiffe, die den Neckar befuhren, waren eben eleganter.

Die »Wiener Zillen«, wie sie in Wirklichkeit hießen, dienten ausschließlich der Naufahrt, abwärts also. Dieser legendäre Schiffstyp war ein Einweg-Gefährt. Kam es an die Endstation, wurde das Ganze auseinandergenommen und als Brennholz verkauft. Der Weg zurück donauaufwärts hätte sich nicht gelohnt.

Viele dieser Schiffe beförderten Auswanderer, die generell oft »Donauschwaben« genannt wurden, auch wenn sie keine Schwaben waren. Der technische Fortschritt, der die Ulmer Schachtel früher nur bis Wien, später bis Belgrad, schließlich noch weiter, ins Mündungsgebiet der Donau, die Dobrudscha, ja bis in den Kaukasus brachte, ließ die Schiffe immer größer werden.

Apatin gilt als Hauptort der Batschka, als die heimliche Hauptstadt. Diese südosteuropäische Landschaft ist aufgeteilt zwischen Ungarn und Serbien, dessen Anteil, der weit größere, zur Vojvodina gehört. Seit dem Mittelalter war sie von Magyaren, Serben, Deutschen bewohnt. Zur österreichischen Zeit gehörte die ganze Batschka zu Ungarn, war ein eigenes Komitat, ab 1699.

Um die Mitte des 18. Jahrhunderts kam eine große Gruppe von Siedlern über die Donau, sie blieb und gedieh. Um 1820 lebten hier rund 5.000 Deutsche, 1880 hatte Apatin schon 12.000 Einwohner und wuchs weiter. Am – dank deutscher Politik und deutscher Wehrmacht – traumatischen Ende der deutschen Tradition war Apatin die größte deutsche Siedlung in Jugoslawien, 14.000 Einwohner. Die Wehrmacht hatte neben allem anderen, was sie zur Zukunft des Titostaats beitrug, der Stadt den Namen genommen und sie in Abthausen umbenannt.

Die Österreicher hatten seinerzeit dem noch winzigen Ort den alten Namen gelassen, wie die Verwaltung der Maria Theresianischen Beamten ja ganz allgemein sich als vorbildlich und menschlich erwies. Das Wüten der deutschen Besatzung gegen Apatin hatte auch konkrete Gründe, nicht nur das »Vae Victis!« der Besatzer. Die Stadt war das katholische Zentrum des jugoslawischen Königreichs. Man beobachtete die politischen Veränderungen in Deutschland – und war dagegen.

Ab 1935 erschien in Apatin wöchentlich die Zeitschrift »Donau«. Ihre ganze Tendenz, ja die Basis ihrer Existenzberechtigung sah sie im Widerstand gegen das erstarkende Nazideutschland. Sobald die Deutschen die Macht hatten, als 1941 ungarische Truppen die Stadt besetzten, wurde die Zeitschrift verboten.

1945 war ein großer Teil der Apatiner geflohen, wer blieb, wurde von den Tito-Partisanen in Lager verschleppt. Da half die ganze antifaschistische Vergangenheit nicht. Serbische Siedler folgten in die alten deutschen Häuser, zurückgekehrt ist fast niemand. Die Volkszählung des Jahres 2002 ergab nur mehr 142 Bewohner deutscher Herkunft. Das Totenbuch der Donauschwaben aus Apatin – man findet es im Internet – ist ein erschütterndes Dokument: Gefallen, vermisst, verhungert, in den Vernichtungslagern umgekommen, Tausende Eintragungen.

In vielen Windungen krümmt sich die Donau durch die leidgeprüfte Landschaft. Wenn sie die ostkroatische Stadt Vukovar erreicht, ist sie im Zentrum des kriegsbedingten Kummers. 1991 begannen die bis dahin zwar existenten, doch harmlosen Reibereien zwischen Kroaten und Serben sich zu einem Bürgerkrieg zu steigern, auf der einen Seite kroatische Polizeieinheiten, auf der anderen die jugoslawische Volksarmee, de facto eine serbische Armee. Sie belagerte die Stadt, mit Panzern, schwerer Artillerie, Flugzeugangriffen. Drei Monate lang schlugen jeden Tag an die 8.000 Granaten in Vukovar ein. Als die Serben in die eroberte Stadt marschierten, lebten da noch an die 2.000 Menschen.

Vukovar, Schloss Eltz

1990 waren es 45.000 gewesen, 47 % Kroaten, 21 % Serben. Von den übrigen Bewohnern waren damals immer noch 94 Deutsche, 694 Ungarn, 8.361 Angehörige anderer Ethnien, wie Albaner, Slowenen. 1910, also noch in der Monarchie Österreich-Ungarn, zählte Vukovar, zu Deutsch Wolfsburg, 39,5 % Kroaten, 33,8 % Deutsche, 15,7 % Serben und 9,2 % Ungarn.

Hugo Philipp Karl Eltz, genannt auch »Faust von Stromberg«, erbte von seinem Onkel Philipp Karl, Kurfürst von Mainz, die damals in Ungarn liegende Herrschaft Vukovar. 1749 begann Anselm Kasimir von Eltz mit dem Bau des Schlosses. Seine Würden und Titel aufzuzählen reicht der Raum nicht, er war auch kaiserlicher Wirklicher Geheimer Rat, kurmainzischer Geheimer Rat und Oberstallmeister, Kommandeur des kaiserlichen St. Josephs-Ordens etc.

Der Kommunismus enteignete die Familie. Als Kroatien selbstständig wurde, kehrte Jakob von und zu Eltz-Vukovar in seine alte Heimat zurück, er wurde Mitglied des kroatischen Parlaments in Zagreb. Nach und nach gelang es ihm, den einstigen landwirtschaftlichen Musterbetrieb wiederherzustellen. Der Krieg verursachte unermessliche Schäden. Jakob Eltz verstarb 2006, sein Erbe Georg Graf von und zu Eltz-Vukovar sorgt seither für Rettung, die Restaurierung des Schlosses. Das Stadtmuseum von Vukovar hat seit 1968 seinen Sitz im Schloss, in dessen Schatzkammer vieles an das alte Österreich-Ungarn erinnert, wie etwa ein Tafelservice der Wiener Porzellanmanufaktur Augarten.

Um eventuelle Verwirrungen zu verhindern, denn manche Leser könnten sich ja in der Geschichte Deutschlands besser auskennen als in der von Kroatien und Ungarn: Das Haus Eltz wird im Genealogischen Handbuch des Adels seit dem 12. Jahrhundert genannt. Es teilte sich in mehrere Zweige, die gräfliche Linie Eltz-Kempenich besitzt seit acht Jahrhunderten das Vorzeigeschloss Eltz und den Eltzer Hof in Eltville am Rhein.

Die zweitgrößte Stadt Serbiens ist Novi Sad, im Deutschen Neusatz, im Ungarischen Újvidék, Stromkilometer 1257, linkes Ufer. Gegenüber liegt Peterwardein, da werden wir wieder den Prinzen Eugen treffen. Beide Städte sind seit 1945 eins, zu beiden Seiten der Donau, das einstige Neusatz und das heutige Petrovaradin.

1526 eroberten die Türken den noch jungen Ort mit seinem Zisterzienserkloster. Die 170 Jahre, die nun folgten, waren keine gute Zeit für die verwüstete Siedlung.

Novi Sad bei Nacht

Mit dem Sieg Prinz Eugens bei Zenta 1697 und dem Friedensvertrag von Karlowitz, 1699, beginnt die eigentliche Geschichte von Novi Sad.

Sobald die Osmanen in diesem Teil Ungarns und Kroatiens besiegt und vertrieben worden waren, wurde aufs heftigste neu gegründet und besiedelt, aufgrund des Erlasses, des sogenannten kaiserlichen Impopulationspatents »zur besseren Aufhelfung, wieder Erhebung und Bevölkerung derselben«. Die Mühen um die Errichtung beziehungsweise Verbesserung der Militärgrenze – davon später – behinderten jedoch alle diesbezüglichen Anstrengungen über Jahrzehnte. Erst als Maria Theresia 1748 der Stadt den Rang einer königlichen Freistadt verlieh, bahnte sich der Fortschritt einen Weg. Ein Priesterseminar wurde gegründet, ein serbisches Gymnasium, und so kam es neben dem wirtschaftlichen auch zu einem kulturellen Aufschwung. 1817 hatte Novi Sad 20.000 Einwohner, die meisten waren Serben.

1861 wurde hier das Serbische Nationaltheater gegründet, seit 1864 besteht in der Stadt die Matica srpska, ein Institut zur Förderung von Kunst und Wissenschaft. Noch der DDSG-Donauführer von 1935 nennt Novi Sad »serbisches Athen«. Nach dem Ende von Österreich-Ungarn kam die Stadt zum Königreich der Serben, Kroaten und Slowenen, dem Vorgänger von Jugoslawien. Und nun folgte eine grauenhafte Reihe von Jahrzehnten. Die mit Hitlerdeutschland verbündeten Ungarn besetzten die Stadt von 1941 bis 1944, sie ermordeten Hunderte Juden, ebenso Angehörige des Widerstands, ob sie nun Serben, Deutsche oder Ungarn waren. Die wenigen Angehörigen der deutschen Bevölkerung, die so lange geblieben waren, wurden von jugoslawischen Partisanen im Winter 1944/45 umgebracht.

Im Kosovo-Krieg wurde Novi Sad 1999 zum Ziel der Bombenangriffe der NATO – zahlreiche städtische Einrichtungen, vom Krankenhaus bis zum Kindergarten und zum Wasserwerk, wurden zerstört, alle Donaubrücken ebenso. Bis 2005 war die Schifffahrt auf der Donau dadurch eminent behindert. Es gab eine einzige Pontonbrücke, die nur dreimal pro Woche für durchfahrende Schiffe geöffnet wurde. Erst mit Eröffnung der neuen Freiheitsbrücke endeten diese Behinderungen.

Untrennbar verbunden ist die Geschichte von Novi Sad mit dem militärischen Stützpunkt Peterwardein, und ebenso untrennbar gehört dieser Name zur Lebensgeschichte des Prinzen Eugen.

Nur wenige Jahre nach seinem Eintritt in die Reihen des kaiserlichen Kriegsvolks war Eugen von Savoyen zu einem der wichtigsten seiner Generäle geworden. 1687 rächte er, unter dem Kommando des Karl von Lothringen und des Max Emanuel von Bayern, bei Mohács die ungarische Niederlage des Jahres 1526, es folgten Belgrad, abermals ein Erfolg des Max Emanuel von Bayern, und Zenta, nunmehr war Eugen der Planer und Kommandeur.

Um das Erreichte zu sichern, ließ Eugen als oberster Stratege des Kaisers die wichtige Festung von Peterwardein ausbauen. Die grenzsichernden Festungen Frankreichs, wie Straßburg, Colmar, Metz und viele andere, hatte in den letzten Jahrzehnten Sébastien Le Prestre de Vauban geplant, der Festungsbaumeister schlechthin, die Stütze Ludwigs XIV. Nach seinen Gesichtspunkten wurde nun Peterwardein zu einem unüberwindbaren Riegel über die Donau.

Die Türken, sie hatten 160 Jahre lang von diesem Felsen aus die Donaupolitik, den Südosten Europas überwacht, versuchten alles, um ihn zurückzubekommen. 1716 erschien Großwesir Damad Ali Pascha mit 120.000 Mann und forderte die Übergabe der Feste. Der Bau war gerade im Gange und bei weitem noch nicht fertig – dennoch wurde eine Übergabe abgelehnt. Der Osmane entschied sich für die Belagerung. Sie begann am 5. August 1716 – und endete am 5. August 1716. Nach nur fünf Stunden war der Pascha bezwungen, Prinz Eugen hatte gesiegt, das gesamte Lager der Türken eingenommen mit allem, was da an Waffen, Munition, Pferden, Zelten war – und sein Gegner hatte sein Leben verwirkt. Sultan Ahmet III. sandte seinen Henker.

Der Name des Prinzen Eugen von Savoyen ist aufs engste mit dem Namen der Stadt Belgrad verbunden – auch mit ihrer Geschichte, aber ganz einfach nur mit dem Namen Belgrad.

»Prinz Eugen, der edle Ritter, wollt dem Kaiser wied'rum kriegen Stadt und Festung Belgerad ...« Auch wer nicht genau weiß, warum der Prinz dem Kaiser diese Festung »wied'rum kriegen« wollte, kennt das Volkslied und also den Namen der Stadt. Was in Passau im Sommer 1683 begonnen hatte, fand in Belgrad im Sommer 1717 seinen Höhepunkt, ein europäisches Ereignis. Die Österreicher unter dem Kommando des Italieners aus Paris, der selbst nicht mehr genau wusste, zu welcher Nation er gehörte, nahmen den Osmanen ihr massiv ausgebautes serbisches Bollwerk ab, Schlüssel zum weiteren Weg auf der Donau in den Südosten.

Ein Küraß des Prinzen Eugen.
Wien, Heeresgeschichtliches Museum

Dabei hatten die Kaiserlichen Belgrad schon einmal erobert, unter dem Kommando des bayrischen Kurfürsten Max Emanuel 1688. Das hatte die Rückkehr vieler tausend Serben zur Folge, die unter Führung ihres Patriarchen Arsenije in das vom Islam befreite Land heimkamen. Sie waren kaum wieder angesiedelt, da hatten sie schon eine neue Funktion in der Politik Südosteuropas – sie wurden Teil der Militärgrenze.

Der österreichische Hofkriegsrat, seine Funktion entspricht der des späteren Kriegs- und heutigen Verteidigungsministeriums, hatte sich etwas einfallen lassen, ja einfallen lassen müssen. Die permanente Bedrohung aus dem Süden, vor allem die Eroberung weitester Teile Ungarns durch die Türken, die Kriegszüge des Sultans 1529 und 1532, forderten eine Reorganisation. Und so wurde die Militärgrenze geschaffen, finanziert von allen Ländern Österreichs. Große Zeughäuser wurden erbaut und umfangreich ausgestattet, in Graz und in Laibach. Die Entwicklung der neuen Einrichtung vollzog sich nicht geradlinig, sondern in vielen kleinen Schritten. Selbst ein Haushistoriker in der Epoche von Kaiser Franz I. (II.), Carl Edler von Hietzinger, »k. k. Feldkriegssekretär bei dem karlstädter-warasdiner Gränz-General-Commando«, schreibt in seinem Buch »Statistik der Militärgränze«, erschienen in Wien 1807 bei Carl Gerold: »Der eigentliche Ursprung der Militärgränze, wie so vieler Einrichtungen der Gegenwart, die im Mittelalter wurzeln, liegt im Dunkel.«

Ihre Anfänge sind um 1522 festzustellen. Flüchtlinge aus türkisch besetzten Gebieten, vor allem Serben, Kroaten, Bosniaken, Walachen, bekamen ein Stück Land als erbliches Lehen – und waren zum ständigen Militärdienst verpflichtet. Das galt zwar vor allem für die männliche Bevölkerung ab dem 20. Lebensjahr, doch die umfassende militärische Organisation betraf ebenso die Frauen. So war auch die medizinische Versorgung bis ins Detail geregelt: »Jedes Gränz-Regiment und das Tschaikisten-Bataillon (Anm. d. Verf.: das waren die Donau-Matrosen) besitzt eine eigene geprüfte und besoldete Hebamme. Die beiden bosnischen Regimenter haben ihrer bereits mehrere.« So waren also die Bosniaken offenbar fruchtbarer als die Warasdiner oder die Szekler. Berühmt ist die Lebensgeschichte der k. k. Militärhebamme Margarete Trumpetasch, die erst mit 72 Jahren in Pension ging. Ihr letzter Rang war Oberstabshebamme.

Zur Regierungszeit Maria Theresias war diese Organisation zur Perfektion gereift. Die gesamte Militärgrenze auf einer Länge von 1750 Kilometer war in Regimenter aufgeteilt, deren Offiziere auch die Verwaltung führten. An 135 Tagen hatten diese Bauern-Soldaten ihren Wachdienst zu verrichten, waren also eher Soldaten, in der übrigen Zeit konnten sie ihre Felder bestellen, sich um ihr Vieh kümmern.

Der Herr Feldkriegssekretär von Hietzinger schreibt in seinem zweibändigen Werk auch ausführlich über die Donau:

> »Die Gränzprovinzen, so ausgedehnt ihre Lage ist vom Strande des adriatischen Meeres bis zu den Ufern der goldführenden Bistricza an der moldauer Gränze, gehören dem Stromgebiete der herrlichen Donau an, welche, wie wenig sie auch mit dem ungeheuren Amazonenstrome in Amerika, oder mit dem chinesischen Kiang zu vergleichen seyn mag, doch schon Sallustius nach dem Nile für den grösten der Flüsse hielt, so weit der Römer Herrschaft reichte. Nachdem sie die Urprovinz des Kaiserreiches und Ungarn segensreich durchflossen, berührt sie bei Peterwardein, gleichsam in der Mitte der Militärgränze ihr Gebiet, scheidet das Tschaikistenbataillon vom peterwardeiner Regimente, die slawonische Gränze von der banatischen, und lehnt dann unterhalb Semlin ihr rechtes Ufer an Serbien, bei Neu-Orsowa ganz dem osmanischen Reiche sich zuwendend.

Auf diesem südöstlichen Laufe begleiten sie rechts das slankamener und die serbischen Gebirge, links die Sümpfe des Tschaikistenbataillons und des teutsch-banatischen Regiments. Weiter ostwärts aber erheben sich an beiden Ufern senkrechte Steinmassen, die den Strom, bei Surdok im peterwardeiner Regimente noch 400, ober Moldowa im walachisch-illyrischen Regimente sogar fast 600 Klafter breit, bald darauf unter brausenden Wogen in ein Bette drängen, dessen Breite nur 80 Klafter beträgt. Hier erheben sich die Papagayfelsen; hier drohen Klippen und Wirbel den Schiffern Untergang; und obgleich bei Orsowa schon wieder 330 Klafter breit, bringen bald darauf in türkischem Gebiete die Cataracte und der große Donaufall (das eiserne Thor) bei Demir Capi neue Gefahr.«

Der Hofkriegsrat hatte den Plan, die gefährlichen Stellen ganz exakt in die Landkarten einzuzeichnen, auch sollte ein eigenes Lotsencorps in diesem eben beschriebenen Bereich den Schiffern zur Seite stehen. Doch die hohen Kosten der Kriege gegen Frankreich machten alle diese Pläne zunichte.

Da haben wir also, dank Herrn von Hietzinger, eine Beschreibung des Donaulaufs bis an die türkische Grenze. Erst 1881 wurde die Militärgrenze aufgelöst. Österreich-Ungarn sah keine Bedrohung auf dem Balkan mehr, zumindest von Seiten der Türkei. Nach und nach wandelte sich das düstere Bild, das die Österreicher von den Osmanen hatten, geprägt durch die langen Jahre von Kampf und Krieg.

Inmitten dieser Kraftfelder – hier die Stadt an Save und Donau, Belgrad, und da Konstantinopel – stand Österreich. Die eminente militärische Bedeutung Belgrads lag an der Existenz des Kalemegdan – des über der Mündung der Save hoch aufragenden gewaltigen Felsens. Hier war im Laufe der Jahrhunderte eine Festung emporgewachsen, um die niemand herumkam, der sich um Belgrads Besitz bemühte, diesen Weg an der Donau aufwärts oder abwärts nehmen wollte.

Immer wieder wurde hier erbittert gekämpft – 1440, die Stadt war ungarisch, kamen die Osmanen, ebenso 1456 und 1521. Waren die Ungarn unter Janos Hunyadi 1456 noch erfolgreich in der Abwehr, so erreichten die Türken 1521 ihr Ziel. Eine neue Taktik hatte das ermöglicht, und nun lag der Südosten Europas ungeschützt vor den Truppen des Sultans. Belgrad blieb bis 1688 eine osmanische Stadt.

Das Militärmuseum auf der obersten Ebene der einstigen Anlage erzählt die Geschichte des Kalemegdan, zugleich die Geschichte von Belgrad. Sucht man anhand seiner eindrucksvollen Sammlungen nach Zeugnissen der Vergangenheit in der heutigen Stadt, so wird man wohl enttäuscht sein.

Das Grabmal des türkischen Großwesirs, der den Prinzen Eugen bei Peterwardein nicht hatte bezwingen können, liegt hier. Die Stadtmauer ist gut erhalten, auch mehrere Tore aus türkischer Zeit gibt es. Zu den wenigen überlebenden österreichischen Erinnerungen gehören der Uhrturm in dieser oberen Festung, Gornji Grad, und in der unteren, Donji Grad, das barocke Prinz-Eugen-Tor. Kaiser Karl VI. hat seine Errichtung befohlen, Kugeln oben, Kugeln unten, viele Artillerie-Assoziationen, und vor allem – eine Verbeugung vor dem zarten, klugen und ungemein erfolgreichen Mann, der Österreichs Retter war.

Nach dem Sieg der Österreicher am 16. August 1717 waren zwar die veralteten Festungsanlagen modern erweitert und erneuert worden, doch schon 1739 flog all das wieder in die Luft, Eugens Nachfolger hatten sein Erbe nicht bewahren können, die Türken eroberten wieder ihre alte Festung. Ihr Kommandeur war ein alter Bekannter – Claudius Alexandre Comte de Bonneval, geboren 1672 in Paris. Aber so hieß er schon längst nicht mehr. Nunmehr war er »Achmed Pascha«, doch Schritt für Schritt: Bonneval hatte seine berufliche Lebensbahn, die militärische, flott begonnen – in der königlichen Adelsgarde, deren Mitglied er schon mit 16 Jahren war. Mit nur 21 Jahren kommandierte er ein Infanterieregiment. Weiter ging es in Frankreichs Marine, doch er bekam Schwierigkeiten mit Kriegsminister Chamillart, selbst im frivolen Leben Frankreichs fiel sein extrem liederlicher Lebenswandel auf, spöttisch gegen seine Umgebung und seine Vorgesetzten, selbst gegen den König. So verlor er alles – seine Güter, seinen Ruf, fast seine Freiheit. Den Haftbefehlen entzog er sich durch Flucht, und wechselte aus französischem in den österreichischen Dienst. In Paris wurde er »in effigie« gehenkt, sein Bild kam an den Galgen, da man seiner nicht habhaft werden konnte.

Er diente nun unter seinem im doppelten Sinne Landsmann Eugen bei Turin, den gesamten Spanischen Erbfolgekrieg hindurch war er an dessen Seite, wurde Feldmarschallleutnant, hatte sein eigenes Regiment. Er gehörte zur bevorzugten Umgebung des Prinzen, war bei Peterwardein dabei, wurde schwer verwundet, kämpfte mit um Belgrad. Aber er war grenzenlos ehrgeizig, es genügte ihm nicht, auch noch Mitglied des Hofkriegsrates zu sein, er strebte ein höheres Amt an. Und bekam es nicht.

Da verleiteten ihn seine Spottlust, seine Freude an Pointen, seine Enttäuschung zu einer Reihe von Schritten, an deren Ende der totale Gegensatz zum einstigen Freund Eugen stand. Bonneval wurde festgenommen, nach Brünn gebracht, wo der Spielberg, das Staatsgefängnis, ihn erwartete. Zum Tode verurteilt, saß er nun in Festungshaft. Der Historiker Heinrich Benedikt hat eine Bonneval-Biografie geschrieben, in der es heißt:

> »Wenn jemand sich für eine Staatsnotwendigkeit halten durfte, war es Österreichs glücklichster Feldherr. Bonneval hatte sich gegen seine Autorität, die der Kaiser schützen mußte, vergangen. Aber obgleich der Schwächere, hatte er den (aussichtslosen) Kampf, bei dem er Freiheit und Leben einsetzte, mit einem Stolz vor Königsthronen und einer Kühnheit geführt, die kaum ihresgleichen kennt.«

Bonneval wurde nicht hingerichtet, aber er verlor seinen militärischen Rang, musste den kaiserlichen Dienst verlassen und blieb immerhin noch ein ganzes Jahr in Haft auf dem Spielberg. 1726 wurde er entlassen, reiste – wie offenbar damals alle Abenteurer von Distinktion – nach Venedig und nahm Kontakt mit halb Europa auf. Die Lagunenrepublik war für alles mögliche Gelichter, oder besser für Glücksritter, ein begehrtes Ziel. Wenn sie nicht ohnehin von Geburt Venezianer waren wie Casanova, so strebten sie missetatendurstig an den Canal Grande, zu Cagliostro, Da Ponte, John Law. Man nahm dankend Abstand von Bonnevals Angeboten, und so zog der Graf 1729 weiter, in die Türkei. Er wurde Moslem, trat in die Armee des Sultans ein und brachte die verkommene Artillerie in Ordnung – von Rachegedanken gegen

Achmed Pascha – mit falscher Bildlegende

Eugen und Österreich zerfressen. Nun hieß er Achmed Pascha, war dann tatsächlich erfolgreich im Krieg gegen den Kaiser, 1736 bis 1739, aber an Eugen konnte er sich nicht mehr rächen, es war zu spät, der Prinz ist 1736 gestorben. Bonneval/Achmed Pascha folgte ihm 1747, er war 72 Jahre alt.

Die Schlacht um Belgrad 1717 war jene gewesen, die den legendären Ruf des Savoyers endgültig festigte, die im Volkslied wie im Kunstlied weiterlebt. Die »Ballade vom Prinzen Eugen« von Ferdinand Freiligrath, verfasst 1844, vertont von Carl Löwe, findet sich immer wieder im Liedprogramm von Baritonen und Tenören. Das Kunstlied und das Volkslied – beides ist ohne Vorbild, ohne Parallele in der Kulturgeschichte. Ein vergleichbares Loblied auf Radetzky, Moltke, Caesar, das gibt es nicht.

Dazu kommt noch der Prinz-Eugen-Marsch, nach der Melodie des Liedes, der traditionelle Marsch der österreichischen Artillerie in der Bearbeitung des k. u. k. Armeekapellmeisters Andreas Leonhard (1800–1866). Aber das ist bei weitem nicht alles. Auch Josef Strauß, der jüngere Bruder des Walzerkönigs, hat sich in seinem op. 186 der Volksmelodie bedient. Und Paul Hindemith komponierte 1926 sein op. 41 »Sechs Variationen über das Lied ›Prinz Eugen, der edle Ritter‹«.

Die Musik hat also zu der unübertroffenen Popularität des besungenen Prinzen beigetragen, besser wohl, dazu geführt. Die berühmte Textstelle nennt auch einen Hauptgrund für Eugens Sieg – »… er ließ schlagen eine Brucken, dass man konnt' hinüber rucken mit d'r Armee wohl vor die Stadt …«

Was Eugen da vollbracht hatte, wurde zum Gespräch in ganz Europa. Aus einer wenig hoffnungsvollen Position gelang ihm durch Strategie und Wagemut die Überraschung und Bezwingung einer Übermacht, die zudem noch in der günstigeren Position gewesen war.

»Die Brucken« war eine Königsidee.

Prinz Eugen wollte so rasch wie möglich von Wien nach Belgrad kommen – also über die Donau, dem schnellsten Weg. Vom Süden näherte sich ein osmanisches Entsatzheer – dem galt es zuvorzukommen.

Über die Save konnte man nicht anrücken, die österreichischen Kriegsschiffe wären vom Kalemegdan aus von den Kanonen der Türken leicht zu beschießen gewesen. Der alte Haudegen Claudius Florimund Graf von Mercy gab den Rat, die Donau weiter östlich zu übersetzen, da war sie zwar breiter, aber ein Brückenkopf ließ sich – dank einer breiten Sandbank – besser anlegen. Und vor allem – die osmanischen Verteidiger wären nicht auf den Gedanken gekommen, dass gerade von dort die Gefahr kommen könnte. Das also war »die Brucken«.

In der Nacht auf den 15. Juni war die Brücke geschlagen, die Kavallerie querte den Strom. Die Türken waren komplett überrascht worden und Kaiser Karl VI. schrieb seinem Feldherrn:

»Einen solchen Fluß im feindlichen Angesicht so ohne geringsten Widerstand zu passieren, ist bloß Euer Liebden Eifer, großen Erfahrenheit und vernünftiger Conduite zuzuschreiben.«

Aber damit war es nicht getan. Das türkische Entsatzheer war im Eilmarsch angekommen, ab dem 28. Juli wurde es für die Österreicher unbehaglich. Sie hatten vor sich die Festung, im Rücken das Entsatzheer.

Aber am 14. August kam es zu einem Ereignis, das in der Militärgeschichte unter »fortune« eingeordnet wird, auf österreichischer Seite. Einer ihrer Mörser hatte das osmanische Pulvermagazin getroffen, es gab eine ungeheure Explosion, 3.000 Türken starben.

In der folgenden Nacht befahl Eugen einen Angriff, der 24 Stunden später, in der Nacht auf den 16. August, abermals zur Überraschung des osmanischen Gegners führte. Ein Angriff zu nächtlicher Stunde war bis dahin

»Er ließ schlagen eine Brucken …« Diorama in der Zinnfigurenwelt Katzelsdorf, NÖ

undenkbar gewesen. Prinz Eugen selbst setzte sich an die Spitze seiner Kavallerie, als es eine kurze kritische Situation zu bewältigen galt, und um 10.00 Uhr am Vormittag war Belgrad in christlicher Hand.

Der Sieg der Österreicher ist also aufs engste mit dem Begriff »Brücke« verbunden. Brücken sind in der Menschheitsgeschichte etwas Mythisches, und gerade in Belgrad verbindet man dabei nicht nur kriegerische Gedanken. Ivo Andrić, moralische und kulturelle Instanz des untergegangenen Jugoslawien, Literaturnobelpreisträger, ist in der serbischen Hauptstadt 1975 gestorben. Weltberühmt ist sein Roman »Die Brücke über die Drina«, er hat viel verstanden von Brücken, und er schrieb: »Von allem, was der Mensch baut und aufbaut, gibt es nichts Besseres als eine Brücke.«

Die Stadt Belgrad besitzt sechs Brücken, fünf über die Save, eine über die Donau, an weiteren wird gebaut.

Im Frieden von Passarowitz 1718 wurde dem osmanischen Vordringen nach Europa endgültig ein Ende bereitet. Und Österreich war zwar dank des Landgewinns zur Großmacht aufgestiegen, aber seine Kassen waren leer. Auch der nun fast ganz freie Handel auf der Donau brachte wenig finanzielle Erholung. Immerhin – in Hainburg wurde ab 1723 der Orienttabak verarbeitet, und 1764 trat das Monopol in Kraft, das 1784 zur Gründung der Österreichischen Tabakregie führte. Somit hatte Österreich durchaus Vorteile aus dem freieren Handel, das ist nur ein Beispiel.

Noch ein Belgraderoberer, aber 1914 – General der Infanterie Liborius von Frank

»5. September. Morgens waren wir schon über Smederevo hinaus und die schöne Gegend, die dort sein soll, ging verloren. Baron Forgatsch, der bekannte Regulierer der Donau, war abends auf unser Schiff gekommen. Er gibt sich heute zu erkennen und zeigt seine Pläne, von denen ich nichts verstehe.«

Die serbische Stadt Smederevo liegt 56 Kilometer donauabwärts von Belgrad entfernt. Um 1800 herum wäre sie beinahe die serbische Hauptstadt geworden, doch dann hat ihr Belgrad den Rang abgelaufen. Ludwig Freiherr von Forgatsch hat ein Buch zum Thema »Die schiffbare Donau von Ulm bis in das Schwarze Meer« verfasst, es ist 1849 erschienen. Er war ein begeisterter Planer von Verbesserungen der Flussschifffahrt, ja ein Bewunderer der Donau: »Schon im Erzherzogthum Oesterreich, noch mehr in den Donaugebieten bis an die osmanische Grenze, ist die Natur der Donau so großartig, daß die vollkommene Erreichung des festzusetzenden Ziels von ein oder ein paar Generationen nicht erreicht werden wird.«

Dieses »festzusetzende Ziel« war eben die Möglichkeit, die Donau durchgehend zu befahren, ohne die zahlreichen Bedrohungen durch Katarakte, mit sicherer Wassertiefe. Forgatsch hat sich in vielen Zeitungsartikeln und Vorträgen um die Verbesserung der einschlägigen Techniken verdient gemacht. Er brachte neue Ideen: »Schon einige Zeit ahmt Frankreich den Bau und das Verhältnis der Flußfische bei dem Baue ihrer Schiffe nach.« Dabei denkt Forgatsch vor allem an den Hecht, und empfiehlt die Maße des Huchen, »des schnellsten Fischs an der Donau«. Und er erarbeitete detaillierte, genaue Vorschläge, wobei er sich auch auf das Gebiet der Politik begab:

»Linz wird sich erst erheben und gedeihen, wenn die Gränz- und Zollschranken sich heben werden, und bei allen Wasserständen die Donau besser zu befahren seyn wird.«

Selbst Alexander von Humboldt war von ihm beeindruckt, dachte mit, gab Ratschläge.

Noch sprechen wir von Serbien, aber die rumänische Grenze ist nahe. Die alte Festung Golubac ist nicht zu übersehen, und sie ist nicht zu vergessen, so eindrucksvoll ist sie. Ein steiler Felsen direkt am Donauufer, zu dem bis in die Höhe eine lange Reihe von Türmen ansteigt, dazwischen

Mauern. Golubac ist sehr gut erhalten. In den langen Jahrhunderten der Kriege in Südosteuropa war das Bollwerk von großer Bedeutung. Im 1. Jahrhundert n. Chr. haben die Römer die ersten Festungswerke hier angelegt. 298 hat Kaiser Domitian sich in dem Lager aufgehalten, kein Wunder, die wichtige Grenzstadt Viminacium, das Hauptquartier der Legio VII. Claudia Fidelis, befand sich in der Nähe. Dort steht das Mausoleum des Soldatenkaisers Hostilian, der 251 n. Chr. wenige Monate regierte und im selben Jahr an der Pest starb.

Was wir heute vor uns sehen, hat mit den Römern nichts mehr zu tun. Vom Vorgängerbau ist nichts erhalten geblieben. Im 14. Jahrhundert wurde wieder eine Burg errichtet, ob von Serben, Ungarn, Byzantinern, man weiß es nicht, die Forschung ist noch nicht dahintergekommen.

Der Nationalpark Đerdap dehnt sich auf einer weiten Strecke entlang der Donau aus, von Golubac bis Tekija, 100 Kilometer lang. Er hat seinen Namen von der nahen Schlucht übernommen. Dieses riesige Naturschutzgebiet umfasst die ganze Landschaft, die jetzt vor uns liegt. An der rumänischen Grenze geht es über in den Naturpark Eisernes Tor, mit noch größerer Fläche.

Das Eiserne Tor – damit ist der 117 Kilometer lange Abschnitt zwischen Weißkirchen – Bela Crkva – und Turnu Severin gemeint. Den Begriff haben die Osmanen geprägt.

Wir passieren Stromkilometer 974 und sind an einer der engsten und an der einst gefährlichsten Strecke der langen Donau, am Kazan-Engpass. Auch dieser Begriff stammt aus dem Türkischen – Kessel. Der große Kazan reicht von Stromkilometer 974 bis 970, der kleine von 968 bis 965. Bis endlich die moderne Technik zu Hilfe gerufen werden konnte, haben auf einer Länge von rund zwölf Kilometern Riffe und wasserbedeckte Felsen zahllose Wirbel und Strudel entstehen lassen. War der Strom schon bis zu 1.000 Meter breit geworden, so ist er nun in der Enge von Kazan nur mehr 120 Meter breit. Ein tiefes Bett hat sich die Donau hier gegraben, und schnell ist sie geworden.

Schon bei normalem Wasserstand war die Durchfahrt an dieser Stelle eine Mutprobe, hat Erfahrung und Können verlangt. Bei niederem Wasserstand aber war sie oft ganz unmöglich zu befahren. Erst 1834 konnte man mit Sprengungen einigermaßen Erleichterung bewirken. Dennoch – auch heute herrscht hier eine Einbahnregelung. Zwischen den Stromkilometermerken 974 und 964 haben die talfahrenden Schiffe Vorrang.

1984 wurde bei Stromkilometer 942 ein riesiges Kraftwerk fertig gestellt. Der so entstandene Rückstau hat auf einer Länge von 150 Kilometern viele

Im Kazan

265

Folgen gebracht. Vor Baubeginn haben die den Auftrag gebenden Staaten Jugoslawien und Rumänien eine große Zahl von Wissenschaftlern mit der intensiven Erforschung des Terrains beauftragt, das bald nur mehr in der Erinnerung unter Wasser existieren würde.

Zu den zahlreichen Ergebnissen dieser Kampagne gehört die Entdeckung einer bis dahin kaum bekannten Kultur. Das Museum von Lepenski Vir zeigt eine rekonstruierte Siedlung dieser Epoche – Jungsteinzeit, 8500 bis 5500 Jahre vor der Zeitenwende. Holzhäuser, Herdstellen, Steinskulpturen haben damals die Archäologen in Aufregung versetzt. Diese älteste Siedlung an der Donau hat einer ganzen Epoche ihren Namen gegeben. Die Menschen hatten den gewaltigen Kulturschritt bewältigt, aus den Höhlen zu kommen und sich Häuser zu bauen. Diese Häuser haben zwar verschiedene Flächen, aber alle haben den gleichen Grundriss, mit einer Feuerstelle in der Mitte, einem Platz für die Schutzpatrone des Hauses.

Das Leben dieser Menschen am Wasser, mit dem Wasser, vom Wasser zeigt sich auch in den Gesichtern dieser menschenähnlichen Figuren, die oft einen richtigen Fischmund haben. Viele etwa 50 Zentimeter hohe derartige Plastiken hat man gefunden, die als die ältesten der größeren Skulpturen der europäischen Geschichte gelten.

Das »Handbuch für Donaureisen, Jubiläumsausgabe 1935« kann noch nicht wissen, dass viele seiner Seiten wenige Jahrzehnte später nur mehr dem historischen Rückblick dienen können. So ist Orşova beim Kilometer 955 noch in vollem Betrieb – es nennt fünf Gasthöfe mit Fremdenzimmern, zwei Kaffeehäuser und Konditoreien, und hat auch noch mit einer Fülle von Geschichte aufzuwarten. Árpáds Feldherr Znárd hat die Stadt 896 erobert, nacheinander waren Bulgaren, wieder Ungarn, Türken, Serben, wieder Ungarn im Besitze von Orşova. 1694 bauten die Österreicher den Ort zur Festung aus. Und schließlich berichtet das Handbuch auch noch von einer österreichischen Kapelle am nahen Berge Allion. Franz Joseph I. hat sie zum Dank gestiftet, weil die ungarischen Reichsinsignien hier am 8. September 1853 wiedergefunden worden waren. Zwei Mitstreiter des in die Türkei fliehenden Revolutionsführers Kossuth hatten sie vergraben, Szemere und Fülép haben sie geheißen.

Das Buch nennt noch einige Sehenswürdigkeiten – alle bedeckt heute Wasser. Leider ist auch die Spur des Weges verschwunden, den die Römer

Orşova

gebaut haben, um ihre Legionen gegen das Volk der Daker zu schicken. Der Imperator selbst hat sich Gedanken gemacht, sich mit dem Gelände und seinen Gegebenheiten intensiv befasst und schließlich selbst den Plan entwickelt. Seine Pioniereinheiten haben dann zahllose Löcher in die Felsen geschlagen, in diese wurden viereckige lange Balken geschoben und über alle diese Balken lief danach eine endlose Reihe von Bohlen, auf denen es sich marschieren ließ.

DIE RÖMER
AM BALKAN

Was hatten die Römer hier zu suchen? Vieles, denn sie waren hinter dem sagenhaften Goldschatz in den Bergwerken der Daker her, und sie mussten diesen südlichen Teil ihres Reiches absichern. Von 85 bis 89 n. Chr. hatte der König der Daker, Decebalus, dem Kaiser der Römer, Domitian, schwere Niederlagen zugefügt. Nun schlug Trajan zurück. Das war nicht einfach, denn Decebalus hatte ein glänzend organisiertes Staatswesen geschaffen, auch die Erfolge seiner Soldaten waren kein Zufall.

Vom Jahr 98 an plante Rom seinen Gegenschlag. Dazu gehörte der Straßenbau, dazu gehörte eine Donaubrücke, ein technisches Meisterwerk, das zwischen 103 und 105 errichtet wurde. 20 steinerne Sockel im Fluss, an der höchsten Stelle 45 Meter über der Wasserfläche, 3570 römische Fuß lang – das entspricht etwa einem Kilometer, so beschreibt Cassius Dio das Bauwerk des Griechen Apollodorus.

Und 101 und 102 wurde Decebalus schwer geschlagen – aber nicht schwer genug. Denn schon 105 bis 107 mussten die Legionen wieder gegen ihn antreten. Der König der Daker war nun tatsächlich besiegt, er stürzte sich in sein Schwert.

Wie stolz das heutige Rumänien auf seine antike Vergangenheit ist, auf den kämpferischen Dakerkönig besonders, wird einem klar, wenn man bei der Mündung der Mraconia, knapp vor dem kleinen Ort Tekija, das Decebalus-Denkmal sieht. Die Tabula Trajana ist nahe, das monumentale Denkmal wirkt wie eine provokante Antwort des historischen Gegners. Zwar sieht man den lang erfolgreichen Widersacher Trajans auch auf dessen Ehrensäule im Forum Romanum, aber was ist das gegen diese gewaltige Hommage! In Auftrag gegeben hat sie ein patriotischer rumänischer Kaufmann, Iosif C. Dragan. 12 Bildhauer haben an diesem 40 Meter hohen Titanenhaupt von 1994 bis 2004 gearbeitet. Es hat eine Million US-Dollar gekostet, man kann seine Signatur verstehen: DECEBALUS REX – DRAGAN FECIT, König Decebalus – von Dragan gemacht.

Ganz nahe ist die aus dem Wasser geborgene, dann 35 Meter höher wieder angebrachte Ehreninschrift für die Leistung der Ingenieure Trajans zu sehen. Der Historiker Theodor Mommsen hat zum besseren Verständnis den originalen Text ergänzt:

Imp(erator) Caesar Divi Nervae (filius) – Nerva Trajanus Aug(ustus) Germ(anicus) – Pont(ifex) Maximus Trib(unitiae) pot(estatis) quartum – Pater Patriae cons(ul) quartum – Montibus (excisis omnibus) – Superatis viam pat(efecit.)

Zu Deutsch also: Der Kaiser, Sohn des vergöttlichten Nerva, Nerva Trajanus (sein Name) Augustus Germanicus (zwei Ehrentitel), Pontifex Maximus, zum vierten Male Tribun, zum vierten Male Pater Patriae (ein Ehrentitel) und Consul hat die Gebirge überwunden und diese Straße geschaffen.

Eine absolute technische Meisterleistung wird hier dokumentiert. Diese Inschriften sind immer wieder gerade wegen ihrer Abkürzungen nicht leicht zu deuten. Die Maturaschule Roland in Wien gibt Kurse für diesbezüglich Interessierte, damit nicht jemand glaubt, Nerva sei, wegen des A am Schluss, eine Frau und dergleichen mehr.

Der mühevoll von Roms Legionären gebaute Weg die Donau entlang – und Kaiser Trajans Ehreninschrift.

Nicht nur Kaiser Trajan, auch ein anderer Mächtiger soll in diesem Gebiet eine deutliche Spur hinterlassen haben – auf einem der Hügel, angeblich bei dem kleinen Ort Vinci, gegenüber dem Städtchen Golubac, liegt das Grab Attilas. Nun gibt es allerdings mehrere Gräber Attilas, bei der Suche hilft auch das Nibelungenlied nicht. Es soll in der Feistritz, bei Fürstenfeld, Steiermark, Österreich, zu finden sein, aber eventuell doch im Bliesgau im Saarland, oder eher, nein, ganz sicher, in Ungarn, an der Theiß, möglicherweise aber auch im Jaberg bei Hilden, Nordrhein-Westfalen, oder zwischen Kallbach und Unkenbach in der Rheinpfalz.

Aber das ist wohl alles so wie in dem Witz mit Attilas Schädel. Ein Herr besucht in Budapest das Nationalmuseum, man macht ihn auf eine besondere Vitrine im 1. Stock aufmerksam – mit dem Schädel König Attilas. Er ist sehr beeindruckt. Zwei Tage später bringt ihn seine Ungarnreise nach Szeged. Der Museumsführer weist auf den Schädel Attilas hin, Vitrine zwölf, zweiter Stock. Der Herr ist verwirrt, ja, verärgert. Er geht in die Direktion und erzählt von Budapest. Ja, ja, antwortet der Direktor. Das ist schon richtig. »Aber bitte – Budapest hat Schädel von junger König, wir haben Schädel von Attila auf Machthöhepunkt!«

Die Donaudampfschifffahrtsgesellschaft hatte bei Orşova natürlich eine eigene Station, an der man das Schiff auch verließ, um Herkulesbad zu besuchen. Das alte Heilbad hieß zur Zeit der Römer ad aquas Herculi sacras, und war geradezu mondän. Aber mit der Völkerwanderung und dem Niedergang des Römischen Reichs ist es in Vergessenheit geraten, bis es 1736 wiederentdeckt wurde, von dem aus Schottland stammenden österreichischen Feldmarschall Johann Andreas Graf Hamilton. Und damit ging es wieder jäh aufwärts. Das Lexikon des Jahres 1849 ist begeistert:

»Alle Anstalten sind vortrefflich, und der Badeort so zierlich und wohnlich erbaut, wie man so nahe an der türkischen Gränze ihn kaum erwarten sollte. Die österreichische Regierung sorgt, keinen Aufwand scheuend, eifrig für zweckmäßige Einrichtungen und Verschönerungen. Zur Aufnahme der Badegäste sind mehrere, mitunter großartige Gebäude errichtet.«

Kaiser Franz I. von Österreich badete hier, ebenso sein Enkel Franz Joseph I., Kaiserin Elisabeth, und auch die Könige Karl I. von Rumänien und Alexander I. von Serbien wurden Kundschaft. Muskel- und Gelenksrheumatismus wurden hier behandelt, Hautkrankheiten und Gicht. Und dann war die Pracht wieder vorbei.

Was blieb, ist ein Walzer – »Herkulesfürdöi emlék«, also »Erinnerungen an Herkulesbad«, das ist alles.

In Baden bei Wien erinnert eine schlichte Gedenktafel an den Komponisten, Jakob Pazeller (1869–1957). Er war der Sohn eines Bäckerehepaares in der Wassergasse, wurde österreichischer Militärkapellmeister, hat viele Werke geschaffen – übrig und bekannt blieb diese eine Komposition. Der Name des eleganten Bades bringt uns vorzeitig schon Gedanken an das Ende unserer Reise. Herakles, oder Herkules, soll ja bei seinen Pfadfinderabenteuern auch bis weit hinauf an die Donau gelangt sein.

Orşova bei Stromkilometer 955, gleich daneben Herkulesbad, die versunkene Insel Ada Kaleh bei Stromkilometer 951 – eine aufregende Strecke!

»Im Donauknie vor dem Eisernen Tor liegt die Türkeninsel Ada Kaleh«, liest man im Handbuch von 1935. »Vor dem Eisernen Tor ...«? Da sind wir doch schon mittendrin? Das ist eine Frage der Definition. Genaugenommen ist das »Eiserne Tor« nur die Wegstrecke zwischen Orşova und Turnu Severin, aber die meisten Bücher und Reiseführer verwenden den

Die im Stausee versunkene Türkensiedlung Ada Kaleh

Namen für die gesamte lange Kataraktstrecke. Doch der DDSG-Führer ist eben genau, kein Wunder, hinter ihm stehen Kapitäne und Steuermänner, die die Wacht nicht lassen.

> »Eine romantische, etwa 2 Kilometer lange und etwa 1 Kilometer breite, von etwa 100 Türken bewohnte Insel. Die Türken leben von der Rahat-Industrie (orientalischem Zuckerwerk), und dem Tabakbau, auch sind sie in der dortigen Tabakfabrik beschäftigt, schließlich verkaufen sie mit staatlicher Genehmigung unbesteuerten Zucker. Bis 1922 gehörte die Insel zur Türkei, da sie im Friedensvertrag vom Berliner Kongreß zu erwähnen vergessen worden war. Die Insel wahrte sich ihren orientalischen Charakter, alte Befestigungsanlagen, Kasematten, kleine, winkelige Häuser und Kaffeehäuser. Das ehemalige österreichische Verwaltungsgebäude dient heute als Bethaus der strenggläubigen Muselmanen (Wertvolle alte Teppiche, Geschenke des Sultans Abdul Hamid). Sehenswert sind die alten Grabsteine am Friedhof.«

Die Österreicher …? Das ist schon ganz in Vergessenheit geraten. Bis zum Friedensvertrag von 1739, als Belgrad wieder einmal von den Türken eingenommen worden war, gehörten Orşova, Ada Kaleh und Kladovo dem Kaiser. Ada Kaleh war befestigt worden, dennoch siegten die Osmanen unter Achmed Pascha, von ihm war schon die Rede. Beim Berliner Kongress, der sich um eine Neuordnung Europas bemühte, übernahm Österreich den Auftrag, die Insel zu besetzen. Doch was weiter mit ihr geschehen sollte, welchen Status sie haben würde, darüber zu entscheiden hat man vergessen, regelrecht vergessen. Und als es sich auch bis Ada Kaleh herumgesprochen hatte, dass kein Kaiser mehr in Wien regierte, beschloss die Bevölkerung, um doch wieder irgendwo dazuzugehören, sich an Rumänien anzuschließen.

Kinder in Ada Kaleh

277

Alles seit 1971 unter Wasser, schade. Andererseits – was sind die Flussschiffer erleichtert! Die moderne Technik hat sie von den Kataraktgefahren erlöst, hat die Fahrtdauer wesentlich verkürzt. Mit Sentimentalität und Nostalgie nach Karl May und Kara Ben Nemsi liegt man hier nicht richtig.

Der »Donaulotse« Jules Vernes hat inzwischen eine weite Reise und eine Kette von Unannehmlichkeiten hinter sich. Der Dichter muss sich für dieses späte Werk aus der Ferne, wie Karl May, oder sogar aus der Nähe mit der Geografie, den Landkarten befasst haben:

> »Er sah weder Semendria, die alte Hauptstadt Serbiens, die wegen der sie umrahmenden Rebenhügel berühmt ist, noch Colombats, wo man eine Höhle zeigt, in der der Ritter Georg der Sage nach den Kadaver des selbst getöteten Drachens abgelegt haben soll, weder Orşova, wo die Donau zwischen zwei früher türkischen Provinzen hinfließt, noch das Eiserne Tor, die so gefährliche Stelle, wo sich die Donau schäumend zwischen senkrechten, vierhundert Meter hohen Felsenwänden durchzwängt und wütend gegen die Felsblöcke brandet, die in ihrem Bett verstreut liegen, auch nicht Vidin, die erste bulgarische Stadt von einiger Bedeutung, sowenig wie Nikopoli oder Sista, zwei andere bekannte Städte, die er oberhalb Rustschuks passieren mußte.«

Das südliche Ufer gehört Serbien, das nördliche Rumänien. Auf Serbien wird bald Bulgarien folgen, Rumänien hingegen bleibt uns treu bis ans Ziel.

Bei Stromkilometer 970 liegt auf rumänischer Seite Turnu Severin, seit 1972 Drobeta Turnu Severin. Mit dem neuen Namenszusatz erinnert die Stadt an ihren antiken Vorgänger, die römische Stadt Drobeta. Daran tut sie gut, denn diese Vergangenheit ist in der Tat eine stolze.

Vor allem anderen ist da die Donaubrücke zu nennen. Sie wurde zwischen 103 und 106 erbaut, und sie war von da an für rund eintausend Jahre mit 1070 Meter Länge die längste Brücke der Welt. Ihre 20 Steinfundamente sind zum Teil erhalten, zum Teil hat sie der Strom auf dem Gewissen.

Darüber also führte die hölzerne Brücke, und auf ihr marschierten die Legionen gegen die kriegserfahrenen und in diesem Fall wohl eher über-

Turnu Severin

raschten Daker. Um zu verhindern, dass die Feinde auf dieselbe Idee kämen und seine Brücke in die Gegenrichtung verwenden könnten, ließ Trajan die Holzbohlen nach dem Sieg wieder abtragen.

Ihr Baumeister war Apollodorus von Damaskus, ein Grieche. Er gilt als ein Genie der römischen Kaiserzeit, die Stadt hat ihm ein Denkmal errichtet. Wer sich ein Bild vom Aussehen dieses Wunderwerks von Brücke machen möchte, besuche das Museum von Turnu Severin, dort wartet ein eindrucksvoll großes Modell.

Bei Stromkilometer 698 erwartet uns Kosloduj. 1876 kam es an der Donau zum seltenen Fall, dass ein Schiff der DDSG gekapert wurde. Am 2. Mai begann der schon länger geplante Aufstand der Bulgaren gegen die osmanische Herrschaft. Die erste bulgarische Nationalversammlung hatte ihn beschlossen, nun wurde gekämpft. Die südbulgarische Stadt Batak wurde zum Zentrum des Aufstands. Mitte Mai machte eine gewaltige osmanische Übermacht dem Kampf ein Ende, entgegen den beeideten Abmachungen auf furchtbarste Weise – diese Tage gingen in die Geschichte Bulgariens als »Massaker von Batak« ein.

Die bulgarischen Freiheitskämpfer an Bord des »Radetzky«

Kurz darauf, am 28. Mai 1876, bestieg eine Gruppe von Reisenden, die der patriotische Dichter Christo Botew anführte, ein Schiff der Donau-dampfschifffahrtsgesellschaft, den Personendampfer »Radetzky«. Auch im nächsten Hafen kamen weitere Reisegefährten an Bord, und auch im übernächsten. Sie alle hatten sich ihre Fahrkarte regulär gekauft, und dass sie ihre Landestracht trugen, war nicht besorgniserregend. Alles war wie immer – bis alle an Bord waren. Dann erklärte Christo Botew, er habe nun das Kommando über das Schiff inne, hielt eine begeisterte Ansprache und erklärte Kapitän Dagobert Engländer seine Absicht, die osmanische Seite der Donau anzufahren. Der Kapitän war von Christo Botew und seinem Patriotismus tief beeindruckt, erklärte sich für solidarisch und so kam man zu dem Dorfe Kosloduj. Da gab es aber keine Station, außer an diesem Tag.

Die Bulgaren stiegen aus, die kurzzeitig gekaperte »Radetzky« war wieder frei. Für sie war das Abenteuer beinahe beendet – nicht aber für Botew und seine Truppe. Ihr Ziel war, einer türkischen Armee in den Rücken zu fallen, ein idealistisches Ziel, den Tatsachen nicht Rechnung tragend.

Die Gruppe zog sich in die Berge zurück, teilte sich, kämpfte mutig gegen die Übermacht, die auch Artillerie aus dem Mutterland geholt hatte, und nach wenigen Tagen starb Christo Botew unter den Kugeln eines Scharfschützen. Die meisten seiner Mitstreiter fielen im Kampf, oder sie wurden gefangen genommen und hingerichtet. Die Türken haben in diesen Tagen versucht, es Botew gleichzutun und die »Radetzky« für ihre militärischen Zwecke zu nutzen – doch Kapitän Engländer blieb stark und weigerte sich mit Erfolg.

Kosloduj ehrt Botew, wie das ganze Bulgarien, er ist ein bewunderter Nationalheld. Aber hier lebt er auch im Namen des örtlichen Fußballvereins weiter. Der Ort selbst mag für Geschichtskenner ein Begriff sein – den meisten Menschen im Land ist er bekannt als Standort des einzigen in Betrieb befindlichen Kernkraftwerks Bulgariens.

Im Hafen kann man die »Radetzky« sehen. Die Entdeckerfreude bekommt einen Dämpfer, wenn man erfährt, dass es sich um einen sentimentalen Nachbau handelt, eine Art Denkmal für die Freiheitskämpfer von 1876.

Hundert Kilometer weiter donauabwärts, bei Kilometer 597, trifft man auf Erinnerungen an andere tragische, natürlich wieder kriegerische Ereignisse – Nikopol.

Mit dem Fall der Stadt Akkon im Jahre 1291 ging die Epoche der Kreuzzüge zu Ende. Dennoch blieben im Adel, bei den Ritterorden, im Vatikan Kreuzzugsideen sehr lebendig. Sigismund, aus dem Hause Luxemburg, hatte im Laufe seines Lebens alle möglichen Kronen auf seinem Haupt, seit 1387 auch die ungarische. Von 1433 bis zu seinem Tod 1437 war er Kaiser. Auch er träumte von einem Vernichtungsschlag gegen den Sultan, Papst Bonifaz IX. träumte mit ihm.

Plötzlich, mit einem Moment, wurden aus den Träumen Pläne: Der

Schlacht von Nikopoli – und darunter – die Hinrichtung der Gefangenen durch die Türken

Wer in den Achtzigerjahren für einige Tage in Zürich war oder überhaupt dort gewohnt hat, konnte in der Innenstadt die Literatur Europas erleben, vor allem natürlich die der deutschen Sprache. Man traf Adolf Muschg oder Peter Bichsel beim Einkaufen, Hans Weigel oder Federico Fellini beim Besuch ihres Verlags, und manches Gasthaus war ein Dichterhauptquartier. In der Kronenhalle residierte Friedrich Dürrenmatt, Max Frisch zog den Weissen Wind vor, und im Pfauen saß, zeitunglesend und unnahbar, Elias Canetti, der Nobelpreisträger des Jahres 1981.

Er war von einer Stadt an der Donau, die auf den Kosenamen »Klein-Wien« gehört hat, in das wirkliche große Wien, von Rustschuk in Bulgarien in Österreichs Hauptstadt gezogen. Seit langem heißt die Stadt Russe, aber Canetti hat seine Heimatstadt stets beim alten türkischen Namen genannt. Er hat über sie in »Die gerettete Zunge« geschrieben:

Rustschuk

285

»Rustschuk, an der unteren Donau, wo ich zur Welt kam, war eine wunderbare Stadt für ein Kind, und wenn ich sage, daß sie in Bulgarien liegt, gebe ich eine unzulängliche Vorstellung von ihr, denn es lebten dort Menschen der verschiedensten Herkunft. An einem Tag konnte man sieben oder acht Sprachen hören. Außer den Bulgaren, die oft vom Lande kamen, gab es noch viele Türken, die ein eigenes Viertel bewohnten, und an dieses angrenzend lag das Viertel der Spaniolen, das unsere. Es gab Griechen, Albaner, Armenier, Zigeuner. Vom gegenüberliegenden Ufer der Donau kamen Rumänen, meine Amme war Rumänin. Es gab, vereinzelt, auch Russen. Als Kind hatte ich keinen Überblick über diese Vielfalt, aber ich bekam unaufhörlich ihre Wirkung zu spüren. Manche Figuren sind mir bloß in Erinnerung geblieben, weil sie einer besonderen Stammesgruppe angehörten und sich durch ihre Tracht von anderen unterschieden.«

Canetti, als spaniolischer, also sephardischer, aus Spanien stammender Jude, ist in der Ulica Slavjanka geboren worden, in einem eindrucksvollen Bürgerhaus, das auch in Graz oder in Wien stehen könnte, eben – Klein-Wien. Das wohlhabende Bürgertum von Rustschuk, dazu zählte die Familie Canetti, war ganz an Wien orientiert, eben auch in der Stadtarchitektur. Ihr Haus wird jetzt gerade zu einer Gedenkstätte für den berühmten Mann

Rustschuk, heute Russe. Blick über die Donau, 1824

gestaltet. Und die österreichische Bibliothek, die es hier gibt, verfügt natürlich über das Gesamtwerk Canettis in verschiedenen Sprachen.

»Rustschuk war ein alter Donauhafen, und war als solcher von einiger Bedeutung gewesen. Als Hafen hatte er Menschen von überall angezogen, und von der Donau war immerwährend die Rede. Es gab Geschichten über die besonderen Jahre, in denen die Donau zufror, von Schlittenfahrten über das Eis nach Rumänien hinüber, von hungrigen Wölfen, die hinter den Pferden der Schlitten her waren.«

Im Sommer 1915 kam die Familie, die inzwischen nach Wien übersiedelt war, wieder auf Besuch nach Bulgarien. Die Mutter hatte Sehnsucht nach ihrer Familie und ihren Erinnerungen.

»Sie sprach viel von ihrer Kindheit in Rustschuk, und der Ort, an den ich nie gedacht hatte, gewann plötzlich durch ihre Geschichten Bedeutung. Rustschuk wurde von den Spaniolen, die ich von England und Wien kannte, nur mit Verachtung erwähnt, als ein provinzielles Nest ohne Kultur, wo die Leute gar nicht wußten, wie es in Europa zugeht. Alle schienen froh, daß sie von dort entronnen waren, und kamen sich als aufgeklärtere und bessere Menschen vor, weil sie woanders lebten. Nur der Großvater, der sich nie für etwas schämte, sprach den Namen der Stadt mit feurigem Nachdruck aus …«

Hier, bei Stromkilometer 495, hat auch ein anderer großer Dichter seine – wenn auch nicht so breite – Spur hinterlassen: Franz Grillparzer. Er ging zu Ende August 1843 in Wien auf ein Dampfschiff und kam nach vielen Stationen am 8. September in Rustschuk an. Er ist nur eine Nacht lang geblieben, denn er war ja auf dem Weg nach Konstantinopel. Das wesentlichste Erlebnis dieses kurzen Aufenthaltes ist das Wiedersehen mit einem alten Bekannten, der die gesamte Reise hätte mitmachen wollen, aber verhindert war und jetzt erst aufs Schiff kam: »In Rustschuk findet sich endlich mein Reisegefährte ein. Besehe mit ihm die Stadt. Dieses Reich ist verloren. Der Untergang steht nicht bevor, er ist schon da.« In der Festung zählen die beiden Flaneure »800 Kanonen mit verfaulten Lafetten, ohne Bewachung, ohne Bedeutung. Die Straßenbuben spielen mit den Kanonenkugeln und Bomben. Die Häuser Trümmer von Ruinen. Es ist aus, da hilft kein Gott.«

Ob ein Gott geholfen hat, ist Ansichtssache, jedenfalls half 20 Jahre nach Grillparzers Donaureise ein bedeutender türkischer Politiker. Midhat Pascha kam 1822 in Konstantinopel zur Welt, sein Vater war Richter und stammte aus Rustschuk. Ahmed Şefik Midhat studierte Verwaltung, machte schnell Karriere, wurde Wesir und Pascha, war zweimal Großwesir. »Nach 1864 nahm die Stadt als Residenz des großen türkischen Reformators Midhat Pascha starken Aufschwung«. schreibt der DDSG-Reiseführer.

W ir durchqueren die letzte Etappe, die Dobrudscha, Landschaft am Unterlauf der Donau bis zum Schwarzen Meer. Aber viel zu sehen gibt es auch rund um diesen letzten Teil der Donau.

Der nördliche Teil gehört zu Rumänien, der südliche zu Bulgarien.

Rund 360 Kilometer noch, dann mündet die Donau in das Schwarze Meer. Bei Cernavodă erwartet den wissenden Reisenden aber noch eine Sensation. Die Hamangia-Kultur im 5. Jahrtausend v. Chr. ist in der Dobrudscha angesiedelt. Bei Ausgrabungen haben die Archäologen in einigen hundert Gräbern Töpferwaren gefunden, Steinwerkzeug, und mehrere Tonfiguren. Zwei von ihnen haben Weltkarriere gemacht. In einem Grab in Cerna-

vodă lagen zwei Figuren, eine weiblich, eine männlich. Sie sind klein, ungefähr zwölf Zentimeter groß, und sorgfältig aus graubraunem Ton gearbeitet. Der Mann sitzt auf einem Hocker und stützt sein Kinn in die Hände. Diese Haltung erinnert an eine etwas spätere Skulptur – 1880, Auguste Rodin, »Der Denker«.

Man hat dem Figürchen von Cernavodă deshalb diesen Namen gegeben. Die üppig gebaute Frau, auch sie sitzt, hat ihre beiden Hände auf das rechte Knie gelegt. Weil sie des Denkers Frau ist, hat sie seinen Namen bekommen – »Die Denkerin«.

Das Erstaunliche ist die hohe Qualität dieser kleinen Figuren. Müsste man schnell einen Vergleich geben wollen, man könnte an Werke von Henry Moore denken oder an Jacques Lipchitz, ja auch Ernst Barlach kann einem in den Sinn kommen.

Wer Glück hat, kann die beiden Figuren im Museum betrachten. Aber eben nur mit Glück. Sie waren im Museum von Constanza, sollen nach Bukarest gebracht worden sein, aber so genau weiß man das nicht. Die Museumskultur des jungen Landes ist erst auf dem Weg auf EU-Niveau.

Nicht ganz so alt ist eine andere Sensation der Vergangenheit, in diesem Fall der Antike. Schon wieder Trajan! Nun war der Mann ja wirklich etwas ganz Besonderes. Der erste römische Provinzler auf dem Thron, im fernen Spanien 53 n. Chr. geboren. Marcus Ulpius Trajanus begann seine Laufbahn in Syrien, als sein Vater dort Legat war. Unter Kaiser Domitian wurde Trajan Statthalter in Obergermanien, wo er sich beim Ausbau des Limes bewährte. Kaiser Nerva adoptierte ihn, machte ihn damit zum künftigen Nachfolger. Somit war Trajan der zweite in der Reihe der sogenannten Adoptivkaiser, eine lange Reihe guter Jahre nahm nun ihren Anfang, sie ging von Kaiser Nerva über Trajan und Hadrian zu Antoninus Pius und schließlich Marc Aurel.

Trajan trat sein Kaiseramt im Jahr 98 an. Nerva hatte schon wichtige soziale Einführungen befohlen, Trajan führte sie weiter: Witwen und Waisen wurden versorgt, Erziehungsanstalten eingerichtet, die Postverbindungen wurden entscheidend verbessert, also auch der Straßenbau. Heerstraßen wurden angelegt, Brücken gebaut, die Häfen wurden ausgebaut. Auch der Limes wurde weiter gebaut – in der Dobrudscha ließ er den Trajanswall errichten, eine Mauer aus Stein, zu beiden Seiten zusätzlich gesichert durch Erdwälle. In seiner Regierungszeit kam Rom zu seiner größten Ausdehnung.

Der Kaiser wusste um die Wichtigkeit des Nachruhms. Und so ist tatsächlich vieles erhalten geblieben. Das schönste Kaiserforum ließ er erbauen, man kann sich auch heute noch davon überzeugen. Auch hier war Apollodorus von Damaskus am Werk, der beste Architekt seiner Zeit. Das ein-

Tropaeum Trajani

drucksvollste Zeugnis seiner Lebensleistung steht am Forum in Rom, seine Ehrensäule. Nur zwei dieser Säulen sind erhalten geblieben – und beide für Kaiser mit dem engsten Bezug zur Donau. Die Säule für Marc Aurel, den die Wiener beinahe als Landsmann empfinden, steht auf der Piazza Colonna, die für Trajan im Trajansforum. Beide sind 30 Meter hoch, beide berichten von kriegerischen Taten. Eine Art Comicstrip verläuft rund um die Trajanssäule, 200 Meter lang, und 2.500 Figuren im Flachrelief erzählen vom Leben des Kaisers. Diese Figuren sind nun weiß wie fast alle diese antiken Relikte – einst waren sie farbig! Eine Treppe im Inneren führt nach oben zur Statue des Heiligen Petrus, sie hat 1587 die Statue des verherrlichten Kaisers ersetzt.

Die steinerne Gedenktafel nahe der Veteranihöhle ist ein weiteres Selbstzeugnis dieses machtbewussten Erneuerers, und knapp vor dem Donaudelta kann man ein weiteres sehen.

Der Ort Adamclisi hat in römischer Zeit Tropaeum Trajani geheißen, und das ist auch der Name eines Monuments in seiner Umgebung aus dem Jahr 109. Es hat mit einer Höhe von 40 Metern Trajans Taten verherrlicht. Reich geschmückt, zwei Friese, zusammen an die 200m lang, zeigen Acanthusblätter, Vögel, Oliven, Palmblätter, vor allem aber Szenen aus Trajans Dakerfeldzügen. Da gibt es römische Panzerreiter, gefesselte Gefangene, Kampfszenen, flüchtende Daker. 49 der einst 54 Steinplatten sind in ausgezeichnetem Zustand erhalten.

Herodot (485 v. Chr.–424 v. Chr.) hat unglaublich viel geschrieben, ist viel gereist, hatte auch großen Erfolg – und manchmal ist er wohl der einheimischen Bevölkerung aufgesessen und hat manches geglaubt und weitergegeben, das so nicht gewesen sein kann. Cicero nannte ihn »Vater der Geschichtsschreibung« und preist ihn als Erzähler »zahlloser Geschichten«, innumerabiles fabulae. Schon seine Zeitgenossen waren nicht bereit, ihm alles zu glauben. Bekannt ist seine Erzählung von den Ameisen in Indien, die groß sind wie Hunde und nach Gold schürfen. Und am Istros gebe es Bienenvölker, die aggressiv und todbringende Gegner seien. Sein Kollege Thukydides hat ihm wenig geglaubt und hat ihn massiv attackiert, doch von der Donau, damals also dem Flusse Istros, berichtet er korrekt, dass sie »bei den Kelten des Westens ihren Ursprung hat«. Allerdings gibt er eine geografische Auskunft, die eine ziemliche Bandbreite an Deutung zulässt – in Herodot 2/33 entspringt die Donau bei der Stadt Pyrene, die zu lokalisieren noch nicht gelungen ist. Herodot erzählt ferner vom Feldzug des Perserkönigs gegen die Skythen, da sei die persische Flotte zwei Tage auf der Suche nach einem geeigneten Übergang für das Heer den Fluss Istros aufwärts gefahren.

Der Fluss Istros – Griechisch, Latein Hister, war der Antike durch die Seefahrt auf dem Schwarzen Meer bekannt, knapp vor der Zeitenwende, durch Roms Vordringen nordwärts, wusste man auch vom Danuvius. Dass beide ein und derselbe Strom waren, wurde erst klar, als die Römischen Legionen den gesamten Flusslauf besetzt hatten.

Friedrich Hölderlin spart nicht mit Lob für die Landschaft am Ister – »So wundert mich nicht, daß er Herkules zu Gaste geladen.« Von den Isterquellen soll Herkules den Ölbaum geholt und nach Elis verpflanzt haben, in die Landschaft im Nordwesten von Hellas.

Der Argonautenmythos spielt auch am Unterlauf der Donau. Das Thema war einer der Beweggründe für Franz Grillparzer, in Wien eine Schiffsreise nach Konstantinopel anzutreten. In Baden in der schmalen Rollettgasse war eines seiner Sommerquartiere, und an einem der alten Häuser wird seines Plans zu der Trilogie gedacht.

Im Jahre 1818 entstand der Plan, an zwei Tagen im März 1821 wurden die drei Teile am Burgtheater uraufgeführt – »Der Gastfreund«, »Die Argonauten«, »Medea«.

Jason und seine Gefährten, die mit ihrem Schiff Argos die Heimreise vom Schwarzen Meer antreten, planten den Weg über den Istros zu nehmen, in einer der verschiedenen Versionen. Man nimmt heute an, dass dem Mythos ein durchaus realer Kern innewohnt.

Im Juni 1818 faßte in diesem Hause Franz Grillparzer die Idee zu seiner dramatischen Trilogie „Das goldene Vliess"

»Mitridate, re di Ponto« war ein Auftragswerk für das Mailänder Theater, vom erst 14jährigen Wolfgang Amadé Mozart in nur fünf Monaten komponiert. Das Wunderkind hatte einen glänzenden Erfolg. Das Libretto erzählt vom Kampf des Königs gegen das übermächtige Rom.

Warum das Schwarze Meer heute so heißt und nicht Pontus, wissen wir nicht. Auch »Euxenisches Meer« wäre denkbar, das allerdings hieße »gastfreundliches Meer«. Gerade das hatte Ovid ja nun gar nicht gemeint. Was also? Man nimmt heute an, dieser »gastfreundliche« Beiname sei Ergebnis eines Hörfehlers, ein Missverständnis im wörtlichsten Sinne. Die griechischen Seefahrer sollen bei den Skythen das Wort »axena« gehört haben, »schwarz«, und daraus zuerst »axeinos« – ungastlich – und schließlich »euxenios« – wohlgastlich, also gastfreundlich – gemacht haben.

Ovid hatte bis zu seinem Tod gehofft, der Kaiser werde ihn begnadigen, er hat aus der Ferne um dessen Gnade gefleht, vergeblich. In Tomi, dem heutigen Constanza, ist er gestorben. Man hat ihm dort ein Denkmal gesetzt und der Name Ovidiu ist in Rumänien gebräuchlich.

Der nördlichste Arm des nun verwirrenden Flusslaufs führte an der sowjetischen Grenze entlang, da gab es kein Hinüberkommen, Soldaten mit Maschinenpistolen und Gewehren auf Patrouille. Man blieb besser in den rumänischen Städten, in Sulina, Tulcea, St. Gheorghe.

Vom großen Schiff aus wird man nicht viel von dieser unverwechselbaren, im Wortsinne merkwürdigen, jedes Merkens würdigen Landschaft erkennen. Hat man dazu Gelegenheit, muss man auf ein Fischerboot wechseln, durch diese Einheit von Wasser, Insel, Land, Schilf rudern. Dann wird man an das Zitat von Konrad Lorenz erinnert, das vor vielen Seiten die unberührte Donaulandschaft bei Wien beschreibt. Diese Erkundungs-

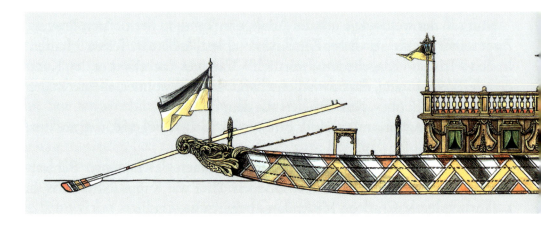

fahrt macht man am besten, hat man die Gelegenheit, im rumänischen Arm des Donaudeltas, er beginnt bei Stromkilometer 97,6. Bald danach erreicht das Schiff die Stadt Tulcea, und von dieser alten griechischen und dann römischen Siedlung aus kann man mit privaten Schiffen und Booten diese Landschaft tatsächlich kennenlernen. Will man mehr über die Geheimnisse dieser von Einsamkeit und Wildnis geprägten Gegend erfahren, so besucht man das Deltamuseum von Tulcea.

Hier im Delta leben auf einer Fläche von 4.300 Quadratkilometern zwischen Schlingpflanzen und Plauri – das sind Schilfinseln –, zwischen Büschen, Bäumen und Wasserblumen rund 300 Vogelarten und rund 100 Fischarten.

Detail des kaiserlichen Leibschiffs – der Widderkopf als Erinnerung an die Argonauten und das Goldene Vlies, das Widderfell

Wo endet die Donau? Der Übergang vom Süßwasser ins Salzwasser, vom Fluss zum Meer ist deutlich sichtbar. Die Menschen, die sich in Tulcea zu einer kurzen Fahrt auf dem Fischerdampfschiff entschlossen haben, fotogra-

Trollope, Frances: Briefe aus der Kaiserstadt. London, 1838.

Trost, Ernst: Die Donau. Lebenslauf eines Stromes. Wien, 1968.

Verne, Jules: Der Pilot von der Donau. Berlin, 1984.

Weithmann, Michael W.: Die Donau. Geschichte eines europäischen Flusses. Regensburg, 2012.

Abbildungsverzeichnis

Klaus Seitz (S. 6, 8, 209); Wikimedia Commons unter der GNU Free Documentation License (S. 14, 15, 17, 18, 19, 21, 22, 25, 28, 30, 32, 38, 40, 42 unten, 51, 52, 54, 55, 56, 61, 67, 70, 71, 74, 92 unten, 93, 94, 98, 119, 120, 131, 137, 153, 161, 163, 169, 183, 186, 188, 190, 191, 203, 204, 213, 215, 217, 219, 221, 226, 237, 242, 246, 251, 255, 264, 281, 285, 286, 288, 289, 293); akg-images/picturedesk.com (S. 27, 42, 83, 149); SZ Photo/SZ-Photo/picturedesk.com (S. 34); Caro/Caro/picturedesk.com (S. 37); Privatarchiv Gerhard Tötschinger (S. 45, 49, 50, 63, 64, 69, 78, 79, 89, 104, 105, 111, 115, 116, 150, 156, 177, 181, 223, 227, 233, 234, 235, 249, 259, 262, 265, 267, 273, 274, 279, 280, 294, 295); ÖNB/picturedesk.com (S. 59, 82, 214, 277); IMAGNO/Gerhard Trumler (S. 65); IMAGNO (S. 68, 148); A. Koch/Interfoto/picturedesk.com (S. 85); Arcomonte (S. 86, 135); Wolfgang H. Wögerer (S. 87); Lonezor (S. 90/91, 122/123); Anonym/Imagno/picturedesk.com (S. 92 oben, 231); Markus Haslinger/picturedesk.com (S. 96), Gutsverwaltung Schönbühel/Aggstein (S. 97); Karl Bauer (100); Schifffahrtsmuseum Spitz an der Donau (S. 101, 110); Archiv Amalthea Verlag (S. 103, 199, 200); Stadt Krems (S. 133); Bwag, Commons (S. 138); Thomas Ramstorfer (S. 142); Privatarchiv Herbert Fleissner (S. 144); arge kartographie (S. 154); Rudolf von Alt/Imagno/picturedesk.com (S. 164); Peter Payer (S. 167); IMAGNO/Austrian Archives (S. 172); Archiv Österreich Werbung (S. 195, 197); Civertan Grafikai Stúdió (S. 225); Sammlung Rauch/Interfoto/picturedesk.com (S. 230); ullstein Bild/Ullstein Bild/picturedesk.com (S. 240); Turista információ Kalocsa (S. 244); Ivan Alecsics (S. 253), Franz Rieder (S. 261); König, Karl/ÖNB/picturedesk.com (S. 276); Christian Chirita (S. 290); Karl Gruber (S. 291); Mihai-Vlad Nagea (S. 296).

Vor- und Nachsatz: arge kartographie

Illustrationen Kapitelblätter: Archiv des Autors

Konnte der Verlag in einzelnen Fällen die Inhaber der Rechte nicht ausfindig machen, bittet er, ihm bestehende Ansprüche mitzuteilen.

Personenregister

Ortsregister

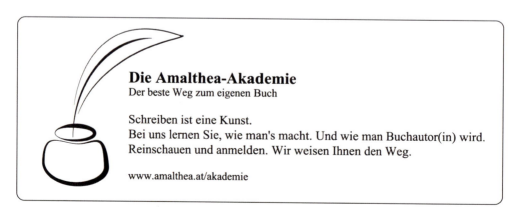